◆项目资助：浙江省自然科学基金（准动态双资源单元制造系统的设计与优化LQ13G010008）

准动态双资源制造单元构建的
理论、方法与技术

范佳静　著

U0646704

ZHEJIANG UNIVERSITY PRESS
浙江大学出版社

图书在版编目（CIP）数据

准动态双资源制造单元构建的理论、方法与技术 /
范佳静著. —杭州：浙江大学出版社，2015.11
ISBN 978-7-308-15239-6

Ⅰ.①准… Ⅱ.①范… Ⅲ.①工业企业管理－生产管
理－数学模型－研究 Ⅳ.F406.2

中国版本图书馆 CIP 数据核字（2015）第 243886 号

准动态双资源制造单元构建的理论、方法与技术
范佳静　著

责任编辑	黄兆宁
责任校对	余梦洁　丁佳雯
封面设计	周　灵
出版发行	浙江大学出版社
	（杭州市天目山路 148 号　邮政编码 310007）
	（网址：http://www.zjupress.com）
排　　版	杭州中大图文设计有限公司
印　　刷	杭州日报报业集团盛元印务有限公司
开　　本	710mm×1000mm　1/16
印　　张	15.25
字　　数	290 千
版 印 次	2015 年 11 月第 1 版　2015 年 11 月第 1 次印刷
书　　号	ISBN 978-7-308-15239-6
定　　价	39.00 元

摘　　要

制造业是我国国民经济的支柱产业,是体现国家竞争力的重要标志。以高效率、高柔性、高质量、低成本为特征的单元制造系统已成为当今制造业发展的主流趋势。单元构建是单元制造的基础,制造单元的合理构建为制造系统的模块化生产、生产系统的流程再造以及快速成组技术的广泛应用提供了基础,它是制造系统实现快速重组的核心细胞。

本书针对当今单元制造系统发展的现实需求以及现行静态和动态单元构建研究中存在的诸多问题[如前置条件之不足:没有结合考虑原有制造系统(机器设备、人力资源等)的实际情况],提出了一种有别于静态和动态单元构建的新方法:准动态单元构建方法,它采用阶段式构建思想来获得各周期单元构建的最优方案。本书着力研究准动态单元构建的理论、方法和实现技术,建立描述单元构建的统一范式(抽象函数)。研究多技能员工工作任务分配和学习性能对单元构建的内在影响,进而将人力资源要素引入准动态单元构建中,最终提出准动态双资源单元设计问题的数学模型,并进行重要参数的灵敏度分析和构建方案的实证分析,为实施制造系统快速重组、模块化单元制造、成组技术等制造策略提供基础技术支撑,促进我国制造业转型升级与快速响应市场变化的能力,同时为拓展单元制造系统的构建理论与技术提供实质性的科学贡献。本书主要研究内容及结果为:

1. 准动态单元构建方法的理论研究

在详细分析静动态单元构建方法的基础上,提出了准动态单元构建的基本思想和分析方法,研究剖析了不同类型单元构建方法的联系与区别,建立了规范化的描述单元构建方法的统一范式。

2. 基于相似系数分析法的双资源单元构建问题的研究

在文献回顾的基础上构建了以相似系数为基础的双资源约束的单元构建模型,并将应用提出的数学模型与文献中的案例进行对比分析,5 个对比案例在 Voids 和 EEs 两个指标上都优于文献结果,证明了所提模型的有效性。

3. 人力资源要素对单元构建的影响研究

详细分析多技能员工任务分配和人的学习性能对单元构建的影响,研究了双资源约束下的单元构建问题,并建立了相应的数学模型,通过对模型中目标函数权重系数的灵敏度分析,优化了企业资源配置。

4.准动态双资源约束下的单元设计问题的研究

在准动态单元构建方法的基础上,综合考虑设备单元划分、员工工作任务分配以及单元布局对单元制造系统效率的影响,研究了准动态双资源约束下的单元设计问题,建立了相应的数学模型,进而研究恰当的求解方法。

5.案例分析

在对企业实际调研与数据分析的基础上,将准动态双资源约束下的单元构建数学模型应用于实际企业,改变原有生产方式为单元生产方式,从而大大减少了物料搬运距离,提高了生产质量水平、员工工作效率以及整个单元制造系统的效率。

关键词:单元制造系统;单元构建;单元设计;准动态;双资源约束

ABSTRACT

Manufacturing is a pillar industry of the national economic; it is also the important embodiment of national competitiveness. Nowadays, the cellular manufacturing system which is characterized by high efficiency, high flexibility, high quality and low cost has become the main trend in the development of manufacturing industry. Cellular manufacture combines the flexibility of the workshop and the efficiency of the flow process, as well as to product varieties of small batch according to the approximate cost of the rigid flow process, so it can meet the market in the time, quality, cost, flexibility and many other changes. It also represents the advanced production model. Cell formation is the basis of the cell manufacturing. Reasonable construction of the cellular manufacturing form a foundation for the wide application on the modular production of manufacturing system, the process reconstruction of production system and the rapid grouping technique. And it is a core part for the manufacturing system to achieve rapid reorganization.

Based on the practical needs of today's cellular manufacturing system and the present problems which are brought from static and dynamic cell formation [such as the inadequacy of pre-conditions: without considering the actual condition of the original manufacturing system (such as machinery & human resources)], the paper originally proposes a new method which is different from both static and dynamic cell formation: quasi-dynamic cell formation. It uses the recycling formation method to achieve the optimal cell formation schemes for every period. The paper focuses on the study of the theory, methods and techniques of the quasi-dynamic cell formation, establishing a unified mathematical model (abstract function) to describe different types of cell-formation problems. It considers the internal influence of work assignment for multi-skilled employees and workers' learning ability on cell formation. And then human resource factors are introduced into quasi-dynamic cell-formation problem. Finally mathematical model are proposed for the quasi-dynamic dual-resource cell-formation and do the sensitivity analysis to some important parameters and demonstration analysis. This paper study will provide strong and fundamental technical support for recombining a manufacturing system rapidly, executing cellular manufacturing and group technology strategy. It will also promote the ability of manufacturing enterprises in responding the rapid change of the global market. At the same time, it will contribute crucially to the development of formation theory and technique for cellular manufacturing system. The main work and achievements are as follows:

(1) Research on the quasi-dynamic cell-formation theory. By analyzing the basic method of static and dynamic cell formation and its practical application, this paper puts forward basically idea and method of quasi-dynamic cell formation, and then research the connection and distinguish of these three formation method, and at last build a a unified expression method.

(2) Study on dual-resource constraint cell formation problem based on similarity coefficient. A dual-resource constraint cell formation mathematical model based on similarity coefficient is put forward after literature reviewing and summarizing problem of existing research. And then applies this mathematical model into case of reference. The result of these five cases are better than reference on the two indictors (Voids and EEs), which proved the effectiveness of this model.

(3) Research on the effect of human factor on cell formation. On the basis of analyzing the influence multi-skilled workers on cellular manufacturing system, this paper puts forward dual-resource constrained cell formation problem and build a corresponding mathematical model and do the sensitivity analysis for the weight coefficient to optimize enterprise resource distribution.

(4) Research on the quasi-dynamic dual-resource cell formation problem. Based on the concept of quasi-dynamic dual-resource cell-formation, analysis machines cell division, human work assignment and cell layout effect on the cell manufacturing system efficiency, and then put forword quasi-dynamic dual-resource cell-formation problem and build a corresponding model, at last research on the solution method for this model and gain the optimal formation scheme.

(5) Case study. Based on the enterprise survey and data analysis, applied the quasi-dynamci dual-resource cell-formation model into the metalworking shop and changed original mode to cellular production mode, thus greatly reducing the material handling distance, improve production quality level, employee's work efficiency and efficiency of the entire cellular manufacturing system.

Key words: cellular manufacturing system, cell formation, cell design, quasi-dynamic, dual-resource constrained

目　录

第1章 绪 论

1.1 研究的背景与研究内容

1.1.1 研究的背景与意义

制造业是国民经济的支柱产业,是体现国家竞争力的重要标志。随着产品更新速度的不断加快、生命周期的日益缩短,以及顾客需求的日趋多样化、个性化,生产制造模式和组织方式已由面向产品转为面向客户、面向需求和面向服务[1],时间、质量、成本、服务、环境和知识创新已成为现代企业赢得客户和市场的关键要素。制造企业想在竞争中赢得生存和发展空间,除了需要拥有先进的生产设备,还须具备一套能以高质量、高效率、低成本进行生产的制造系统。在过去的几十年里,国内外学者已经提出了许多先进制造模式,如计算机集成制造系统(Computer Integrated Manufacturing System,CIMS)、柔性制造系统(Flexible Manufacturing System,FMS)、敏捷制造(Agile Manufacturing,AM),等等。虽然这些先进制造模式都取得了不同程度的成功,但它们主要适用于高自动化水平的生产系统,需有大量的初期投入。我国虽然在这些年加快数控机床生产和应用的比例,但截止到 2012 年我国机械加工数控化率仅达30%左右,与发达国家 70% 左右的数控化率相比相差甚远[2],大多数企业仍然处于人机结合的半自动化水平,普通的加工机床因为价格低廉仍然占据主流位置。因此,为了更好地适应市场环境的多变性及生产周期的灵活性,单元制造系统已经成为我国中小制造企业的最佳选择之一[3,4]。

单元制造(Cellular Manufacturing,CM)思想最初来源于成组技术(Group Technology,GT),它根据产品的相似性,将产品种类组合成产品族,根据产品设备的关联情况,构建与产品族相对应的设备单元。单元制造生产方式既能结合工作车间方式的灵活性和流水线方式的高效率,又能以近似刚性流水线的成本来生产多品种少批量的商品。许多研究结果表明,单元制造系统有占地面积小、工序间距离接近、在制品积压少、一名工人进行多工序操作和柔性强等优点。因此单元制造方式可以满足市场在时间、质量、成本、柔性等多方面的挑战,它代表着生产方式的新方向。目前单元制造在许多公司得到了广泛的应用,比如松下电器、理光公司、戴尔计算机、奥林巴斯、佳能公司等。实践证明,单元制造生产方式可以帮助企业缩短 65% 的生产线、缩短 70% 的供货周期和缩减 40% 的人员,它被西方企业称为"看不见的传送带",不仅大大减少了浪费,而且革新员工意识,使企业充满活力,进而为企业发展抢得先机[5]。

单元制造能够结合工作车间方式的灵活性和刚性流水线方式的高效率,因此单元生产方式可以满足市场在时间、质量、成本、柔性等多方面的挑战,它代表着生产方式的新方向。单元构建是单元制造的基础,制造单元的合理构建为制造系统的模块化生产、生产系统的流程再造以及快速成组技术的广泛应用提供了基础,它是制造系统实现快速重组的核心细胞。

单元构建根据问题研究周期的不同可分为单周期和多周期单元构建问题,并分别采用静态和动态单元构建方法进行问题的分析求解。静态和动态单元构建方法的区别在于前者仅考虑一个周期的需求决策,而后者则根据不同时期零件需求、设备生产能力等因素,以获得多个周期整体最优为目标,确定各个周期单元组建方案。但是静态和动态单元构建方法研究的本质都是在一个空白制造系统的基础上构造一个全新的系统,这是一种理想状态。而现实情况大都是:经过一定时期针对外部市场需求和企业自身发展能力之需,在原有制造系统的基础上进行系统设备的再规划与调整。同时由于制造系统中某些设备的安装和拆卸需要花费大量的时间和人力,大大制约了制造系统的调整,因此忽略原有制造系统对后续系统调整的研究方法不符合企业实际生产的要求。动态单元构建方法是对多个周期的统一规划,需要在规划初期就对每个周期(每个周期至少半年以上)的制造系统做出系统构建方案,因此在初期就需获得日后较长时期精准的数据来获得多周期的总体最优,但随着全球经济一体化背景下产品需求变化的不断加速,已很难获取相应的准确数据。虽然不少学者通过模糊技术来降低长期数据预测不精确性带来的风险,但是模糊技术只能对产品需求、设备价格,以及相关的单位成本进行模糊处理,而对于生产技术进步引起的设备性能提升、生产工艺提升以及生产工艺路径变化等因素则难以预测和处理,而这些因素在生产实际中是至关重要的。因此,模糊技术并不能完全解决动态单元构建方法进行多周期决策时由于数据偏差带来的风险。鉴于以上分析,静动态单元构建方法已不能完全适应当今单元制造系统发展的现实需求,有必要提出并解决有别于静态和动态单元构建的新方法——准动态单元构建方法,来适应现代制造企业的实际生产需求。准动态单元构建方法是在考虑原有制造系统影响的基础上,结合本周期的需求以及设备基本信息,通过采取阶段式的构建方式获得每个周期的最优构建方案,它旨在改变静动态单元构建方法中忽视原有制造系统状态及数据预测风险对单元构建方案的影响。

单元制造系统是一个复杂系统,除机器设备外,人力资源对系统柔性、高效的运行也起着至关重要的作用。我国制造企业中80%以上是中小型企业,多为劳动力密集型产业。近年来我国虽然加快了数控机床的应用步伐,但截止到2012年机械加工数控化率仅达30%左右,大多数企业仍然处于人机结合的半自动化水平,同时随着设备操作技术水平的不断提升,人与设备技术的融合问题显得尤为突出,以往针对全自动加工中心、高自动化水平的制造系统单元构建的研究并不能完全适应我国企业发展的需求,亟须在单元构建中同时考虑设备资源和人力资源这双重资源。

虽然研究者已经在单元构建中关注人的因素,但主要是基于设备单元的人员培训与工作任务的分配,缺乏对设备单元和工人任务分配之间内在联系和冲突的分析。例如:①多技能员工一般可以同时操作多台设备,为了降低工人的劳动强度以及减少设备的等待时间,同一员工操作的不同设备必须位于同一个单元,然而这一安排又会增加物料的搬运成本;②不同员工对操作任务的技能水平和操作质量是有明显差异的,因此员工任务分配的合理性直接影响单元的工作效率;③个体在实践过程中,都存在一定的学习能力,可以通过不断的生产实践来提高自身的生产效率。因此在单元构建中需考虑人的学习性能,分析学习性能对工人工作效率的影响,进而分析对整个单元制造系统的影响。

准动态双资源制造单元构建的理论、方法与技术研究符合当今制造企业发展的实际需求,其研究结果可为制造企业构建可重构制造单元、开展模块化生产、实现生产线快速重组提供技术支撑,这对提升企业快速响应国际市场的应变能力、提高顾客满意度、推动制造业转型升级具有显著的经济价值,同时对于拓展单元制造系统的构建理论与技术具有重要的科学价值。

1.1.2 研究内容

在详细剖析现行单元构建研究方法的基础上,本书提出了一个新方法——准动态单元构建方法;通过详细分析人力资源要素对制造单元的影响,研究双资源约束下的单元构建问题;然后基于准动态单元构建的基本方法,综合考虑设备单元划分、员工工作任务分配和单元布局对单元制造系统的影响,最终提出并解决了基于准动态的双资源约束下的单元构建问题。本书主要研究内容如下:

(1)准动态单元构建方法的理论研究。在深入分析静态和动态单元构建方法和实践应用的基础上,提出静态和动态单元构建的抽象函数;基于静动态单元构建方法存在的问题,提出有别于静动态单元构建方法的准动态单元构建方法;并在详细剖析三种方法区别与联系的基础上,建立单元构建方法的统一范式(抽象函数);最后将三种方法应用于同一个数学算例,得出准动态单元构建方法能更好地满足企业实际运作的要求。

（2）基于相似系数法的双资源单元构建问题的研究。在文献回顾的基础上构建了以相似系数为基础的双资源约束的单元构建模型，并将应用提出的数学模型与文献中的案例进行对比分析，五个对比案例在Voids（表示对角矩阵中的0元素的数量）和EEs（表示非对角矩阵中的1元素的数量）两个指标上都优于文献结果，证明了所提模型的有效性。

（3）人力资源要素对单元构建的影响研究。在详细剖析单元制造中员工工作任务分配以及人的学习性能对单元构建影响的基础上，研究双资源约束下的单元构建问题，并建立相应的数学模型。根据模型的复杂性，提出改进分散搜索法进行求解。通过对实际算例的求解及灵敏度分析，说明人员在单元制造系统中的作用及对设备单元构建的影响。

（4）准动态双资源约束下的单元设计问题研究。基于准动态单元构建的概念，综合考虑员工工作任务分配、设备单元构建与单元布局对单元制造系统的影响，研究准动态双资源约束下的单元设计问题，建立相应的数学模型，并采用多目标遗传算法进行求解，最后将该模型应用到企业实际，提高企业现行运作效率。

（5）案例分析。将准动态双资源约束下的单元构建数学模型及相应的算法应用于具体企业，将企业现有机群式布置的生产方式改为单元生产方式，提高企业整体绩效。

1.2 研究的技术路线

根据以上分析研究内容，给出以下技术路线，如图1-1所示。

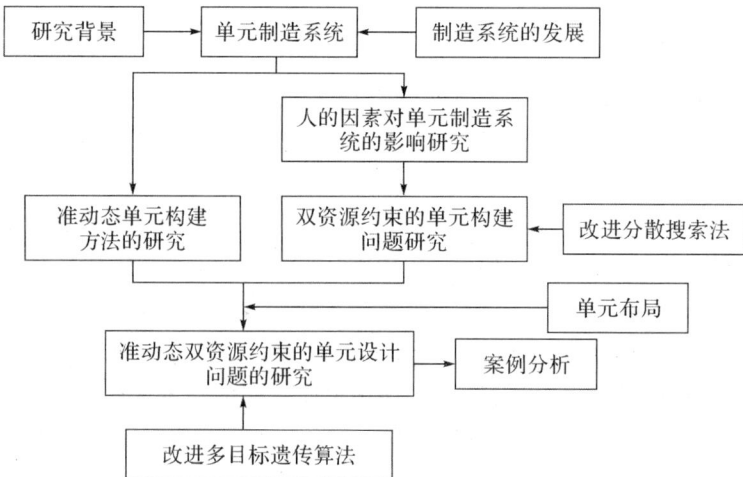

图 1-1 技术路线

1.3 基本结构

本书的基本结构安排如下：

第 1 章 绪论。首先介绍了本文的研究背景和意见，然后详细描述了本书的研究意图、研究内容、组织结构及创新点。

第 2 章 单元构建方法研究综述。首先介绍单元制造系统，单元制造的基本概念、特点和优势，然后详细阐述单元构建主要的研究方法，最终归纳总结出现行研究方法存在的问题。

第 3 章 准动态单元构建方法的研究。根据生产系统的实际运作特点和方式以及目前对静态和动态单元构建方法的研究分析，提出了准动态单元构建方法的概念及抽象函数，最终建立单元构建方法的统一范式（抽象函数）。

第 4 章 基于相似系数的双资源单元构建问题的研究。基于设备与设备、人员与人员以及设备与人员的相似系数，构建以三者相似系数最大为目标的双资源单元构建模型，并应用 Lingo 算法对模型进行求解。通过与案例问题的比较，发现所提模型在 Voids 和 EEs 两个指标上都优于文献结果，证明了所提模型的有效性。

第 5 章 双资源约束下的单元构建问题的研究。根据员工在实际单元制造环境中的作用和能力（主要考虑人与设备的交互作用以及团队绩效），结合其他一般单元构建因素，建立了双资源约束下的单元构建问题数学模型，并应用改进遗传算法对问题模型进行求解。

第 6 章 基于学习曲线的双资源约束的单元构建问题的研究。通过详细分析学习曲线对人力资源工作以及单元构建效率及质量的影响，建立基于学习曲线的双资源单元构建问题模型，并应用改进分散搜索法对问题模型进行求解。并且通过算例分析及目标函数权重系数的灵敏度分析说明人的因素对单元构建的重要影响。最后将学习曲线理论进行扩展，将学习—遗忘理论引入单元构建问题中，建立相应的模型，并应用遗传算法对问题进行求解分析。

第 7 章 准动态双资源约束的单元设计问题研究。应用准动态单元构建方法，综合考虑人员、设备单元构建与单元布局对于制造系统的影响，研究准动态双资源约束下的单元构建问题，建立相应的数学模型，并采用多目标遗传算法进行求解。

第 8 章 案例分析。将所提出的单元构建技术应用于 HZYC 集团有限公司的金工车间，设计与优化制造单元。

第 9 章 总结及展望。总结全书，讨论未来进一步的研究方向。

1.4　创新点

第一,本书在提出准动态单元构建思想和方法的基础上,详细研究了不同单元构建方法的联系和区别,建立了规范化描述单元构建方法的统一范式(抽象函数)。

第二,详细剖析了单元制造中人力资源要素对制造系统的影响,针对员工工作任务分配与设备单元划分之间的交互作用、团队组建以及员工学习性能对制造单元效率及成本的影响,研究了双资源约束下的单元构建问题,建立了相应的数学模型,并提出了改进分散搜索算法来求解问题模型,同时通过对相关重要参数的灵敏度分析,为企业寻求单元制造系统的优化运作提供指导性方向。

第三,基于本文提出的准动态单元构建的基本方法,综合考虑设备单元划分、员工工作任务分配以及单元布局对单元制造系统的影响,研究了准动态双资源约束下的单元设计问题,建立了相应的数学模型,并根据模型的复杂性提出了改进多目标遗传算法来求解问题模型的解决方案。

第2章　单元构建方法研究综述

2.1　先进制造系统的发展

生产企业为了适应竞争激烈的外部市场环境,需要做到以最快的上市速度(T—Time To Market)、最好的质量(Q—Quality)、最低的成本(C—Cost)、最优的服务(S—Service)及最清洁的环境(E—Environment)来满足不同客户对产品的需求和社会可持续发展的要求。为实现这一目标,近年来人们将制造技术与当代信息技术、自动化技术、现代管理技术及系统工程方法相互融合,提出了先进制造模式(Advanced Manufacturing Mode,AMM)的概念。

关于先进制造模式,国内外有许多种看法,主要集中于两类观点:一种观点是从管理的角度出发,从比较广泛的范围来看,认为先进制造模式是一种在生产和制造领域中应用的新的生产方式和方法,属于制造战略的范畴;另一些工程领域的学者从制造科学和制造系统的角度出发,认为制造模式是一种典型的制造系统。该观点认为先进制造模式是具有典型的制造过程和运行机制,同时具备明确的功能、结构、通信和操作机制;对于企业内部的人流、物流和信息流的管理具有明确的处理方法;对于企业外部的动态联盟(包括市场、资源、生产、销售、供应链、服务等)也具有相应的对策,最后对于上述问题的处理都具有相应的评价指标和方法[6]。本书倾向于第二种观点。

国外已经提出或实施了多种先进制造技术模式,其中包括计算机集成制造系统(Computer Integrated Manufacturing System,CIMS)、柔性制造系统(Flexible Manufacturing System,FMS)、敏捷制造(Agile Manufacturing,AM)和精益生产(Lean Production,LP)等。

计算机集成制造系统是在自动化技术、信息技术及制造技术的基础上,通过计算机及软件系统,将制造工厂全部生产活动所需的、各种分散的自动化系统有机地结合起来,适合于多品种、中小批量生产的总体高效益、高柔性的智能制造系统[7]。计算机集成制造的概念是在1973年由美国人约瑟夫·哈林顿(Joseph Harrington)博士在 *Computer Integrated Manufacturing* 书中首先提出的,并在20世纪80年代初被广泛接受。随着计算机集成制造概念的发展,其具体含义也在不断地扩展。以"集成"一词为例,既包括"信息集成"、"过程集成"和"企业间集成"三个阶段,又包括企业产品生命周期活动中人员/组织、技术和管理的集成,也包括对于企业生产活动中物流、信息流和价值流的优化。同时对于 CIMS 的现代化特征定义为数字化、信息化、智能化、集成优化、绿色化[8]。

20 世纪 50 年代数字化技术在机床上开始应用,出现了数控(Numerically-Controlled,NC)机床,20 世纪 70 年代数控机床进一步发展为计算机数控机床(Computer Numerically Controlled,CNC),机床趋于"柔性化"。柔性制造系统的概念诞生于 20 世纪 60 年代的伦敦,最先被称为柔性加工系统(Flexible Machining System),随着计算机控制设备的发展以及在金属成型和装配方面的应用日渐广泛,逐渐发展为柔性制造系统(Flexible Manufacturing System)[9]。目前对于柔性制造系统还没有统一的定义,可以一般地理解为:由若干 CNC 设备、物料搬运装置和计算机控制系统组成的,并能根据制造任务和生产品种的变化而迅速进行调整的自动化制造系统。FMS 作为 CIMS 实现制造自动化的分系统,必将随着 CIMS 的发展而发展,目前呈现出"配置小型化"、"系统结构的模块化"和"控制管理软件结构典型化"的特点。

研究人员通过对美国 200 家企业在 19 世纪 60 年代到 90 年代的竞争的调查发现:60 年代到 80 年代,企业只需要做到低价格、高质量就能在市场上取胜;而 80 年代至 90 年代能做到快速反应和产品多样化的企业取得了竞争优势[10]。进入 21 世纪,企业生存环境最大的特点是变化和无序,不可能凭借着企业原本单一的优势(核心竞争力)来应对,企业管理的核心内容是考虑如何应对这种无序的变化。正是在此背景下,美国 Lehigh 大学和通用汽车公司于 1988 年提出了敏捷制造的概念[11]。

目前,有关敏捷制造的研究集中于企业的敏捷性、动态联盟(虚拟企业)敏捷制造概念中的功能单元(如产品工艺过程设计)设计等几个关键技术[12]。

敏捷性指企业能够通过复杂的通信基础设施迅速地组织其技术、雇员和管理,以对于不断变化和不可预测的市场环境中的顾客需求做出从容的、有效的和协调的响应的灵敏性[9]。

动态联盟是敏捷制造的实现途径,是为了赢得某一机遇性的市场竞争,围绕某种新产品开发,通过选用不同组织(企业)的优势资源,综合成单一的靠网络通信联系的阶段性经营实体。动态联盟具有集成性和时效性两大特点。它实质上是不同组织(企业)间的动态集成,随某一特定市场机遇的出现或消失或聚集或解散。在具体表现上,结盟既可以是同一个大公司的不同组织部门(以互助和信任为基础,而非上级意识),也可以是不同国家的不同公司。动态联盟的思想基础是共赢(win-win)。联盟体中的各个组织/企业互补结盟,以整体优势来应付多变的市场,从而共同获利。

"精益生产"一词最早出现在《改变世界的机器》[13]一书中,是对在日本丰田汽车公司创造的准时制(JIT)生产的基础上发展起来的,以最大限度地减少企业生产所占用的资源、减少企业管理和运营成本为主要目标的生产方式的总结和概括。其基本原则是"消灭一切浪费"和"不断改善",准时制(Just In Time,JIT)、全面质量管理(Total Quality Management,TQM)、成组技术(Group Technology,GT)、弹性作业人数和尊重人性是精益生产的主要支柱[14]。

实行精益生产的过程即是如下几条思想的贯彻过程:

1. 流程管理的思想

一般认为企业主要由物流、资金流和信息流组成,并在生产中引入了价值流。在精益生产中,生产管理强调基于价值流的管理,即任何工作只能够增加产品的价值,否则就是浪费。

2. 以人为本的思想

21世纪是知识经济时代,企业重点管理的对象是掌握了知识的人,如何充分调动起员工的积极性,并设计出良好的组织结构加以保证,是精益生产最为关键的部分之一。

3. 合作制胜的思想

精益生产的企业中,合作不仅仅是企业内部工作团队的合作,还表现在供应链中不同企业的合作。在供应链中,不同企业之间共同承担风险、分享利润等措施都是合作制胜思想的集体体现。

4. 精益求精的思想

精益生产要求杜绝一切浪费,如残次品、无需求的超量生产品、不必要的工作及人员调动等。为此精益生产设计了相应的系统压力,采用零库存迫使员工一次生产出合格的产品,以这种压力迫使员工工作必须精益求精,以防因自己的工作失误而使整个系统崩溃。

国外提出的各种先进制造技术,反映了新的市场环境对制造企业的战略要求,但由于它们的产生与发展分别源于不同的经济环境与社会文化背景,所以也都具有局限性,是不能不顾国情生搬硬套的[15]。首先,国外的先进制造技术对运行环境提出了很高的要求,不同于昔日便于推广的单项技术;其次,引进国外先进制造技术将对生产系统的运行机制、管理模式和观念都产生冲击和影响,我国有些企业推行JIT,MRPⅡ未取得成功就是明显的例证,所以必须发展适合国情的先进制造技术。

汪应洛在 1995 年提出了精益—灵捷—柔性(Lean-Agile-Flexible，LAF)生产系统的新概念[16]。LAF 生产系统是全面吸收了精益生产及敏捷制造和柔性生产技术的精髓，包含了全面质量管理、准时制生产等现代生产管理的经验，并将这些技术集成起来的一个独特的管理环境和生产实体的总称，其目标是快速响应市场变化并满足顾客的需求。LAF 生产系统全面吸收了敏捷制造、精益生产和柔性生产技术的各家之长，如三者共有的快速柔性响应市场变化的思想、精益生产 LP 的"消灭一切浪费"和"不断改善"的思想与方法、敏捷制造的资源集成思想与组织形式，等等。LAF 并不一味苛求企业基础自动化水平，LAF 生产系统具有可持续发展的特性，能以较低的基础为起点，由初始形态到高级形态逐步实现。

张曙提出了以独立制造岛为基础的虚拟制造实施战略[17]。独立制造岛以成组技术为基础，数控机床为核心，数控机床与普通机床并存，其基本构思是按照成组技术的原理，将零件划分为不同的零件族，把一组适合加工若干组零件的机床集中在一起，形成加工过程相对封闭的单元，由若干熟练工人组成的小组在计算机软件的支持下，相对独立地去组织生产。

尽管国内外提出的一系列先进制造系统的出发点和目标不同，但是它们具有以下共同的发展趋势[18]：

①从金字塔式的多层次管理结构向扁平式网络结构转变，力求减少层次和中间环节；

②从传统的顺序工作方式向并行工作方式转变，周期缩短、质量提高、成本降低成为综合目标；

③从按功能划分部门的固定组织形态向动态、自主管理的 Team Work 工作方式转变；

④由以技术为中心转向以人为中心，技术与管理更加紧密地结合；

⑤强调人机智能的协同工作，充分发挥智能的潜力；

⑥提倡和实施绿色制造和清洁生产，保护环境。

先进制造系统的发展趋势表明，传统的以大批量生产为特征的金字塔式企业组织结构缺少柔性，已无法适应市场竞争的需要。计算机集成制造系统和敏捷制造系统等先进制造系统都是以组织灵活、反应敏捷和自主管理的制造单元为基本元素构成的，多个制造单元可以通过重组和联合，形成新的灵活、高效的制造系统，从而实现制造资源的动态优化配置，并对变化的市场需求作出及时的响应。

2.2　单元制造系统与单元制造概述

2.2.1　单元制造系统

多品种、小批量的市场需求要求制造系统具有一定的刚性来保证高的生产效率,同时又有快速转换的柔性和通用性,既要求具有刚性制造系统(Dedicated Manufacturing System,DMS)的优势,也要求具有 FMS 的特点。单元制造系统(Cellular Manufacturing System,CMS)是在成组技术的基础上发展而来的一种新的制造系统,是进行制造系统重构的基础,通过单元的重构实现生产能力和生产功能按照需要进行增加、减少和调整,从而弥补刚性制造系统和柔性制造系统的不足,符合现代企业发展的要求。从表 2-1 可以看出 CMS 较 DMS 和 FMS 的优势主要在于:

第一,CMS 可以根据市场实际需求的变化进行制造单元构建和重构,为制造系统提供所需制造功能,避免了制造能力的冗余,同时使用的设备基本为通用设备,投资成本低,可靠性好。

第二,CMS 可以通过选择产品生产工艺路径来满足制造过程中的各种约束,如设备负荷约束、设备成本约束等,因此其不仅可以提高企业设备的生产效率,同时还能够根据市场需求变化来调整设备功能,避免大量浪费的存在。

表 2-1　DMS、FMS 和 CMS 的设计原理与目标[19,20]

制造系统	设计原理	目　标
DMS	专门针对某一种零件而不是基于变化的生命周期,一般采用自动流水线	实现特定产品的高效率、高质量和低成本生产
FMS	针对某一产品族柔性生产,硬件主要包括多轴 CNC 机床,软件主要为可编程的控制程序,可根据订单实现柔性生产	实现某一产品内要求的高效率、高质量和低成本生产
CMS	由可变的机床、零件和人员组成,支持系统动态构建,通过快速改变自身组织结构响应市场变化,可实现具有相似加工工艺的零件族的柔性生产	根据生产需求的不同,快速改变自身生产功能和生产能力

2.2.2　单元制造

20 世纪初,美国人亨利·福特(Henry Ford)首创了第一条流水线,大大提高了生产作业效率和产品质量,降低了产品的生产成本。但随着科技水平及经济水平的不断提升,产品需求逐渐趋向于个性化、多样化,以往仅仅讲究效率和成本的大批量生产方式已经不能适应现代市场的需求,20 世纪 60 年代丰田生产方式开始通过单元生产方式进行多品种、小批量生产的改革和实践,取得了举世瞩目的成效。20 世纪 80 年代,美国电子产业在单元小组作业方式的启发下,导入单元生产,这种生产方式很快就传遍全世界,单元制造方式应运而生。单元制造方式的基本思想主要来源于成组技术,工作单元(Work Cell)是单元制造的基本组成单位。单元制造主要是根据产品/零件需求情况、产品的工艺路径信息,将设备分配给不同的单元并建立相应的产品/零件族,在不同的单元内可以完成单一产品/零件或多个产品/零件族的生产,它能有效降低成本,提高质量并增加制造系统的柔性。同时单元制造生产过程还可以实现准时制(Just-In-Time, JIT)生产和全面质量管理(Total Quality Management, TQM)的基本思想[5]。

单元制造方式作为工业变革的产物,至此还没有人能够给它一个明确的定义,但是已有不同学者提出了不同的看法。日本生产管理学者认为单元生产方式是指一名或多名员工按照一定的生产节拍在单元内完成产品从最初工序到最后工序的组装加工[21]。有的学者认为,所谓的单元制造方式其实就是撤掉传送带,将生产车间进行网状布局,让多技能员工从事没有间隔的手工工作的生产方式。最理想的单元制造方式是从最初的零配件组装到最后产品的包装都由一个工人在一个工作台上完成[22]。还有的学者认为,单元制造方式是"主要应用于产品的装配加工,为了适应多品种小批量的产品生产,形成由少数多技能员工组成的自律分散型的生产方式的总称"[23]。

根据以上学者的研究,我们可以认为单元制造方式是通过一些可自制的简单自动化或半自动化设备,由一名或多名人员独立完成产品多步骤的制造过程。最具革命性的是作业现场是根据所需设备和工作人员来确定的,现场一般不用传送带,增加了现场组织的灵活性[24]。

单元制造就像丰田的精益生产一样,在目的和应用方面有着明显的特点[25]:

第一,单元制造的基础是成组技术。成组技术最初主要应用于多品种、少批量产品的生产。随着近几年理论和方法的不断完善,成组技术的应用范围已超越了工艺制造领域,目前已成功应用于产品设计、生产计划、设备布置等方面,为单元制造提供了技术支持。

第二,单元制造的最终目标是获得技术、管理和人力资源的最佳匹配,这也是单元制造最根本的特征。单元制造不仅可以适用于高自动化生产,同时可以有效应用于小型半自动化的生产系统,为寻求切合实际的内涵生产提供了新的方向。

单元制造的这些特点使得其能够以较高的柔性、生产质量和效率,较低的生产周期和成本满足顾客多样化的需求,其优势可以归纳为以下几点[26]:

第一,工作区和生产线能被有效平衡,加工工件在工作单元中的移动速度加快,减少了原材料、在制品和成品库存,同时减少了库存的场地占用。

第二,只对工作单元的进口与出口进行监控和调节,大大简化了生产计划、作业排序和生产控制过程。

第三,通过工艺再造,尽量压缩工序,减少停滞,在流水化的前提下编排工艺。

第四,可根据生产量和生产速度的要求灵活增减作业人员数量,优化了材料流和改进了作业排序,节省了直接人工成本。

第五,作业人员之间的交流增加,提高了工作效率和对质量问题的监控能力,同时也增加了员工在生产组织中的参与感。

第六,生产效率的提高增加了加工设备的利用率,减少了设备投资。

经过学者和企业多年的研究和推广试验,根据产品的不同、环境的不同、人员的不同,单元制造形式发展成各种各样的理念。即使同样的产品,不同的企业也会采用不同的单元制造形式。在有些企业中,一个车间甚至会采用不同的单元生产方式。

单元制造形式主要以 U 形或 L 形进行生产设备的布置。秋野晶二认为按人员配置方式,单元制造形式可以分为一人作业方式、分割方式、巡回方式,如图 2-1 所示[21]。

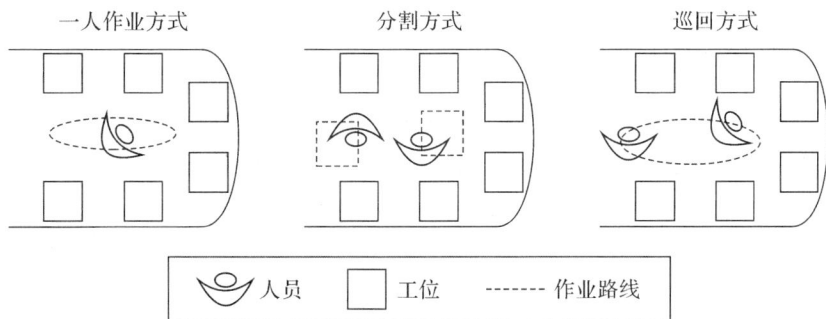

图 2-1　单元制造方式的三种形态

一人作业方式是指在一个作业细胞之内的全部作业都由同一个作业员完成,这种方式是单元生产的基本方式,在装配平衡上,其效率最大。

分割方式是指在一个工作单元之内,安排若干名作业员,每人分担若干个工序。它是在完成一个产品所需的工序较多时采用,或者在多面手培训期间采用,作为向其他两种形态的过渡。

巡回方式则是在一个细胞内安排若干名作业员,以大致相同的节奏依次进行每一道工序的作业,同一单元内作业员轮流使用相同设备,因此所需要的机械设备相对较少。

由单元制造的基本特征和优势我们可以得出以下结论:单元制造生产方式适用于多品种中小批量产品的生产,因此我国具备相应特征的制造企业完全可以应用单元制造技术来组织生产,实现企业高效益和高柔性。

单元制造主要包括三方面内容:单元构建、单元设计和单元调度。单元构建主要解决工艺设备分组和相似零件族的构建问题,它是单元制造的基础;单元设计主要解决单元在整个制造系统内的布局以及单元内设备的布置问题;单元调度主要解决的是零件生产在单元内的排序问题,三个方面既相互独立又交互影响[27]。单元构建作为单元制造的核心,是成功实施单元构建的关键。

2.3 制造单元构建问题及其评价指标

成组技术中零件成组的依据是零件的产品设计特征和加工工艺特征。零件的工艺特征可以用设备—零件关联矩阵表示[如图 2-2 所示,矩阵中“1”表示对应的零件和设备之间发生(加工)关联,否则为“0”],是制造单元构建的依据。对零件和设备成组后,根据成组结果调整矩阵的行和列,将同一制造单元内的设备和零件调整到一起,形成制造单元。制造单元在矩阵中的表现为单元内的行和列相交构成的对角线上的“块”。在调整后的矩阵中,大部分的元素“1”均被包括在设备—零件关联矩阵的对角块中,形成一个制造单元。制造单元外的“1”元素被称为例外元素(Exceptional Element,EE)。如图 2-2 所示,矩阵中包括两个制造单元和两个例外元素。例外元素意味着对应零件的相应工序要在其他制造单元加工,要尽量避免。因此,例外元素越少的聚类结果越好。

除了例外元素外,对单元构建结果的衡量还有成组效率指标。成组效率包括两种,即成组功效(Grouping Efficacy)和成组效率(Grouping Efficiency)。分别表达如下:

$$GA = \frac{e_d}{\sum_{r=1}^{C} M_r N_r + EE} \tag{2-1}$$

$$GE = q \cdot \frac{e_d}{\sum_{r=1}^{C} M_r N_r} + (1-q)(1 - \frac{EE}{mn - \sum_{r=1}^{C} M_r N_r}) \tag{2-2}$$

其中:

GA 表示成组功效(Grouping Efficacy);

GE 表示成组效率(Grouping Efficiency);

制造单元1　例外元素

例外元素

制造单元 2

```
1 1 0 1 0 0 1 1
1 1 1 0 0 0 0 0
0 1 1 1 0 0 0 0
1 1 1 1 0 0 0 0
0 0 0 0 1 1 1 1
0 0 0 0 1 1 1 0
0 1 0 0 1 0 1 1
0 1 0 0 0 1 1 0
```

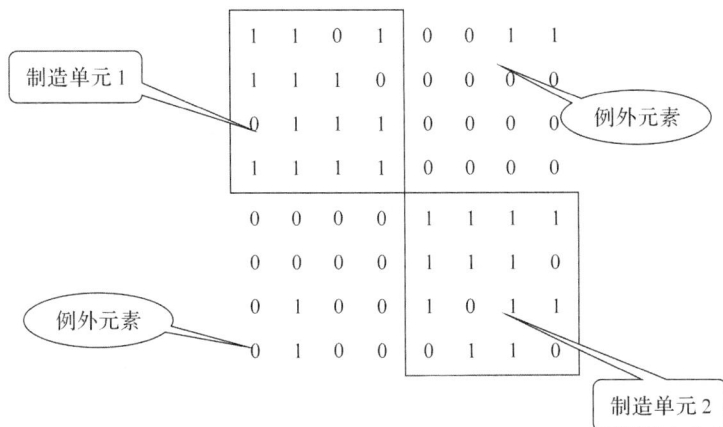

图 2-2　设备—零件关联矩阵中的制造单元和例外元素

e_d 表示所有制造单元(对角块内)"1"元素之和;

EE 表示例外元素之和;

M_r 表示制造单元 r 内的设备数量;

N_r 表示制造单元 r 内的零件数量;

C 表示制造单元的数量;

m 表示总的设备数量;

r 表示总的零件数量;

q 表示权重系数 $q \in [0,1]$。

以上两个公式体均以单元构建过程中的主要影响因素——例外元素作为基础,具有一定的科学性。因此,被广泛地应用于单元构建结果评价。但是,忽略了单元形成过程中"设备负荷均衡"和"对角块中'0'的数量"等其他因素的影响。

文献[28]对单元构建的候选方案评价指标进行了总结,目前存在 9 种常用的定量性能评价指标,它们是例外元素个数(Number of Exceptional Elements,EE);Chandrasekharan 提出的成组效率(Grouping Efficiency,GE);Kumar 和 Chandrasekharan 提出的成组功效(Group Efficacy,GG);Miltenburg 和 Zhang 提出的设备使用指标(Machine Utilization Indes,GUI);Singh 和 Rajamani 提出的聚类度量(Clustering Measure,CM);Nair 和 Narendran 提出的成组指标(Group Index,GI);McCormick 等提出的键能度量(Bond Energy Measure,BEM);Hsu 采用成组能力指标(Grouping Capability Index,GCI)进行测度;Sarker 和 Li 考虑多工路线,提出的 ARG 效率(ARG Efficiency)。以上 9 个指标都是基于构建后的对角块中"0"和"1"的分布情况进行测度,只反映零件与设

备之间的加工关系,对设备、人员、调度等动态信息未做深入考虑。

因此不少研究者做了进一步的研究。马玉敏[29]等研究开发了考虑加工实际的动静态结合的单元构建评价系统。窦建平等[30]用混合层次分析法对 RMS 的重构方案进行评价选择;张良伟[31]用模糊评价方法对构建方案进行了评价。从时间、质量、成本、生产性能、柔性、环境六大方面来考察可重构方案,利用信息熵方法确定评价指标的权重,运用 Electre-Ⅲ 方法来进行方案的评价选择。姜晓鹏[32]针对影响可重构单元制造系统的时间、成本、质量等关键因素展开重点研究。对于时间因素,定义了可重构单元制造系统的全生命周期和时间性能指标,并将时间分为过程时间和活动时间开展研究并建立了各自模型。对于成本因素,通过时间价值理论和环境成本理论以及辅助因子(节约因子和残留因子等)等建立了可重构单元制造系统的成本模型,并分析了成本模型随着辅助因子变化的趋势。对于质量因子,引入活动完美度和过程完美度加以研究并建立了各自的模型。陈雄兵[28]提出了基于组合权重模糊理想解的候选方案评价方法,分别用三角模糊数和熵权法求解出指标的主观和客观权重,采用理想解法求解相对贴近度,从而评价选择出最优方案。

2.4 单元构建方法综述

单元构建(Cell Formation,CF)是单元制造的基础,它主要解决设备单元和产品/零件族的划分问题。单元构建问题可以被定义为:根据所要加工产品/零件的基本信息(包括类型、数量、工艺路径等)、设备的基本信息(包括设备的种类、数量、生产能力等)以及设备与产品/零件之间的关联性,构建相应的设备单元和产品/零件族,进行单元制造方式的过程[33]。

单元构建的方法有很多,一般可以分为直观法、编码法和生产流程分析法。生产流程分析法又可以分为相似系数法、聚类分析法、数学规划法、图论法和人工智能法等,具体如图 2-3 所示。

直观法是指根据工件几何形状的相似性将它们分类的半规则方法,适合工件种类数较少的情况。编码法是指采用代码描述工件,代码的每一位代表工件的一个特征,分类时将若干特征方面具有相似性的工件归类成族,适用于产品设计领域。生产流程分析法是指基于工件的工艺相似性分析将工件划分为工件族,同时求出与每个工件族对应的一组设备。

2.4.1 相似系数法

相似系数法是最早应用于单元构建的方法之一,其主要根据设备—零件的关联矩阵,计算设备之间的相似系数,进行设备单元的划分。Mcauley[34]在

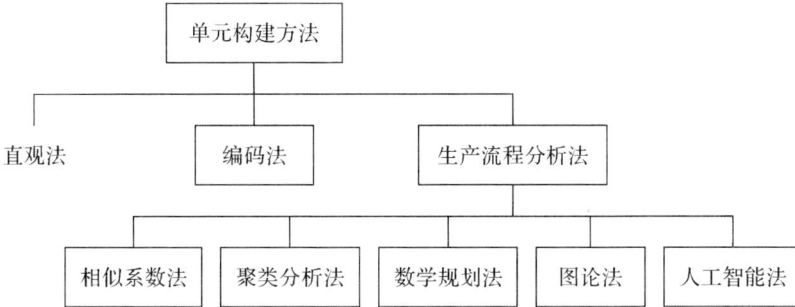

图 2-3 单元构建方法

1972 年用通用的 Jaccard 系数构建设备族。Gupta[35] 和 Seifoddini[36] 认为相似系数包含了加工需求、零件—设备关联矩阵、确切的加工顺序、每种零件的平均加工数量、加工每个零件的单元加工时间等。Mosier[37] 提出了附加相似系数（Additive Similarity Coefficient，ASC），即考虑每个零件的相对重要性，对 Jaccard 系数加权调整。一些重要的相似度表达式如表 2-2 所示，其中 a,b,c,d 为设备与零件相关矩阵中的变量集，分别表示两个设备—零件矩阵中对应列中 [1,1]、[1,0]、[0,1] 和 [0,0] 的总数目。如下例 A 所示，$a=3,b=3,c=4,d=2$。

$$A=\begin{bmatrix} 1 & 1 & 1 & 1 & 0 & 0 & 1 & 0 & 0 & 0 & 1 & 0 \\ 0 & 1 & 1 & 0 & 0 & 1 & 0 & 0 & 1 & 1 & 1 & 1 \end{bmatrix}$$

根据表 2-2 可见，相似系数公式是基于设备—零件关联矩阵得到的，但目前作者更为关注生产过程中的实际因素，如零件的批量[34] 和作业信息[35] 等。因此最近的研究致力于得出一种利用权重系数将各个生产实际因素进行整合的相似性系数表达公式[39]。而 Won[40] 认为目前的相似系数法不能识别在外部单元中各个操作之间的关系以及单元间的移动，忽略了零件对相同设备的多次访问，同时没有考虑产量，因此提出了一种新的相似系数的计算公式 $S_{jk}=\sum_{i=1}^{n}\Gamma(b_{ij},b_{ik})$。

其中：$b_{ij}=\sum_{r\in \mathbf{R}_{ij}}f_{ijr}d_i$；$d_i$ 表示第 i 种零件的需求量；

$$f_{ijr}=\begin{cases} 1, & \text{如果零件 } i \text{ 第一个或最后一个操作需要在设备 } j \text{ 上} \\ 2, & \text{如果零件 } i \text{ 的中间操作 } r \text{ 需要设备 } j \\ 0, & \text{其他} \end{cases}$$

$$\Gamma(b_{ij},b_{ik})=\begin{cases} 2, & \min(b_{ij},b_{ik})，\text{如果 } b_{ij},b_{ik}>0 \\ -\max(b_{ij},b_{ik}), & \text{如果 } b_{ij}>0 \text{ 或者 } b_{ik}>0 \\ 0, & \text{其他} \end{cases}$$

表 2-2 相似系数计算公式[39]

序 号	作 者	范 围	公 式
1	Jaccard	0~1	$\dfrac{a}{a+b-c}$
2	Hamann	−1~1	$\dfrac{(a+d)-(b+c)}{(a+d)+(b+c)}$
3	Yule	−1~1	$\dfrac{ad-bc}{ad+bc}$
4	Sorenson	0~1	$\dfrac{2a}{2a+b+c}$
5	Sneath 和 Sokal	0~1	$\dfrac{2(a+d)}{2(a+d)+(b+c)}$
6	Rogers 和 Tanimoto	0~1	$\dfrac{a+d}{a+2(b+c)+d}$
7	Russel 和 Rao	0~1	$\dfrac{a}{a+b+c+d}$
8	Dot-product	0~1	$\dfrac{a}{2a+b+c}$
9	Kulczynsk	0~1	$\dfrac{1}{2}\left(\dfrac{a}{a+b}+\dfrac{a}{a+c}\right)$
10	Sokal 和 Sneath	0~1	$\dfrac{a}{a+2(b+c)}$
11	Sokal 和 Sneath	0~1	$\dfrac{1}{4}\left(\dfrac{a}{a+b}+\dfrac{a}{a+c}+\dfrac{d}{d+b}+\dfrac{d}{d+c}\right)$
12	Baroni-Urbani 和 Buser	0~1	$\dfrac{a+\sqrt{(ad)}}{a+b+c+\sqrt{(ad)}}$
13	Orchiai	0~1	$\dfrac{a}{\sqrt{(a+b)(a+c)}}$
14	Ph	−1~1	$\dfrac{ad-bc}{\sqrt{(a+b)(a+c)(b+d)(c+d)}}$
15	Khan 和 Sarke	0~1	$\dfrac{a+\sqrt{(ad)}}{a+b+c+d+\sqrt{(ad)}}$
16	Ravichandran 和 Rao	0~1	$\dfrac{a(a+d)}{(a\sqrt{(a+d)}+b+c\sqrt{a+d})}$
17	Ravichandran、Rao 和 Saravana	0~1	$\dfrac{a\left(\sin\left(\dfrac{a\pi}{2n}\right)+d\right)}{a\sin\left(\dfrac{a\pi}{2n}\right)+b+c+ad}$
18	Chandrasekharan 和 Rajagopalan	0~1	$\dfrac{a}{\min[(a+b),(a+c)]}$

序　号	作　者	范　围	公　式
19	MaxSC	0～1	$\max\left[\dfrac{a}{a+b},\dfrac{a}{a+c}\right]$
20	Baker 和 Maropoulos	0～1	$\dfrac{a}{\max\left[(a+b),(a+c)\right]}$

2.4.2　聚类分析法

聚类分析主要包括矩阵操作和统计聚类分析[41],矩阵操作法根据设备—零件矩阵调整零件和设备的位置,并完成设备的分组。但是在分组的过程中没有考虑也不能考虑设备的瓶颈,零件的批量、设备数量和能力等因素,同时该方法不能用于大规模问题的求解。

统计聚类分析法因简单易行而为单元构建常用,首先通过计算获得零件间与设备间的相似系数,然后根据零件或设备内在属性的高度相似性或者高度不相似性进行聚类分组。早期 King[42] 提出了排序聚类分析法,Chandrasekaran[43] 提出了改进排序聚类法,Chan[44] 提出了直接聚类法,文献[45～48]提出了基于启发的相似聚类法,比如单纯连接聚类法、完全连接聚类法、平均连接聚类法以及线性单元聚类法。

金升灿[49] 应用灰色聚类方法,提出考虑设备负载的制造单元构建方法。白书清[50] 进行单元构建时首先进行零件工艺路线相似性聚类分析,然后确定零件的工艺路线,最后再根据零件生产节拍来确定零件族。王爱民[51] 应用三阶段法进行单元构建,其中第一阶段采用的是聚类分析,获得初始设备单元的划分。

祝恒云[52] 采用矩阵聚类方法进行制造单元的设计,考虑的指标包括零件在设备上加工的流程时间、例外元素以及单元内的非零元素。与以往研究不同的是设备—零件矩阵中的数字是具体的流程时间,而不是0～1关系矩阵。

与以往将机器和零件的聚类分开不同,David[53] 提出了双变量聚类模型,并提出采用遗传算法对问题进行求解。

Vitanov[54,55] 采用启发式算法来进行机器和零件单元的聚类,分为0～1 型和非 0～1 型问题的聚类。以往研究者们在对机器和零件聚类时往往首先考虑机器的聚类(根据机器之间的相似性),然后再考虑零件单元的划分,而忽视了单元之间的负荷问题。

Surjit[56] 提出了基于时间的聚类模型和求解方法,该聚类模型需要满足两个前提条件:一是零件不存在单元间的移动;二是所有单元内机器具有一致的利用时间。

Oliveira[57]提出了谱系聚类法,并将该方法与其他各种方法比较,证明在机器利用率、成组效率等方面该方法具有一定的优越性。

Farouq[58]在介绍以往聚类方法的基础上,提出了基于操作顺序和批量大小的相似系数法以及新的聚类方法:首先确定各个机器相似性,然后将相似性最大的归为一组,再计算剩下的机器和归类后的机器之间的相似性,然后再将最大的归为一组,依次类推,从而划分机器单元。

相对于普通聚类法而言,模糊技术考虑了各种参数的不确定性,能够更确切地反映问题特征,因此,模糊聚类方法成为该领域研究的重点之一。

Mosier(1989)、Wei 和 Kern(1989)、Gupta 和 Seifoddini(1990)、Shafer 和 Rogers(1993)、Liao et al. (1998)提出了基于启发的相似聚类法,比如单纯连接聚类法、完全连接聚类法、平均连接聚类法以及线性单元聚类法,但是这些聚类方法都假设零件—机器单元有很好的边界条件,但是如果这个边界是模糊的,则这些方法就不能使用[59]。因此 Xu[60]首次将模糊聚类应用于单元构建问题。Masnata[61]通过调整模糊 C 均值聚类算法来改进非 0～1 变量的单元构建问题,形成了基于模糊逻辑能力的成组技术。作者同时将调度范围最小战略和模糊 C 均值方法进行了集成。

Liao[62]提出在模糊环境下对于零件族的分类和编码方法。

Lozano[63]对标准模糊 C 均值聚类算法进行了修正,通过考虑额外元素对解的模糊性的影响以及机器单元和零件族的关系程度,对零件族和机器进行聚类。李杰[64]提出采用改进模糊技术方法进行单元构建的聚类分析。其改进主要包括三方面:初始聚类中心;提出单元制造的专用距离函数;选择成组效率指标最大的迭代方案。

Torkul[65]应用模糊逻辑同时进行零件族和机器单元划分。其主要目的是应用模糊聚类算法 C 均值,获得制造单元设计,并将结果与 crisp 方法进行比较,最终结果显示前者优于后者。

Yang[66]针对混合数据提出了混合变量模糊 C 均值法,作者同时在 2008年进行了象征性变量、模糊变量以及数字变量组成的混合变量进行单元构建问题的研究[67]。其步骤为首先将零件分为 C 个零件族,然后根据零件族进行机器单元的划分,最后进行零件和机器单元的调整。

Naadimuthu[68]采用多属性的模糊聚类法。Hung[69]应用模糊相关数据聚类方法来获得零件和设备单元组合。

从文献分析表明,聚类分析法已经广泛应用于单元构建问题中,但是聚类分析法只能从机器利用率、成组效率等方面来评价单元构建的效果,只能考虑操作顺序及批量大小等生产因素,对于生产实际中的其他因素,如产品生产多路径选择、设备生产能力限制等则无法融入其中,因此目前更多的学者采用数学规划法来分析单元构建问题。

2.4.3　数学规划法

数学规划法是解决单元构建问题的主要方法之一。在过去 30 年里,随着计算机技术水平的不断提升,很多学者通过构建数学规划模型来解决单元构建问题。在数学规划法中,最初的目标是减少交叉物流,降低生产和物流成本,提高生产效率。

已知设备—零件加工关联矩阵 $\boldsymbol{X}=(x_{ij})_{P\times M}$,其中 P 表示零件种类数,M 表示设备种类数,矩阵的行 $x_i=(x_{i1},x_{i2},\cdots,x_{iM})$,$i\in[1,P]$ 表示零件,矩阵的列 $x_j=(x_{1j},x_{2j},\cdots,x_{Pj})$,$j\in[1,M]$ 表示设备,当 $x_{ij}=1$ 时,表示第 i 个零件需要第 j 台设备加工,否则,$x_{ij}=0$。

单元构建时,假设每种零件只能归属于一个零件族,则如果将 n 个零件划分为 C 个零件族,其结果可以用 0~1 矩阵表示:$PC=(pc_{ki})_{C\times P}$,pc_{ki} 为零件 i 对零件族 k 的隶属关系。当 $pc_{ki}=1$ 时,零件 i 属于零件族 k;否则,$pc_{ki}=0$。同时在划分零件族的同时对其使用的设备进行设备单元划分,每台设备只能归属于一个单元,共有 C 个单元,一个单元对应一个零件族,同样设 0~1 矩阵表示设备的归属情况:$MC=(mc_{kj})_{C\times M}$,当 $mc_{kj}=1$ 时,设备 j 属于零件族 k;否则,$mc_{kj}=0$。

目标函数:

$$\min Z = \sum_{k=1}^{C}\sum_{i=1}^{P}\sum_{j=1}^{M}(1-mc_{kj}\times pc_{ki})\times x_{ij}\times CM$$

$$\text{s.t.} \sum_{k=1}^{C} pc_{ki}=1, \qquad \forall i \tag{2-1}$$

$$\sum_{i=1}^{n} pc_{ki}\geqslant 1, \qquad \forall k \tag{2-3}$$

$$\sum_{j=1}^{n} mc_{kj}\geqslant 1, \qquad \forall k \tag{2-4}$$

$$pc_{ki},mc_{kj}=0 \text{ or } 1, \qquad \forall k,i,j \tag{2-5}$$

其中:目标函数表示单元间的移动成本为最低,CM 表示单位移动成本;式(2-1)表示任何一个零件只能属于一个单元;式(2-2)表示任何一台设备只能属于一个单元;式(2-3)和(2-4)分别表示每个单元至少加工一种零件族和拥有一台设备;式(2-5)表示变量为 0~1 变量。

目前根据单元构建的周期可分为单周期和多周期单元构建问题;根据基本信息或参数的确定性分为确定性和模糊性单元构建问题;同时还包括考虑人力资源和设备资源的双资源约束下的单元构建问题以及综合考虑单元构建、单元布局和单元调度的综合性问题。具体分类可如图 2-4 所示。

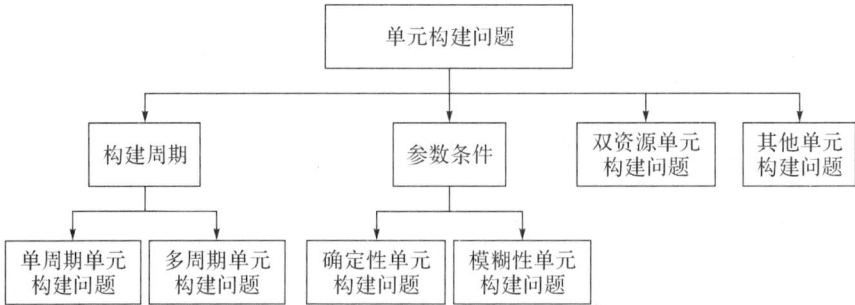

图 2-4　单元构建问题分类

1.单周期单元构建问题研究

单周期单元构建问题是考虑在没有任何原始条件的基础上(即在一个空白的制造系统上)根据产品需求批量、设备生产能力、设备购买价格等各种因素进行一个时期的设备单元和零件族的划分,以此获得最低的成本总和,主要采用静态单元构建方法来分析此类问题。

Gravel[70]以单元间移动量最小且单元间负荷平衡为目标建立了静态单元构建数学模型,约束中考虑零件加工的多路径性,并提出了双层循环进化算法来求解模型。

Sofianopoulou[71]对单周期单元构建问题提出了非线性的静态单元构建模型,模型中考虑了设备的多台性以及零件加工路径的可选择性,模型的目标函数要求总的单元间移动量、零件的操作时间以及实际单元间移动次数为最小。

马玉敏[72]提出以单元间搬运次数最少以及单元内机床利用率最大为目标的数学规划模型,约束条件中同样考虑了产品操作的多路径性。

Logendran[73]对两个不同的单周期单元构建问题提出了静态单元构建模型:单元可选择位置有效性的单元构建问题以及物料搬运工具能力受到限制的单元构建问题,作者通过使用可选择路径来消除单元间零件负荷的差异。另外一些因素如机器能力限制、零件需求批量、零件的非连续性操作、机器安排到单元的最大数量等也在模型中加以考虑。

王志亮[74]提出的数学规划模型中考虑零件可以采用多种加工路线,与以往作者提出的多路径操作概念不同的是允许同时采用不同的路线来加工零件。

Jayaswal[75]提出的模型考虑了生产量、操作顺序、路径的可选择性、单元尺寸和机器的多台性等约束,其目标是希望获得单元间移动成本、机器操作成本和机器投资成本为最低。

Kim[76]提出了更为综合性的多目标单元构建模型,目标要求得到单元间移动和最大的机器负荷不均衡为最小,同时获得零件路径族和机器单元的划分。

Kizil[77]根据准备时间和操作时间来选择零件的操作路径,提出了路径选择、单元负荷以及单元间移动这几个相斥目标之间的均衡性问题。其解法的步骤是:①首先根据提出的模型进行零件操作路径的选择;②然后形成设备单元并计算单元间的移动;③随机选择零件计算它所有路径需要的单元间的移动;④选择满足机器的准备时间和操作时间约束的最小搬运距离,并替代现有的路径;⑤评估所有的零件。

Foulds[78]在混合整数数学规划模型中提出了新的约束——机械改良约束。通过机器改良,可以要求零件到改良后的机器中进行加工,从而获得更好的单元结构,避免购买多台昂贵的机器。作者提出机器改良成本可以由单元间搬运成本的减少来抵消,所构建模型的目标函数使得机器的改良成本以及单元间移动成本为最小。

Diaby[79]对零件操作路径问题提出了一般性的整数规划模型,其认为产品可以有多条路径并以不同的成本在不同的设备上操作,模型以物料搬运成本、生产成本、外包成本、准备成本权重和最小为目标函数。

王建维[80]首先根据模糊 C 均值(FCM)算法计算在指定单元分组数范围内零件间的隶属度和聚类中心,在此基础上计算评价聚类性能的 4 个指标值;以综合性能指标最优确定最佳的单元分组数,从而获得最佳的单元分组解。然后以单元相似度最大化、加工费用最小化、加工时间最小化和设备投资最小化为目标,建立了适合零件族和设备组并行生成的单元构建优化数学模型。

Paydar[81,82]在 2011 年和 2013 年对单周期单元构建问题分别提出了新的模型,其主要考虑在不知道构建单元数的基础上以成组效率最大为目标。

从文献分析表明,研究者提出的静态单元构建数学规划模型一般以成本最小化为目标,包括搬运成本、操作成本、工具使用成本、操作成本、外包成本等等;约束条件可根据实际情况进行选择,一般包括单元尺寸的限制、设备能力的限制等。很明显采用静态单元构建方法解决单周期问题时,没有考虑原始制造系统(如系统布局等)对目前生产需求的影响,也就是在数学规划模型中不需要考虑由于设备更换、系统布局变化带来的设备重构成本。

2. 多周期单元构建问题研究

随着市场需求的不断变化,一个时期合理的单元构建在下一个时期不一定是最优的,因此研究者开始逐步关注多周期单元构建问题,并采用动态单元构建方法解决该类问题,其研究的重点是在规划初期根据后续若干个周期的产品实际需求以及相关信息,对整个规划期进行最优设计,以期获得各个周期设备单元及零件族的划分。

Wilhelm[83] 提出了多周期零件和设备构建问题,希望获得单元间移动成本、投资额外设备的成本以及重构成本的总和为最小。

Chen[84] 建立的动态单元构建模型希望获得重构和设备固定(操作和处理)成本最小。

Wicks[85] 假设在单元容量和设备能力限制的情况下,获得单元重构和设备固定成本最小,同时在约束条件中考虑各种类设备均具有多台机器以及产品的操作顺序。

王爱民[86] 提出了三阶段单元重构过程。第一阶段综合考虑生产过程中的实际因素,采用成组聚类分析方法,基于设备间的相似性系数划分初始设备单元;第二阶段根据不同重构目标及设备能力,选择工件的工艺路线、各工序用的加工设备,并在设备能力不足时提供解决途径;第三阶段以生产配套为指导,结合重构优化目标进行单元负荷平衡调整,确定最终的设备单元和零件族。其重构的目标是最短加工时间、最佳单元平衡、最少跨单元工序数等。

Mungwatanna[87] 对多周期问题提出了一个动态单元构建整数规划模型。后面许多作者都是在其模型的基础上进行了一系列的算法分析,如Tavakkoli[88],Safaei[89]。Deljoo[90] 认为 Mungwatanna 所提出的模型存在一些错误,主要包括重构成本计算错误、购买成本以及单元间的移动量的算法错误。

Saidi-Mehrabad[91] 提出了多周期单元构建问题的非线性整数规划模型,并考虑零件操作的多路径以及操作顺序,对模型进行线性化后应用神经网络方法求解该模型。

马玉敏[29] 运用大量的图表描述了单元体系结构的建立,同时基于需求已知以及需求随机这两种情况提出了两个动态单元构建模型。模型希望获得最低的设备分摊成本、加工成本、单元间的运输成本以及机床重新布置成本。

Tavakkoli-Moghaddam[92] 对单元构建问题提出了动态特征,并构建了整数规划模型。在多周期内产品的种类和需求量是不同的,但是在各个时期都是确定的,因此在一个时期的单元在另一个时期并不一定是最优的,因此单元的重组要求零件族的重组,机器以及单元位置的重组,他们的目标是单元间移动和机器成本同时为最小。

Defersha[93,94] 考虑了单元构建中的动态性、多路径性、操作顺序、转包、单元重构、机器分离或合并性、机器的负荷等问题。模型的目标函数包括机器保养维修成本、机器购买成本、单元间物料移动成本、机器操作成本、工具使用成本、生产准备成本、单元重构成本、转包成本等。约束条件考虑了批量分割的最大数限制(即同一零件最多能够在几个单元内进行操作)、机器的能力限制、负荷均衡、单元尺寸限制、机器分离限制、机器合并限制等因素。

白俊杰[95] 所提模型的目标函数希望获得连续加工产品间的相似系数之和为最大、加班时间为最小、单元间物流量为最小、重构成本为最小以及设备均衡性为最大。模型同时还考虑不能按期完成所需的拖期惩罚函数。文章采用多目标粒子群算法与协同进化策略相结合的方法进行求解,并采用网格计算方法予以实现。

王晓晴[96] 提出了多目标动态单元构建模型。目标函数考虑了重构费用、设备利用率以及零件在单元间的移动。同时还提出了设备冗余情况下多周期单元构建问题的多目标模型,其目标函数是设备费用最小(包括设备购买费用、设备操作费用和设备配置费用)、设备利用率最大以及零件在单元间的移动最小。

Bajestani[97] 描述了单元构建问题的动态特征,并提出了多目标模型,考虑了总的单元负荷偏差以及混合成本,比如机器成本、单元间物料搬运成本、机器重构成本。考虑 NP 问题的本质,作者提出了用多目标分散搜索来发现局部的 Pareto 最优,然后与文献进行比较,算例证明算法的有效性。

Fan[98] 提出的非线性整数规划模型希望获得单元间的搬运成本、机器购买成本以及重构成本为最低。在约束中除了考虑一般的要求,如单元尺寸、生产能力限制等,主要提出了基于多路径操作约束,即在任何时期零件均可利用两条或两条以上的路径进行操作。

Vahid[99] 对多周期单元构建问题提出了新的数学模型,所提的动态单元构建模型特别强调物料在单元内和单元间的平均移动距离。

文献[100~102]也提出了与以上作者相类似的多周期单元构建模型。文献分析表明,静态和动态单元构建方法均没有考虑制造系统原有状态对后续若干个周期单元构建的影响,也就是这两种方法都是在一个空白制造系统上对设备和零件进行规划分析,背离了生产实际需求。同时采用动态单元构建方法分析多周期问题时考虑的是多个时期的综合最优,需要在规划初期就对多个周期的构建方案进行确定,导致当实际参数变化时,规划初期设定的构建方案不能真正符合生产实际的要求。

3. 模糊性单元构建问题研究

确定性单元构建问题认为各个时期产品需求量、机器生产能力、机器购买价格等各种因素都是确定的,而模糊性单元构建问题则刚好相反,一些重要的参数如产品品种、需求量等都是不确定的。由于企业生产环境不确定因素的加剧,研究者在后期开始逐步关注各种参数的模糊性来构建机器单元和划分零件族,以满足企业生产实际的要求。

Cao[103] 设定有 q 种需求情况,每种情况以一定概率的形式出现。论文采用两阶段禁忌搜索法进行求解。

Feyzan[104]提出的模糊模型不仅考虑了产品需求的模糊性,还考虑了其他参数的模糊性,如机器的购买价格、机器的能力、零件单元间的移动成本、零件外包成本,等等。数学模型的目标函数主要包括三类与例外元素有关的模糊成本(瓶颈机器的购买成本、单元间的移动成本以及外包成本)为最低、系统能力利用率为最大以及外部单元操作为最小。

Ghezavati[105]基于随机参数连续分布提出了一种新的随机混合整数规划模型来设计单元制造系统。论文假设零件在机器上的操作时间以及零件到达单元的间隔时间是随机的,从而获得更为柔性的制造单元框架。同时采用排队论方法来获得最优的制造单元,根据设备忙碌概率的最大化来优化零件族和单元。

Tavakkoli-Moghaddam[106]提出了设计单元制造系统的模糊线性混合整数规划模型,考虑在多周期下零件需求的模糊性以及混合产品的变化,其目的是达到固定、变动、重置成本以及单元间移动为最小。

Safaei[107]对多周期单元构建问题提出了基于模糊规划法的扩展混合整数规划模型。论文将每一时期零件的需求和制造设备的可利用率变成分段模糊成员,分段中的前段部分对于决策者来说是没有风险的,但是对于后段则是有风险的。其目标是获得每一时期的最优单元结构,在给定约束条件下,模糊目标满意度最大。同时作者在上述模型的基础上又考虑了持有库存成本和外包成本、延期交货以及动态生产计划系统等[108]。

Papaioannou[109]提出了综合性的数学规划模型,同时将零件分配给机器以及将机器分配给单元。模型考虑了零件/机器操作顺序、零件/机器利用率、零件/机器准备成本和同种设备多台性;目标函数希望获得每个零件经过的单元距离量、分配机器给单元的准备成本、零件重复访问单元的次数为最小。作者考虑了一些约束条件和目标函数的模糊概念,并运用现存的模糊操作和关系函数来解决模糊模型。

从文献分析可以看出,模糊单元构建问题是在单周期或多周期单元构建问题的基础上,通过对产品需求、设备能力及价格等参数的模糊处理来弥补预测不精确所带来的风险。但其仅能对产品的需求和批量、设备的能力以及相关的单位成本等进行模糊处理,而对生产技术(如生产工艺路径)变化等因素则无法采用模糊手段进行处理,但随着企业生产技术的不断改进,工艺条件变化等因素都会直接影响产品的工艺路径、生产时间以及使用设备,这些都是单元构建中不得不考虑和重视的因素,因此采用模糊技术并不能完全消除由于长期预测所带来的数据偏差而引起的单元构建方案偏离生产实际的风险。

4.双资源约束下的单元构建问题研究

单元构建问题主要考虑的是设备单元的构建以及零件族的划分,但是在整个制造系统中还有一个非常重要的因素——人的因素。20 世纪末,国内外研究者就开始逐步关注单元制造系统中人员的作用。

Ebeling[110]分析了混合装配线员工多技能培训的成本和利益,并建立了混合整数规划模型对专门数量的装配工人进行工作分配及引导多技能培训。

Suer[111]对劳动密集型制造单元提出了混合整数规划模型以期获得最优的产品和工人的任务分配。

Askin[112]对工人任务分配和员工培训计划提出了两个整数规划模型,两个模型都以寻求最小的培训成本为目标。

Bhaskar[113]介绍了在单周期和多周期下的人员分配问题,希望获得最小的生产周期和操作的平衡性。

Campbell[114]提出在多部门服务中多技能工人任务分配的非线性模型。

Billionnet[115]考虑不同技能的人员成本是不同的,模型通过决定每个能力水平的工人数量来保证最小的工人成本。

Bokhorst[116]考虑了多周期工人任务的分配,以此满足需求的波动以及工人的缺勤。

Norman[117]提出了一个混合整数规划模型安排工人在制造单元中的工作,以此获得最大利润。

Jannes[118]提出了虚拟制造单元的数学模型,模型中考虑了工人任务的简单分配。模型的目标是获得最大的产出、最小的额外机器数和额外的工人数。同时论文将总的模型针对人和机器分别设立两个模型,并分别采用 Lingo 进行求解。

孟志雷[119]提出了不同技能工人分配到具体的工作岗位的模型,并且在模型中考虑了技能工的培训时间、成本等因素。模型的主要目标是效益最高、质量成本和培训成本为最低。

Solimanpur[120]提出了模糊目标规划模型来解决在虚拟单元构建系统中,考虑工人柔性情况下的单元构建问题以及生产计划。

Aryanezhad[121]在前人的基础上提出了在多周期环境下的工人的任务分配问题,文章将员工和机器都进行分级考虑。模型中的目标函数主要包括机器成本和工人成本两方面。论文最后通过数学算例提出员工因素对于单元构建问题的重要性,不仅可以获得更好的单元构建,还有助于总成本的降低。最后文章进行了灵敏度分析,提出总成本=(1−θ)机器成本+θ×员工成本(θ表示员工成本占总成本的比例),当θ越大,员工对整个单元构建的影响就越大,可节约的成本就越大。

Mahdavi[122]提出的新模型考虑了多周期生产计划、动态系统重构、机器多台性、设备能力、工人的可用时间以及工人工作分配等因素。目标函数希望持有成本、交货成本、物料搬运成本、机器和重构成本、雇佣和解雇成本及工资成本为最低。

Rafiei[123]提出以设备和人员这两类为主的双目标多周期单元构建问题模型。关于设备目标主要考虑设备固定和重构成本、设备变动成本以及物料搬运成本,而人员方面主要考虑人员利用率为最大这一目标。

同时,文献[121～123]的作者都采用两阶段法进行求解,首先进行设备单元的划分,在获得最优设备单元划分方案的基础上,再进行人员任务分配,这仅考虑设备单元划分对人员工作任务分配的影响,忽略了人员工作任务分配对设备单元划分的反作用。

从文献分析可以看出,虽然研究者已经关注单元构建中人的因素,但是对于工人任务的分配及培训都是以已形成的设备单元为基础,并没有将两者进行统一考虑,缺乏对设备单元和工人任务分配之间的内在联系和冲突的分析,而该问题在一人操作多台设备时显得尤为突出。同时操作中的个体在实践过程中,具有一定的学习能力,可以通过不断的生产实践来提高自身的生产效率,而目前单元构建问题中并没有考虑到员工学习能力对单元制造系统的影响这一因素。

5. 其他单元构建问题研究

单元制造不仅包括单元构建,还包括单元内设备布局以及单元布局问题,而这三个问题是相互联系的,因此有很多研究者着重研究考虑所有单元制造问题的综合单元构建问题,构建相应的数学规划模型。

吴晓丹[124]提出了结合单元构建、设备布置和成组排产的非线性规划模型。其目标函数为零件完工时间、工件平均流程时间、延误时间等为最小。

Chih-Ping[125]考虑单元构建和单元布局问题。采用模拟退火和动态规划相结合的方法进行求解,同时确定单元内的机器以及单元的定位问题。

Tavakkoli-Moghaddam[126]提出的模型考虑了机器分配、单元内布局以及单元布局问题。其目标函数是单元内和单元间的移动量为最小,同时采用期望值和方差的方式表示目标函数。

郑永前[127]构建了一个考虑单元构建和单元布局的数学模型,其目标函数是搬运费用、单元间负荷不均衡性为最小。约束条件考虑了设备能力,产品采用不同的路径加工的数量总和等于需求量,最后论文提出采用粒子群算法进行求解。

Fan[128]在线性布置的基础上提出了考虑单元构建、机器单元布局以及单元布局的集成非线性数学规划模型,其目标函数主要考虑单元内和单元间的运输成本以及机器设备的维修保养成本为最低。

文献分析表明,目前研究者主要采用数学规划法来解决单元构建问题,在对具体问题分析时考虑了各种相关因素(见表 2-3),但是还存在以下问题。

表 2-3　数学模型考虑的主要因素

归属种类	一级因素	具体含义
设备	负荷均衡性	单元间的负荷 单元内的负荷
	机器间的约束	分离约束(不能在同一单元) 搭配约束
	设备设施规划	单元内设施规划 单元间设施规划
	机器能力	机器能力限制
	适用某一机器的工具种类	适用某一机器的工具种类
零件	需求波动	确定性的 概率性的
	可选择路径	选择最优路径 允许可选择路径共存
	操作顺序	作为物流操作的输入 用于零件间的相似方法
	零件的移动	单元内移动(对称矩阵内的 0 元素) 单元间移动(例外元素)
	批量分割	批量分割
	某一零件所需工具的种类	某一零件所需工具的种类
单元	单元/零件族的尺寸限制	单元尺寸限制 零件族尺寸限制
成本	目标函数成本	机器投资成本 转包成本 准备时间或成本 工具使用成本 单位操作时间 运作(操作)成本 动态单元重构成本

第一,目前采用的静动态单元构建方法的本质是在空白制造系统的基础上构建一个全新的制造系统,忽视了企业原有制造系统(设备资源、人力资源)状

态对设备单元以及工人工作任务分配的影响。

第二,在模糊性单元构建分析中,主要是对产品需求、设备购买价格以及设备能力等相关参数进行模糊处理,以减小数据不精确对单元构建方案的影响,但是对生产加工工艺变化则无法采用模糊技术,而加工工艺的改变是企业寻求技术改进、提高生产率的重要手段,对制造单元的构建有着重要影响。

第三,在人力资源要素方面,缺乏对设备单元和员工工作任务分配之间的内在联系和冲突的分析;同时在单元构建中忽视了人的学习能力,而该因素对单元构建有着重要的影响。

第四,在综合性单元构建问题分析时,仅考虑了单元布局对设备单元构建的影响,但由于设备单元构建和员工工作任务分配之间的交互作用,单元布局的变化势必也会引起员工工作的劳动强度变化,进而影响员工工作任务的分配,因此在综合性单元构建问题分析时,必须同时考虑设备单元构建、员工工作任务分配以及单元布局这三方面。

2.4.4 图论法

图论法是将单元构建的基本条件,如设备—零件关联矩阵、产品需求、操作顺序等通过点和线组成的二元组合来表示,从而通过图论的求解方法进行单元构建问题的分析。

如图 2-5 所示,图论法以设备为节点,两个节点的连线为零件的加工过程,然后从图中寻找不相连的子图,将单元制造问题转化为网络流问题的一种方法。

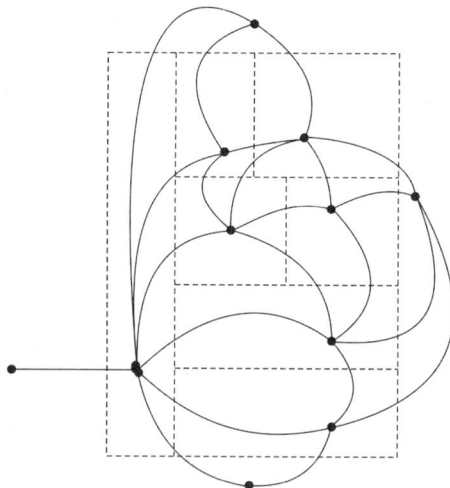

图 2-5 图论法构建制造单元

图论法操作简单,表示方式也直观,但是它不能用于解决大规模的单元构建问题。常用的图论法有剥离法(Bipartite Graph)、最小生成树法、转换法(Transition Graph)、启发式图分割法和分离法(Boundary Graph)[34,129,130]。

Aljaber[131] 基于图论法建立了单元构建模型,针对最小生成树提出了禁忌搜索算法。

楼洪梁[132] 所提模型的目标函数包括机器设备的折旧成本、操作成本以及重构成本。运用 Dijkstra 方法求解最优组态,首先选择 K 组最优组态,然后再考虑重构成本,比较最优的重构策略。

吴永明[133] 根据所需设备利用有向多色图生成工艺可行的资源配置方案,然后从加工成本、时间和质量等方面采用模糊综合评判法进行方案的选择。

窦建平[134] 在已知工序优先图、工序和工位操作关系以及候选设备的基础上,利用图论确定最优的工作站数量、工作站内机床类型和数量,并且选择和分配工作操作,从而获得最小的成本。

2.4.5 神经网络法

神经网络法(Neural Network,NNs)由于其具有较好的鲁棒性和自适应,已经被广泛地应用于单元构建问题,如为把某一新零件分到零件族中去,人工神经网络仅处理这一新零件的输入模式,根据这一模式与网络中已记忆零件的匹配程度,或者把这一零件归为已有的零件族,或者把这一零件作为一个新的零件族。目前采用的神经网络法包括 Hopfield 网络(Hopfield Network)、自组织图(Self-Organizing Map,SOM)、自适应谐振理论(Adaptive Resonance Theory,ART1)以及短暂混沌神经网络(Transiently Chaotic Neural Network)。

Lozano[135] 分别采用 Hopfield 模型和 Potts mean field annealing 两种神经网络法对一般性的单元构建问题进行分析。

Soleymanpour[136] 在描述以前应用于单元构建问题的神经网络方法缺陷的基础上提出了短暂混沌神经网络算法,通过过程补充来克服相应的缺陷。

Guerrero[137] 对零件族和机器单元划分提出了两阶段战略:在第一阶段建立零件族并划分为二次规划问题,计算零件的权重相似系数后采用自组织神经网络进行聚类;在第二阶段利用线性网络流模型进行机器单元划分。

Park[138] 应用改进模糊 ART 神经网络算法对获得相似路径顺序的零件族识别问题进行了描述,并将其与传统启发聚类法进行比较。在该方程中,新的描述方法、聚类绩效测量和实验程度均被改进。模糊 ART 神经网络和传统分层聚类程序被用来描述零件—机器成组问题,同时考虑操作顺序,并且问题的规模比以往都大,实验证明模糊 ART 优于分层聚类法。

Solimanpur[139]研究了短暂混沌神经网络解决单元构建问题的敏感性、可靠性和鲁棒性。

Venkumar[140]对单元构建问题提出了修正双边适应 ART1 算法,算法的输入是零件和机器的 0~1 关系矩阵,输出是零件族、机器单元及例外元素表。该方法被应用于文献中的标杆问题,就获得最小例外元素而言,该方法要优于其他方法。同时作者还在 2006 年提出了基于自组织映射神经网络方法,通过测量单元构建问题的例外元素数量、瓶颈零件和成组效率来证明其有效性,结果显示该方法具有优越性[141]。

Won[142]对零件—机器成组提出了更为广泛的模糊 ART 方法即模糊 ART/RSS-RSS。为了证明算法的鲁棒性,提出了复制聚类的修正程序,结果显示 Fuzzy ART/RSS-RSS 算法对大规模问题有鲁棒性和修复性。

Barthelemy[143]论文主要介绍了运用神经网络的方法来求解单元构建问题,所提出的神经网络方法为量子波动 Hopfield 神经网络法,该方法结合了 Hopfield 和禁忌搜索的方法来解决大规模工业问题。与别的作者不同,Pandian[144]在运用神经网络法求解单元构建问题时考虑了生产过程中的一些实际数据。王东成[145]介绍了采用改进的神经网络方法对单元构建的应用,改进的方法主要包括两个方面:一是采用模糊 C 均值方法对输入的机床—零件矩阵进行预处理;二是调整保存在网络中的模式向量的计算方法,来减少新的模式向量的增加。

虽然目前研究者对单元构建进行了大量的研究,但是还存在以下问题值得我们进一步分析与研究:

第一,从国内外研究现状分析可以看出对静动态单元构建方法研究的本质是在空白系统的基础上构建一个全新的制造系统,忽视了企业原有制造系统对单元构建的影响,而现实情况大都是:经过一定时期针对外部市场需求和企业自身发展能力之需,在原有设备布局的基础上进行合理的规划与调整。同时动态单元构建方法是对多个周期进行的提前规划,在规划初期就需获得日后较长时期精准的数据来获得多周期的总体最优,但随着全球经济一体化背景下产品需求变化的不断加速,已很难获取相应的准确数据。因此静动态单元构建方法的研究已不能完全适应当今单元制造系统发展的现实需求。有鉴于此,本书将提出有别于静态和动态单元构建的一个全新方法,采用阶段式构建方式获得各周期单元构建的最优方案,即准动态单元构建方法。

第二,虽然研究者已经在关注单元构建中人的因素,但主要是基于设备单元的人员培训与工作任务的分配,缺乏对设备单元和工人任务分配之间内在联系和冲突的分析。因此本书将研究人员工作任务分配与设备单元构建之间的关联性。

第三,单元操作中的个体在进行实践过程中,具有一定的学习能力,可以通过不断的生产实践来提高自身的生产效率,因此,在构建制造单元时有关人的学习能力需加以考虑。但目前单元构建研究中均没有考虑人的学习能力,因此本书将研究单元构建中员工学习能力对工作效率的影响,进而分析对整个单元制造系统构建的影响。

第四,目前针对综合性单元构建问题的研究,仅仅考虑了单元布局与设备单元构建之间的联系,但由于设备单元划分与员工工作任务分配之间存在着一定的交互作用,单元布局在影响设备单元划分的同时也势必会影响员工工作任务的分配,因此本书将进一步剖析单元布局对员工工作任务分配的影响,分析研究综合考虑设备单元划分、单元布局以及员工工作任务分配的单元构建问题。

2.5 单元构建数学规划法算法综述

针对数学规划模型过于复杂、求解时间过长的特点,大部分学者采用启发式算法来解决这一问题,一般包括基于某些规则的启发式算法和一些常用的亚启发式算法,目前使用较多的有遗传算法、蚁群算法、禁忌搜索算法等。

2.5.1 遗传算法

遗传算法(Genetic Algorithms,GA)作为现代智能计算技术的一种,最早由密歇根大学的 Holland 在 1975 年出版的专著 *Adaptation in Natural and Artificial Systems* 中提出,并被广泛应用于科学计算、工程技术和社会经济等多个研究领域。遗传算法是基于生物进化理论的原理发展起来的一种广为应用的、高效的随机搜索与优化方法。遗传算法采用概率化的寻优方法,能自动获取和指导优化的搜索空间,自适应地调整搜索方向。在制造单元的构建问题中,遗传算法通过一定的编码方式,将各类信息转化为一条染色体,然后通过一定的规则,对染色体进行交叉变异,从而得到最优的染色体,即单元构建问题的解。Venugopal 是第一个将 GA 应用于单元构建问题的研究者[146],目前遗传算法已经广泛应用于单元构建的数学模型的求解中,解决了综合考虑加工设备的选择、工艺路线的柔性等因素在内的单元构建问题。

2.5.2 蚁群算法

蚁群算法(Ant Colony Optimization,ACO)也称蚂蚁算法,是由 Marco Dorigo 于 1992 年在他的博士论文中提出的,其灵感来源于蚂蚁寻找食物时发现路径的行为,通过模拟蚁群的群体行为而提出的一种随机优化技术,它利用一群人工蚂蚁的相互协作来寻找问题的最优解。蚁群在寻找食物时,会留下信息素,留下含有信息素的路径,在运动过程中蚂蚁能够感知信息素浓度,并以此指导自己的运动方向,使蚂蚁以较大的概率选择信息素浓度较强的路径。ACO 最初用于求解旅行商问题,现已在单元构建、组合优化等问题中得到广泛运用。

Islier[147] 应用 ACO 算法求解单元构建问题,获得零件/机器系数矩阵的对角块结构,并将成组问题首次描述为人工蚁群系统,通过该方法逐步获得较好的成组解,使得蚁群能够通过支持性随机交流过程找到他们的路,所提出的算法与 GA 等进行比较,结果显示该算法优于其他算法。

Prabhaharan[148] 提出 ACO 方法进行机器的成组,其目标是总的单元负荷偏差和单元间移动量为最小,同时考虑了一系列因素,如零件的需求量、操作时间、机器能力、机器负荷状态等。

Kao[149] 对单元构建问题提出了零件聚类算法,使用了智能蚁群的辨认系统概念,改进算法模仿真实蚂蚁随机会谈来建立对象模拟,然后将具有高相似度的初始零件进行聚类,这个初始零件聚类采用凝聚的方法进一步合并成大的聚类,直至获得设定的零件族数量。

Spiliopoulos[150] 采用基于特征值边界来作为导向并加速搜索,同时考虑单元间移动量为最小,对大中型问题可以获得较好的结果。

Megala[151] 考虑以成组效率最大化为单元构建问题的目标并采用 ACO 算法来获得机器单元和零件族,采用多个标杆数据对算法进行测试,就成组效率最大化而言该方法是非常好的。

2.5.3 禁忌搜索

禁忌搜索(Tabu Search,TS)思想最早由 Glover 在 1986 年提出,它是对局部领域搜索的一种扩展,是一种全局逐步寻优的算法。它通过引入一个灵活的存储结构和相应的禁忌准则来避免迂回搜索,并通过藐视准则来赦免一些被禁忌的优良状态,进而保证多样化的有效搜索以最终实现全局优化。TS 目前也广泛地应用于单元构建问题的求解。

Spiliopoulos[152] 对单元设计提出了三阶段启发算法。第一阶段是零件的组合,第二阶段是消除单元间的移动,TS 算法是第三阶段。TS 算法集成合适的短时期和长时期记忆结构以及全体搜索策略,在编码改进阶段,特别关注提高算法的搜索能力,通过统计搜索参数价值而扩大其搜索能力,从而使得算法更具有鲁棒性并使结果能够最优。

Won[153] 提出了考虑动态禁忌期限和长期记忆结构的一般性 TS 算法。同时提出快速生成初始解的两个方法:分组分配方法和随机方法。

Tavakkoli-Moghaddam[88] 等对 Mungwatanna[87] 的模型进行了修改,提出

了三种元启发式算法,包括遗传算法、模拟退火和禁忌搜索,并且对这三种方法进行了相互比较。

Lei[154] 提出了基于多目标禁忌搜索的 Pareto 最优法,其多目标包括单元间和单元内移动权重和最小,总的单元负荷偏差为最小,同时提出了新的方法来决定禁忌搜索算法获得的非主导性解,计算结果显示该方法在多目标优化中具有较强的适用性。

虽然目前已有很多学者对单元构建问题提出了不同的算法,但是目前所提出的算法主要针对简单的单元构建模型,大部分算法考虑的是单目标(主要是单元构建中的单元间移动成本或距离)的小型问题,对于大型问题多目标单元构建复杂问题而言,缺乏相应的算法与之对应。

2.6 本章小结

本章主要介绍了单元制造的概念、优势和特征,并在详细阐述目前单元构建方法的基础上,指出静动态单元构建方法的本质是在空白制造系统上构建一个全新的单元制造系统,忽视了原有制造系统对单元构建的影响,因此有必要提出有别于静动态单元构建方法的准动态单元构建方法来解决单元构建问题;在详细剖析目前双资源单元构建问题的基础上,提出需进一步考虑人员与设备之间的交互作用以及人员学习性能对制造单元绩效的影响;基于人员与设备之间的交互作用,提出需要同时考虑单元布局对设备单元划分以及员工工作分配任务的影响。

第3章　准动态单元构建方法的研究

从第 2 章对单元构建方法研究综述可知,现行的静态或动态单元构建方法研究的本质是在空白制造系统的基础上构建一个全新的制造系统,忽视了企业原有制造系统对单元构建的影响。同时动态单元构建方法需要在规划初期根据日后的预测信息进行多个周期构建方案的统一规划,但随着全球经济一体化背景下产品需求变化的不断加速,已很难获取相应的准确数据,动态单元构建方法存在由于预测数据偏差带来构建方案不符合实际生产需求的风险,因此,静动态单元构建方法的研究已不能完全适应当今单元制造系统发展的现实需求,有鉴于此,本章将提出有别于两者的新方法——准动态单元构建方法,详细分析不同类型单元构建方法的联系和区别,最终建立统一规范的描述单元构建方法的抽象函数。

3.1　静态与动态单元构建方法剖析

3.1.1　静态单元构建方法剖析

从第 2 章单元构建方法的综述可以看出,目前采用静态单元构建方法分析单周期单元构建问题时建立的数学模型目标主要包括搬运成本、操作成本、工具使用成本、操作成本、外包成本,等等;约束条件可根据实际情况进行选择,一般包括单元尺寸的限制、设备能力的限制等。单元构建的输出则是在获得最低成本的基础上得到的设备单元和零件族,而单元构建的基本输入则是零件和设备之间的操作关系等基础信息,因此我们可以进行以下定义:

(1) $S^1 = (MC^1, PC^1)$ 表示输出,指的是采用静态单元构建方法得到的最终结果——设备单元和零件族,MC^1 表示采用静态单元构建方法得到的设备单元划分方案,PC^1 表示采用静态单元构建方法获得的零件族划分方案。

(2) V^1 表示采用静态单元构建方法得到的成本输出,指最终设备单元构建和零件族划分所带来的一系列成本。

(3)用参数 $\alpha, \beta, \gamma, \cdots, \omega$ 表示基础信息,是影响设备单元成组或零件族划分的本周期各类参数,包括设备—产品的关系、产品操作的基本路径信息、设备的基本信息、单元的基本情况等。

（4）F^1 表示采用静态单元构建方法时 S^1 和各参数之间的函数关系，G^1 表示采用静态单元构建方法得到的总成本和各参数之间的函数关系。

根据以上定义可以得出采用静态单元构建方法进行单元构建的抽象函数：

$$S^1 = (MC^1, PC^1) = F^1(\alpha, \beta, \gamma, \cdots, \omega) \tag{3-1}$$

$$V^1 = G^1(S^1, \alpha, \beta, \gamma, \cdots, \omega) \tag{3-2}$$

同时满足：

$A^1 \times MC^1 \leqslant (\geqslant, =)b_1^1$，　　表示设备条件的约束；

$B^1 \times PC^1 \leqslant (\geqslant, =)b_2^1$，　　表示零件生产的约束。

其中：A^1, B^1 分别为静态单元构建模型中设备和零件的约束矩阵系数，而 b_1^1, b_2^1 分别表示两类约束的右端常数列矩阵。

从式（3-1）可以看出静态单元构建方法仅仅以本周期的需求和生产能力等参数信息为基本条件，并不考虑初始制造系统对单元构建的影响；同样式（3-2）中得到的成本函数也仅仅和构建的方案以及相应的输入参数相关，忽略了由于制造系统重新调整进行设备拆卸安装所需的重构费用。

3.1.2 动态单元构建方法剖析

1. 预测数据精确状态下动态单元构建方法剖析

动态单元构建方法是在多周期规划初期根据获得的后续若干个周期具体需求情况、生产要素情况的基础上，进行多个周期总体最优单元构建方案的确定，其得到的最终结果是多个周期的设备单元和零件族划分，当在预测初期就获得后续多周期精确数据的情况下，可以将其分别定义为：

$$S^2 = [S_1^2, S_2^2, \cdots, S_t^2, S_n^2]$$

$$= [(MC_1^2, PC_1^2), (MC_2^2, PC_2^2), \cdots, (MC_t^2, PC_t^2)(MC_n^2, PC_n^2)] \tag{3-3}$$

$$V^2 = [V_1^2, V_2^2, \cdots, V_t^2, V_n^2] \tag{3-4}$$

其中：n 表示周期数；S^2 表示采用动态单元构建方法时得到的 n 个周期方案；S_t^2 表示第 t 个周期的单元构建方案；MC_t^2, PC_t^2 分别表示采用动态单元构建方法获得的第 t 个周期的设备单元和零件族划分方案；V^2 表示 n 个周期单元构建方案所对应的成本输出；V_t^2 表示第 t 个周期的成本输出。

在多周期单元构建问题中，不仅其输出是多周期的，其输入也是多周期的，每个周期的设备—产品关系可能不同，产品的操作路径会发生变化，设备的种类和数量等也会发生变化，因此其输入也同样可以用向量来表示，定义为：

$$\alpha = [\alpha_1, \alpha_2, \cdots, \alpha_n]$$

$$\beta = [\beta_1, \beta_2, \cdots, \beta_n]$$

$$\gamma = [\gamma_1, \gamma_2, \cdots, \gamma_n]$$
$$\cdots$$
$$\overrightarrow{\omega} = [\omega_1, \omega_2, \cdots, \omega_n] \tag{3-5}$$

F^2 表示采用动态单元构建方法时 S^2 和各参数之间的函数关系;G^2 表示采用动态单元构建方法时总成本 V^2 和各参数之间的函数。

根据以上定义,我们同样可以得到相应的抽象函数:

$$S^2 = F^2(\alpha, \beta, \gamma, \cdots, \omega) \tag{3-6}$$

$$V^2 = G^2(S^2, \alpha, \beta, \gamma, \cdots, \omega) = \sum_{t=1}^{n} V_t^2 \tag{3-7}$$

同时满足:

$A_t^2 \times MC_t^2 \leqslant (\geqslant, =) b_{1t}^2, t = 1, 2, \cdots, n$,表示第 t 个周期的设备条件的约束;

$B_t^2 \times PC_t^2 \leqslant (\geqslant, =) b_{2t}^2, t = 1, 2, \cdots, n$,表示第 t 个周期的零件生产的约束。

其中:A_t^2, B_t^2 分别表示动态单元构建模型中第 t 个周期设备和零件的约束矩阵系统,而 b_{1t}^2, b_{2t}^2 分别表示两类约束在第 t 个周期的右端常数列矩阵。

由于动态单元构建方法考虑的是多个周期的整体最优,在优化目标中,除了静态问题一般考虑的物料搬运、操作时间等基本目标外,还增加不同周期间进行设备重构带来的额外成本,并在衡量重构和物料搬运成本之间冲突的基础上,分别确定各个时期的最优设备单元和零件族划分。因此不同时期的单元构建方案都会对其他时期产生一定的影响,各个时期的单元构建方案都有可能引起其他时期的设备重构或增加相应的搬运次数,因此第 1 个和第 t 个时期的构建方案分别如式(3-8)和式(3-9)所示。

$$S_1^2 = F^2(S_2^2, S_3^2, \cdots, S_n^2, \alpha_1, \beta_1, \gamma_1, \cdots, \omega_1) \tag{3-8}$$

$$S_t^2 = F^2(S_1^2, S_2^2, \cdots, S_{t-1}^2, S_{t+1}^2, \cdots, S_n^2, \alpha_t, \beta_t, \gamma_t, \cdots, \omega_t) \tag{3-9}$$

第一个周期的构建方案与后面所有周期的构建方案都有一定的关联,后续周期单元构建方案的调整都可能会引起第一周期构建方案的改变;同样第 t 个时期的构建方案也与其他时期存在一定的关联性,任何一个周期构建方案的改变,都可能引起第 t 个时期的构建方案的改变,不同时期的方案之间都存在着紧密的联系,如图 3-1 所示。

2. 预测数据存在偏差状态下动态单元构建方法剖析

动态单元构建方法是对多周期的整体分析,需要在第一个周期初就确定后续周期的所有参数,而后续周期参数的准确性直接影响着各个周期最终方案的确定,包括需求产品的预测、产品工艺改进的预测、设备生产能力的预测等。但随着产品更新速度的不断加快,科技水平的不断提升,生产制造过程中不确定

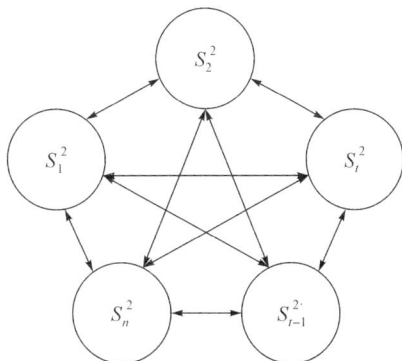

图 3-1　动态单元构建方法中各个时期单元构建方案之间的关联性

性的不断增加,一般只能对后续一个周期的各个参数进行较为准确的预测,而其他周期的产品需求等参数或参数分布的预测风险不断加大,特别是产品/零件生产加工工艺的预测风险,时间越往后则预测与实际参数之间的偏差就会越大,使得构建方案与实际问题偏离的风险逐步增大。

　　考虑到预测与实际的偏差,很多研究者提出了模糊动态单元构建方法,如文献[103~109]采用了不同的模糊技术来解决参数不精确的问题,学者们主要采用概率分布的方法来处理各种参数,从而将其转化为精确问题,也就是所建立的模型和最终的结果是建立在精确概率分布的基础上,该方法虽然降低了由于不精确预测带来的风险,但是并没有完全解决参数预测偏离的问题,同时模糊技术只能对部分参数进行模糊处理,而对工艺路径信息等参数的变化则望尘莫及,因此在采用动态单元构建方法对多周期单元构建问题进行分析时,存在较大的风险。

　　单元构建最终的结果是离散性的,参数对设备单元划分方案的影响也是离散的,一般只有当参数预测偏差超过某个临界值 ΔCV 时,才会对整个优化方案产生至关重要的影响。假设第 t 个周期第 i 个参数的预测偏差在一定合理范围内变化,即 $\Delta i \leqslant \Delta CV$,这只会引起该周期成本的一个波动 ΔV_{ti}^2,从 ΔV_t^2 转化为 $\overline{V_t^2} = V_t^2 + \Delta V_{ti}^2$,但是不会对单元划分方案产生重大的影响;但是如果第 t 个周期第 i 个参数的预测偏差引起第 t 个周期的单元划分方案变化时,即 $\Delta i > \Delta CV$,则原有的方案已经失去最优方案的含义,因此除了目标值的差异变动外,还需要增加考虑一个惩罚值 C,从而得出第 t 个周期的成本函数为:

$$V_t^2 = \begin{cases} \overline{V_t^2}, & \Delta i \leqslant \Delta CV \\ \overline{V_t^2} + C, & \Delta i > \Delta CV \end{cases} \tag{3-10}$$

　　假设仅考虑第 t 个周期第 i 个参数的预测偏差导致方案改变的概率为 P_{ti},则第 t 个周期的成本期望值为:

$$E(V_t^2) = V_t^2 + \Delta V_{ti}^2 + P_{ti} \times C \tag{3-11}$$

正如前面所介绍的,单元构建中会受到一系列参数的影响,如产品需求量、产品—设备的工艺路线、设备的能力等,每个周期都会由于这些参数与精确值之间的偏差导致最优方案失效。设第 t 个周期第 i 个参数的变化导致最优方案失效的概率为 P_{ti},第 t 个周期由于参数与精确值之间发生偏离而导致最优方案失效的概率为 $P_t = \sum\limits_{i=1}^{m} P_{ti}$,则第 t 个周期的成本期望值就变为:

$$E(V_t^2) = V_t^2 + \sum_{i=1}^{m} \Delta V_{ti}^2 + \sum_{i=1}^{m} P_{ti} \times C = \overline{V_t^2} + P_t \times C \tag{3-12}$$

进而可以得到所有周期的期望总成本之和为:

$$\overline{V_{total}^2} = \sum_{t=1}^{n} E(V_t^2) = \sum_{t=1}^{n} (V_t^2 + \Delta V_t^2 + P_t \times C)$$

$$= \sum_{t=1}^{n} (\overline{V_t^2} + P_t \times C) \tag{3-13}$$

根据预测理论可知,采用相同预测方法时,随着预测时间的推移,预测精度在不断地下降,对于单元构建的基本参数预测来说,也就是随着时间的推移,参数变化导致最优方案失效的可能性在不断增加,即 $P_1 < P_2 < \cdots < P_n$。

3.2 准动态单元构建方法的提出

根据静态和动态单元构建方法的概念描述及抽象函数分析可知,不管是静态还是动态方法,研究的本质都是在空白制造系统的基础上构建一个全新的制造系统,忽视了企业原有制造系统对单元构建影响。但对目前单元制造系统来说,新建制造系统毕竟为少数,企业主要是在原有制造系统的基础上进行合理的调整和规划。且对于部分设备来说由于受到安装等方面的限制,进行拆除和再安装需要花费较大的费用和时间,可以说单元的调整是一个需要花费大量人力、物力和时间的过程,企业不可能短周期频繁地进行单元调整。同时在现实政策和需求的快速变化下,企业也很难得到 3～5 周期(每个周期至少半年以上)甚至更长时间的较为准确的需求变化和工艺信息,要在长时期内进行综合性单元规划很难满足企业的现实需求,也带有较大的风险。虽然不少学者通过模糊技术来降低由于数据预测不精确性带来的风险,但是模糊技术只能对产品需求和批量、设备能力以及相关的单位成本进行模糊处理,而对生产技术(如生产工艺路径)变化等因素则往往难以处理。随着企业生产技术的不断改进,工艺条件变化等都会影响产品的工艺路径、生产时间以及使用的设备,这些都是在单元构建中不得不考虑和重视的因素。因此,为了更好地适应企业生产的实际需求,需要根据目前的运作情况以及下一阶段的产量预测或是合同订单来确定后续工作的安排,包括设备的安排、人员的安排等,因此本节提出有别于传统的静态和动态单元构建的新方法——准动态单元构建方法。

3.2.1　准动态单元构建方法的概念

准动态单元构建方法是指在企业现有制造系统状态的前提下,根据下一周期内产品的需求情况以及产品与设备之间的关系等因素,对现有制造系统进行调整,确定下一周期生产的产品/零件族与设备单元。准动态单元构建方法具有动态调整的特征,但它又有别于动态单元构建方法对多个周期的整体最优考虑,仅对一个周期进行最优单元划分,因此被定义为准动态单元构建方法。准动态单元构建方法旨在改变静动态单元构建方法中忽视原有制造系统状态及数据预测风险对单元构建的影响。

企业现有的制造系统布局大致可以划分为两大类:一类是已采用单元制造方式的设施布局,另一类则是企业还没有采用单元制造方式,而采用流水线布局或是机群式布局。对于任何一种系统布局来说,如果不考虑现有设备的布局和规划,就有可能对所有设备进行拆除和重新安装,大大增加了单元重组的时间和成本,如图 3-2 所示。在没有考虑原有制造系统布局的情况下进行设备单元的规划,可能需要对所有的现有设备进行重新装卸,而相反如果考虑这一原始条件时,仅仅只需对 4 台设备进行调整,因此考虑现有系统布局是完全有必要的。不管原有制造系统采用哪种规划布局,均可以作为制造单元调整的初始条件。

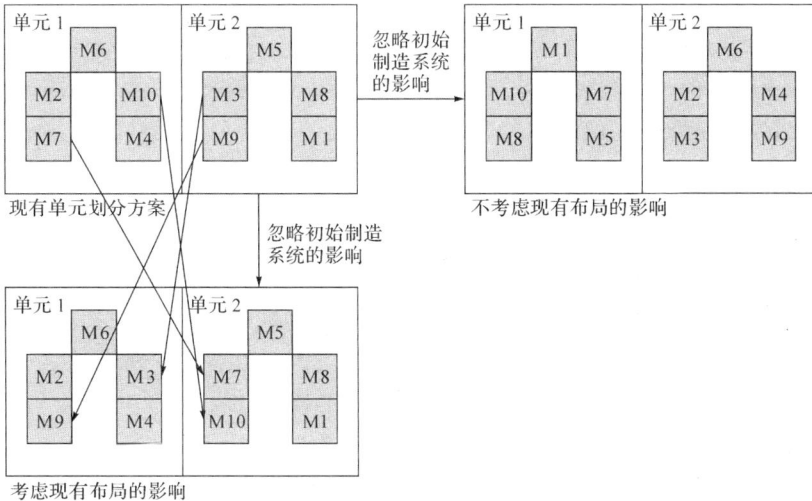

图 3-2　第一类单元构建情况

对于第一种已采用单元制造方式的制造系统，可以根据产品需求波动的情况，综合考虑物料搬运以及重构成本进行单元调整，如图 3-2 所示。

对于第二类尚未采用单元制造的流水线或机群式布局，则可以根据企业单元构建规划设想以及现有设备所处的位置进行初始单元的划分，从而转变成第一类设施布局问题。如图 3-3 所示，企业设施初始为机群式布局，根据发展需要将进行单元制造方式改造，根据现有场地确定不同单元所处的位置，进而确定了初始条件：M11，M12，M41 和 M51 归属于第一单元；M22，M31，M62 和 M71 归属于第二单元；M21，M61，M32 和 M81 设备则不属于任何单元。然后在以上初始条件下进行后续周期设备单元和产品族的划分。

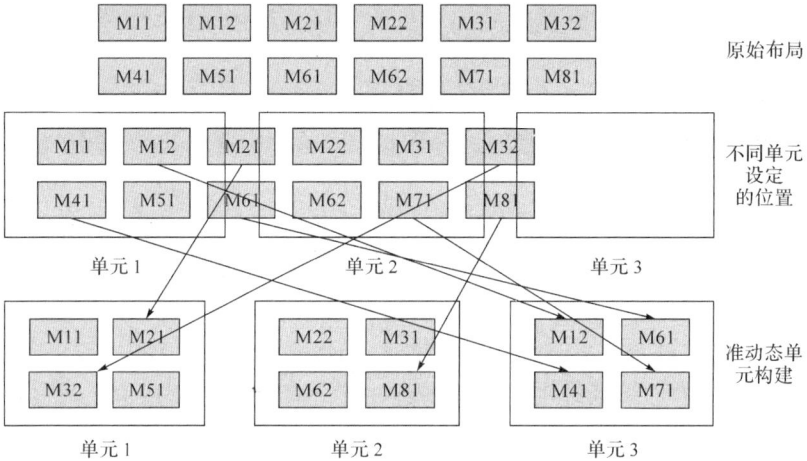

图 3-3　第二类单元构建情况

鉴于上述两种情况分析可知，不管是已采用还是未采用单元制造方式的生产系统，原有制造系统的基本状态都会对后续制造单元的调整和规划有所影响，要求在后续单元调整时必须对现有状态加以考虑，从而获得最优目标的制造单元构建方案。

3.2.2　准动态单元构建方法剖析

准动态单元构建方法是指在企业现有设施布局或设备单元划分的前提下，根据下一周期内产品的需求情况以及产品与设备之间的操作关系等因素，确定下一周期生产的产品族与设备单元。结合上述对静态及动态单元构建方法的抽象函数定义，同样可以得到采用准动态单元构建方法的抽象函数。

首先进行以下定义：

（1）$S^3 = (MC^3, PC^3)$ 表示采用准动态单元构建方法的输出——设备单元和零件族的划分，其中 MC^3 表示采用准动态单元构建方法获得的设备单元划分方案，PC^3 表示采用准动态单元构建方法获得的零件族划分方案。

（2）V^3 表示采用准动态单元构建方法的成本输出，指最终设备单元构建和零件族划分所带来的一系列成本。

（3）用参数 $\alpha,\beta,\gamma,\cdots,\omega$ 表示输入，是影响设备单元成组或零件族划分的各种因素，包括设备—产品的关系、产品操作的基本路径信息、设备的基本信息、单元的基本情况等因素。

（4）$S_0 = (MC_0, PC_0)$ 表示输入，即上一周期的设备单元和零件族划分方案。

（5）F^3 表示采用准动态单元构建时 S^3 和 S_0 及各参数之间的函数，G^3 表示采用准动态单元构建方法时方案总成本和各参数之间的函数。

则采用准动态单元构建方法进行单元构建的抽象函数为：

$$S^3 = F^3(S_0, \alpha, \beta, \gamma, \cdots, \omega) \tag{3-14}$$

$$V^3 = G^3(S_0, S^3, \alpha, \beta, \gamma, \cdots, \omega) \tag{3-15}$$

同时满足：

$A^3 \times MC^3 \leqslant (\geqslant, =)b_1^3$，表示设备条件的约束；

$B^3 \times PC^3 \leqslant (\geqslant, =)b_2^3$，表示零件生产的约束。

其中：A^3, B^3 分别为准动态单元构建模型中设备和零件的约束矩阵系数，而 b_1^3, b_2^3 分别表示两类约束的右端常数列矩阵。

式（3-14）表示最终单元构建的方案不仅和规划周期的设备和产品的基本信息相关，还受到原有设备单元和零件族划分状况的限制，即由 S_0 和 $\alpha, \beta, \gamma, \cdots, \omega$ 共同决定规划周期设备单元和零件族的划分；同样，式（3-15）中，单元构建方案的成本也与 S_0 相关，即在此除了考虑设备操作成本、搬运成本等以外，还需考虑 S^3 对 S_0 进行调整而引起的设备安装拆卸成本。

3.2.3　多周期环境下准动态单元构建方法剖析

准动态单元构建方法虽然仅考虑一个周期的单元构建，但是其基本思想同样可以运用到多周期单元构建问题中。当 $n > 1$ 时，可以将一个 n 周期的问题看成是 n 个单周期的问题，通过阶段式的构建方法，对每一周期均采用准动态单元构建方法进行单个周期的分析，如图 3-4 所示，最终获得每个周期的设备单元划分方案。

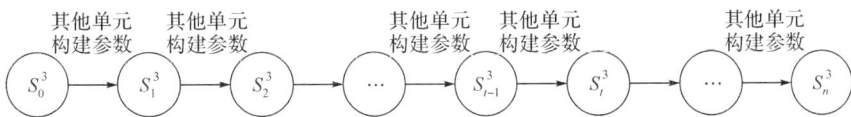

图 3-4　多周期准动态单元构建方法图例

在此，对不同周期获得的设备单元构建方案及成本进行以下定义：

（1）S_t^3 表示采用准动态单元构建方法获得的第 t 个周期的单元构建方案，它是由第 t 个周期时的基本参数信息和第 $t-1$ 个周期单元布局情况共同决定的。

（2）V_t^3 表示第 t 个周期根据方案决策得到的成本。

根据准动态单元构建方法的定义可以得出相应的抽象函数：

$$\begin{cases} S_1^3 = F^3(S_0, \alpha_1, \beta_1, \gamma_1, \cdots, \omega_1) \\ \cdots \\ S_t^3 = F^3(S_{t-1}, \alpha_t, \beta_t, \gamma_t, \cdots, \omega_t) \end{cases} \tag{3-16}$$

$$\begin{cases} V_1^3 = G^3(S_0, S_1^3, \alpha_1, \beta_1, \gamma_1, \cdots, \omega_1) \\ \cdots \\ V_t^3 = G^3(S_1^3, S_t^3, \alpha_t, \beta_t, \gamma_t, \cdots, \omega_t) \end{cases} \tag{3-17}$$

当 $S_0 = 0$ 时，表示该问题是建立在一个全新制造系统的基础上；$S_0 \neq 0$ 时，表示是对原有制造系统的改进或调整。

从式（3-16）可以看出，每一个周期单元构建方案都受到前一周期设备单元和零件族划分的影响；同样，式（3-17）表示每个周期的成本都包括由于前后周期设备单元调整而引起的设备安装拆卸所需的重构成本。

而 n 个周期得到的总成本为：

$$V_{total}^3 = \sum_{t=1}^n V_t^3 \tag{3-18}$$

从以上对于静态、动态以及准动态单元构建方法的描述及相应的抽象函数来看，其主要区别在于：

第一，准动态单元构建方法考虑了单元设施布局的初始状况，再结合本周期的生产信息进行制造单元的调整，而静态和动态单元构建方法的研究本质是在一个空白制造系统上构建一个全新的系统。

第二，准动态单元构建方法是基于制造系统初始状态的单个周期设备单元和零件族的划分。应用准动态单元构建方法分析多周期问题时，将 n 个周期的问题分解成了 n 个单周期问题，采用阶段式的方法，对每一个周期问题均采用准动态单元构建方法进行求解，最终获得每个周期的设备单元划分方案。而动态单元构建方法考虑的是多周期单元构建问题的整体最优，即在规划初期根据所获得的后续各个时期的生产信息来确定各周期的生产设备单元和零件族，从而获得整个规划期的总体目标最优。

3.3 单元构建理论的统一范式

3.3.1 准动态与动态单元构建方法的目标函数值差异分析

在 3.1 和 3.2 中分别采用动态和准动态单元构建方法对多周期的单元构建问题进行了目标函数值的分析,当所得信息都是准确的时,得到的结果分别如式(3-7)和(3-18)所示:$V^2 = \sum_{t=1}^{n} V_t^2$ 和 $V_{total}^3 = \sum_{t=1}^{n} V_t^3$。

由于动态单元构建考虑的是全局最优,而准动态单元构建问题考虑的是局部最优的相加,可以得知:$V_{total}^3 = \sum_{t=1}^{n} V_t^3 \geqslant V^2 = \sum_{t=1}^{n} V_t^2$。

但是如果考虑预测数据存在偏差的情况,采用动态单元构建方法得到总成本,如式(3-13)所示,则采用准动态单元构建方法和动态单元构建方法得到的成本输出之差为:

$$V_{total}^3 - \overline{V_{total}^2} = \sum_{t=1}^{n} V_t^3 - \sum_{t=1}^{n} (V_t^2 + \Delta V_t^2 + P_t \times C)$$

$$= \Delta d - \sum_{t=1}^{n} (P_t \times C) \tag{3-19}$$

其中:$\Delta d = V_{total}^3 - \sum_{t=1}^{n} (V_t^2 + \Delta V_t^2)$。

设 $\Omega = \Delta d - \sum_{t=1}^{n} (P_t \times C)$,很明显,$\Omega$ 的正负,主要取决于偏离概率 P_t。正如前面所分析的 $P_1 < P_2 < \cdots < P_n$,而 $P = \sum_{t=1}^{n} P_t$,随着周期数量的不断增加,P 值也将不断增加,使得 $\Omega \to < 0$。因此在采用动态单元构建方法时,随着考虑周期数的不断增加,其所得方案失效的可能性就越大,从而不能适应企业生产的实际要求。

虽然在参数准确的情况下,采用动态单元构建方法所获得的结果可能会优于准动态单元构建方法。但随着全球经济一体化背景下产品需求变化的不断加速,已很难获取相应的准确数据,预测往往存在一定的偏差,而正是由于这种偏差,成为动态单元构建方法的致命缺陷,造成各周期单元构建方案的失效,增加了企业的运作成本,给企业带来较大的风险。而采用准动态单元构建方法,根据前一周期的生产进度以及工艺调整信息进行下一周期的单元构建分析,弥补了动态单元构建方法由于预测信息偏差带来的风险,更能适应企业实际发展的需求。

3.3.2 单元构建方法的统一范式

对于准动态单元构建方法而言,当 $S_0 = (MC_0, PC_0) = 0$ 时,也就是制造系统是一个全新的空白系统,此时准动态单元构建方法相当于静态单元构建方法,因此可以将静态单元构建方法看成准动态单元构建的一个特例。

通过 3.3.1 的分析可知,在多周期环境下,采用动态单元构建方法分析时,由于长期预测带来的数据偏差将引起最优方案与生产实际偏离,导致最优方案失效,且随着周期时间的增加,其失效的可能性也就随之增加,对企业生产经营带来的风险也将不断增大,因此在多周期单元构建中可以采用准动态单元构建方法代替动态单元构建方法,从而消除数据失真带来的风险。

通过以上分析,可以将以上几种单元构建方法统一归结于准动态单元构建方法,其抽象函数如下:

$$S = [S_1, S_2, \cdots, S_n] \tag{3-20}$$

$$S_1 = F(S_0, \alpha_1, \beta_1, \gamma_1, \cdots, \omega_1)$$

$$\cdots$$

$$S_t = F(S_{t-1}, \alpha_t, \beta_t, \gamma_t, \cdots, \omega_t) \tag{3-21}$$

$$V = [V_1, V_2, \cdots, V_n] \tag{3-22}$$

$$V_1 = G(S_0, S_1, \alpha_1, \beta_1, \gamma_1, \cdots, \omega_1)$$

$$\cdots$$

$$V_t = G(S_{t-1}, S_t, \alpha_t, \beta_t, \gamma_t, \cdots, \omega_t) \tag{3-23}$$

上述公式中,n 表示周期数,S_0 表示单元构建初期的状态。式(3-20)表示单元构建各个时期的单元划分方案;式(3-21)表示第 t 个时期的单元构建方案由 $t-1$ 时期的规划方案以及本周期的基本信息共同决定;式(3-22)表示单元构建各个时期的成本值;式(3-23)表示第 t 个时期的单元构建成本由本周期和上一周期的单元划分方案以及本周期的基本信息共同决定。

3.4 准动态单元构建问题的一般数学模型

准动态单元构建问题是指应用准动态单元构建方法的基本原理,在企业现有设施布局或设备单元划分的前提下,根据规划周期产品的需求情况以及产品/零件与设备之间的操作关系等因素,确定规划周期生产的产品/零件族与设备单元,主要通过建立准动态单元构建模型来进行问题的求解分析。根据第 2 章对单元构建问题的总结分析,可以得出目前单周期单元构建中主要考虑的目标包括物料的搬运成本、操作成本,而在约束中主要考虑单元的尺寸大小、设备能力、零件操作的多路径性以及设备的多台性,因此本模型主要在以上目标和约束的基础上,增加由于前后周期设备单元调整而引起的重构成本,建立一般的准动态单元构建数学规划模型。

3.4.1　模型的基本假设及参数变量的设置

1. 模型的基本假设

考虑到单元构建实际问题的复杂性,在这里对问题进行以下假设:

(1)每种零件有多条生产路径,并且每条生产路径所需的设备是已知的。

(2)每种零件的需求都是已知的,且每种零件均以一定的批量进行搬运。

(3)每种设备的台数是已知的,且每台设备的工作时间已知。

(4)划分的单元数是已知的,并且每个单元受到尺寸的限制。

(5)规划周期初,设备单元的划分布局是已知的。

(6)不考虑设备的故障。

2. 模型的参数及变量设置

(1)参数

i 表示产品,$i=1,2,\cdots,P$,其中 P 表示零件的种类数;

j 表示设备,$j=1,2,\cdots,M$,其中 M 表示设备的种类数;

n_j 表示第 j 种设备的总台数;

d_j 表示第 j 种设备第 d 台机器;

r 表示路径,$r=1,2,\cdots,R_i$,其中 R_i 表示零件 i 的路径数;

k 表示单元,$k=1,2,\cdots,K$,其中 K 表示单元数;

$W_{ijr}=1$ 表示第 i 种零件在第 r 条路径下需要设备 j,否则为 0;

t_{irj} 表示第 i 种零件在第 r 条路径下需要设备 j 的生产时间;

W_j 表示第 j 种设备的操作能力;

D_i 表示第 i 种零件的需求批量;

CH_{ir} 表示第 i 种零件在第 r 条路径下的搬运成本;

COP_j 表示第 j 种设备的单位运作成本;

CR_j 表示第 j 种设备重构的单位成本;

U 表示每个单元最多放置的设备数;

L 表示每个单元最少放置的设备数;

x_{jdjk0} 表示第 j 种设备的第 d 台机器单元归属的现状,当 $x_{jdjk0}=1$,表示目前第 j 种设备的第 d 台机器在第 k 个单元,否则为 0;

$\lambda_1,\lambda_2,\lambda_3$ 表示目标函数中不同目标的权重。

(2)变量

$x_{jdjk}=1$ 表示第 j 种设备的第 d 台机器分配到第 k 个单元;

$x_{irk}=1$ 表示第 i 种零件按照第 r 条路径操作并分配在第 k 个单元;

$x_{ijdj} = 1$ 表示第 i 种零件在第 j 种设备的第 d 台机器上操作。

3.4.2 数学模型

目标函数：

$$\min Z_1 = \lambda_1 C_1 + \lambda_2 C_2 + \lambda_3 C_3 \tag{3-24}$$

其中：

$$C_1 = \frac{\sum_{i=1}^{P}\sum_{j=1}^{M}\sum_{d_j=1}^{n_j}\sum_{r=1}^{R_i} W_{ijr} \sum_{k=1}^{K} | x_{jdjk} \times x_{ijdj} - x_{irk} |}{2} \times D_i \times CH_{ir} \tag{3-25}$$

$$C_2 = \sum_{k=1}^{K}\sum_{j=1}^{M}\sum_{d_j=1}^{n_j} x_{jdjk} \times COP_j \tag{3-26}$$

$$C_3 = \sum_{k=1}^{K}\sum_{j=1}^{M}\sum_{d_j=1}^{n_j} | x_{jdjk} - x_{jdjk0} | / 2 \times CR_j \tag{3-27}$$

约束条件：

$$\sum_{k=1}^{K} x_{jdjk} = 1, \qquad \forall j, d_j \tag{3-28}$$

$$\sum_{j=1}^{M}\sum_{d_j=1}^{n_j} x_{jdjk} \leqslant U, \qquad \forall k \tag{3-29}$$

$$\sum_{j=1}^{M}\sum_{d_j=1}^{n_j} x_{jdjk} \geqslant L, \qquad \forall k \tag{3-30}$$

$$\sum_{k=1}^{K}\sum_{r=1}^{R_i} x_{irk} = 1, \qquad \forall i \tag{3-31}$$

$$\sum_{i=1}^{P}\sum_{r=1}^{R_i}\sum_{k=1}^{K} x_{irk} \times t_{irj} \times x_{ijdj} \leqslant W_j, \qquad \forall j, d_j \tag{3-32}$$

$$\sum_{d_j=1}^{n_j} x_{ijdj} = x_{irk} \times W_{ijr}, \qquad \forall i, j, k \tag{3-33}$$

$$x_{jdjk}, x_{irk}, x_{ijdj} = 0 \ or \ 1, \qquad \forall j, k, i, d_j \tag{3-34}$$

式(3-24)表示三个目标成本的权重和为最小,其中第一部分为物料搬运成本,如式(3-25)所示;而第二部分表示设备运作成本,如式(3-26)所示;第三部分为设备的重构成本,如式(3-27)所示。

在约束条件中,式(3-28)表示每台设备只能置于一个单元;式(3-29)表示每个单元最多只能放置 U 台设备;式(3-30)表示每个单元最少需放置 L 台设备;式(3-31)表示每种零件只能选择一条路径,并在一个单元内操作;式(3-32)表示设备的能力要求;式(3-33)表示任何零件如果需要某种设备,则必须只能在该种设备的一台设备上操作;式(3-34)表示变量的取值范围。

3.5　数例分析

本节将应用静态单元构建方法、动态单元构建方法以及准动态单元构建方法对文献[91]中提出的数例进行分析,进一步阐明这三种方法之间存在的差异。数例中考虑两个周期的单元构建问题,表 3-1 为问题中的主要参数,共有七种零件需要在六种设备上加工,表中的 M 代表设备,P 代表零件。

本节将根据表 3-1 的参数,分别从静态、动态和准动态三种思想考虑单元构建的结果,并分析其中的差异性。

表 3-1　基本参数

路径	P1	P2	P3			P4		P5	P6			P7	运作成本(元)	重构成本(元)	能力限制(元)
	1	1	1	2	3	1	2	1	1	2	3	1			
M1			2										7000	3500	5000
M2				6.66			2.66	2.63		1.51			2000	1000	5000
M3	2.24		1.47			8.74	8.93		8.17			10	6500	3250	5000
M4				4.16	9.7						7.4		5000	2500	5000
M5	5.22	1.63			7			1.82	1.44				8000	4000	5000
M6						9.09			5.16			9.5	1500	750	5000
需求量 H1(个)	320	310	580			0		700	0			900	搬运成本		10/批
需求量 H2(个)	0	220	0			500		570	932			400	搬运成本		10/批

3.5.1　静态单元构建方法分析

应用静态单元构建方法对上述数例进行分析时,将数例中的两个周期看成完全没有联系的、独立的周期,建立静态单元构建模型,分别分析两个周期最优的单元构建方案。

1.静态单元构建模型

根据文献[91]中的问题,基于 3.4 中模型参数和变量的设置以及相关的假设条件,可以得到静态单元构建的基本模型:

$$\min Z_2 = \lambda_1 C_1 + \lambda_2 C_2 \tag{3-35}$$

$$C_1 = \frac{\sum_{i=1}^{P}\sum_{j=1}^{M}\sum_{d_j=1}^{n_j}\sum_{r=1}^{R_i} W_{ir}\sum_{k=1}^{K}|x_{jdjk} \times x_{ijdj} - x_{irk}|}{2} \times D_i \times CH_{ir} \tag{3-36}$$

$$C_2 = \sum_{k=1}^{K}\sum_{j=1}^{M}\sum_{d_j=1}^{n_j} x_{jdjk} \times COP_j \tag{3-37}$$

约束条件：

$$\sum_{k=1}^{K} x_{jdjk} = 1, \qquad \forall j, d_j$$

$$\sum_{j=1}^{M}\sum_{d_j=1}^{n_j} x_{jdjk} \leqslant U, \qquad \forall k$$

$$\sum_{j=1}^{M}\sum_{d_j=1}^{n_j} x_{jdjk} \geqslant L, \qquad \forall k$$

$$\sum_{k=1}^{K}\sum_{r=1}^{R_i} x_{irk} = 1, \qquad \forall i$$

$$\sum_{i=1}^{P}\sum_{r=1}^{R_i}\sum_{k=1}^{K} x_{irk} \times t_{irj} \times x_{ijdj} \leqslant W_j, \qquad \forall j, d_j$$

$$\sum_{d_j=1}^{n_j} x_{ijdj} = x_{irk} \times W_{ijr}, \qquad \forall i, j, k$$

$$x_{jdjk}, x_{irk}, x_{ijdj} = 0 \text{ or } 1, \qquad \forall j, k, i, d_j$$

式(3-36)和(3-37)分别表示物料的搬运成本和设备运作成本。

2.两个周期的静态单元构建方案分析

根据静态单元构建的模型,分别分析第一和第二个周期的单元构建问题,即这两个单元是不存在任何联系的,则可以得到如表 3-2 和表 3-3 所示的结果。

表 3-2　第一周期的静态单元构建方案

		C1			C2	C3
		P2	P5	P1	P3	P7
C1	M2(1)		1(1841)			
	M5(1)	1(505.3)	1(1274)	1(1670.4)		
C2	M4(1)				1(2412.8)	
	M2(1)				1(3862.8)	
C3	M3(2)			1(716.8)		1(9000)
	M6(2)					1(8550)
需求量 (个)		310	700	320	580	900

注:M2(1)表示一台 M2 设备,M3(2)表示两台 M3 设备,而 505.3 则表示所需的加工时间(小时)。

根据表 3-2 可得第一周期所需设备 M2 两台、M3 两台、M4 一台、M5 一台以及 M6 两台,共需运作成本为 33000 元,搬运成本为 3200 元。

根据表 3-3 可得第二周期所需设备 M2 两台、M3 两台、M5 一台以及 M6 两台,共需运作成本为 28000 元,搬运成本为 0 元。

假设所有的权重均为 1,分别采用静态单元构建方法得到方案的最终运作成本为 61000 元,搬运成本为 3200 元,总成本为 64200 元。

表 3-3　第二周期的静态单元构建方案

		C1			C2	C3
		P2	P3	P6	P4	P7
C1	M2(1)		1(1499.1)	1(1407.32)		
	M5(1)	1(358.6)	1(1065.9)			
	M6(1)			1(4809.12)		
C2	M3(1)				1(4465)	
	M2(1)				1(1330)	
C3	M3(1)					1(4000)
	M6(1)					1(3800)
需求量 (个)		310	580	700	320	900

注:表中数据解释如表 3-2。

虽然静态单元构建方法将其看成两个没有联系的、独立的周期,但事实并非如此,因此需要考虑两个周期由于设备调整而引起的重构成本 9750 元,此时总成本为 73950 元。

3.5.2　动态单元构建方法分析

采用动态单元构建方法进行数例分析时,将两个周期看成了一个整体,希望在第一个周期初就确定两个周期的构建方案,以此来获得两个周期总目标值为最低,通过建立动态单元构建模型进行问题的求解分析。

1.动态单元构建模型

根据 3.5 节中提出的问题假设以及动态单元构建的基本定义,设置以下参数和变量。

(1)参数

t 表示周期,$t=1,2,\cdots,T$,其中 T 表示周期数;

$W_{irjt}=1$ 表示在第 t 个周期第 i 种零件在第 r 条路径下需要设备 j,否则为 0;

t_{irjt} 表示在第 t 个周期第 i 种零件在第 r 条路径下需要设备 j 的生产时间;

D_{it} 表示在第 t 个周期第 i 种零件的需求批量；

CH_{irt} 表示在第 t 个周期第 i 种零件在第 r 条路径下的搬运成本；

COP_{jt} 表示在第 t 个周期第 j 种设备的运作成本；

CR_{jt} 表示在第 t 个周期第 j 种设备重构的单位成本。

其余参数参照 3.4 模型。

(2) 变量

$x_{jd_jkt} = 1$ 表示在第 t 个周期第 j 种设备的第 d 台机器分配到第 k 个单元；

$x_{irkt} = 1$ 表示在第 t 个周期第 i 种零件按照第 r 条路径操作并分配在第 k 个单元；

$x_{ijd_jt} = 1$ 表示在第 t 个周期第 i 种零件在第 j 种设备的第 d 台机器上操作。

目标函数：

$$\min Z_3 = \lambda_1 C_1 + \lambda_2 C_2 + \lambda_3 C_3 \tag{3-38}$$

其中：

$$C_1 = \frac{\sum\limits_{t=1}^{T}\sum\limits_{i=1}^{P}\sum\limits_{j=1}^{M}\sum\limits_{d_j=1}^{n_j}\sum\limits_{r=1}^{R_i} W_{ijrt} \sum\limits_{k=1}^{K} |x_{jd_jkt} \times x_{ijd_jt} - x_{irkt}|}{2} \times D_{it} \times CH_{irt} \tag{3-39}$$

$$C_2 = \sum\limits_{t=1}^{T}\sum\limits_{k=1}^{K}\sum\limits_{j=1}^{M}\sum\limits_{d_j=1}^{n_j} x_{jd_jkt} \times COP_{jt} \tag{3-40}$$

$$C_3 = \sum\limits_{t=2}^{T}\sum\limits_{k=1}^{K}\sum\limits_{j=1}^{M}\sum\limits_{d_j=1}^{n_j} |x_{jd_jkt} - x_{jd_jk}(t-1)|/2 \times CR_{jt} \tag{3-41}$$

约束条件：

$$\sum_{k=1}^{K} x_{jd_jkt} = 1, \qquad \forall j, d_j, t \tag{3-42}$$

$$\sum_{j=1}^{M}\sum_{d_j=1}^{n_j} x_{jd_jkt} \leqslant U, \qquad \forall k, t \tag{3-43}$$

$$\sum_{j=1}^{M}\sum_{d_j=1}^{n_j} x_{jd_jkt} \geqslant L, \qquad \forall k, t \tag{3-44}$$

$$\sum_{k=1}^{K}\sum_{r=1}^{R_i} x_{irkt} = 1, \qquad \forall i, t \tag{3-45}$$

$$\sum_{i=1}^{P}\sum_{r=1}^{R_i}\sum_{k=1}^{K} x_{irkt} \times t_{irjt} \times x_{ijd_jt} \leqslant W_j, \qquad \forall j, d_j, t \tag{3-46}$$

$$\sum_{d_j=1}^{n_j} x_{ijd_jt} = x_{irkt} \times W_{ijr}, \qquad \forall i, j, k, t \tag{3-47}$$

$$x_{jdjkt}, x_{irkt}, x_{ijdjt} = 0 \text{ or } 1, \qquad \forall j, k, i, d, t \tag{3-48}$$

式(3-39)、(3-40)和(3-41)分别表示各个周期总的物料的搬运成本、设备运作成本和设备重构成本。

在约束条件中,式(3-42)表示任何时期每台设备只能置于一个单元;式(3-43)表示任何时期每个单元最多只能放置 U 台设备;式(3-44)表示任何时期每个单元最少需放置 L 台设备;式(3-45)表示任何时期每个零件只能选择一条路径,并在一个单元内操作;式(3-46)表示任何时期都要满足设备的能力要求;式(3-47)表示任何时期任何零件如果需要某种设备,则必须只能在该种设备的一台机器上操作;式(3-48)表示变量的取值范围。

2. 精确数据下的动态单元构建分析

应用上述模型,如果在第一个周期就能获得如表 3-1 所示的 100% 精确的数据,则可以得到如表 3-4 和表 3-5 所示的结果。此时求得这两个周期总的运作成本、搬运成本以及重构成本为最低。

表 3-4 第一周期的动态单元构建方案(数据是精确的)

		C1			C2	C3
		P2	P5	P1	P3	P7
C1	M2(1)		1(1841)			
	M5(1)	1(505.3)	1(1274)	1(1670.4)		
C2	M4(1)				1(2412.8)	
	M2(1)				1(3862.8)	
C3	M3(2)			1(716.8)		1(9000)
	M6(2)					1(8550)
需求量(个)		310	700	320	580	900

注:表中数据解释如表 3-2 所示。

表 3-5 第二周期的动态单元构建方案(数据是精确的)

		C1		C2	C3	
		P2	P5	P6	P4	P7
C1	M2(1)		1(1499.1)			
	M5(1)	1(358.6)	1(1065.9)			
C2	M2(1)			1(1407.32)		
	M6(1)			1(4809.12)		

续表

| | | C1 | | C2 | C3 | |
		P2	P5	P6	P4	P7
C3	M3(2)				8.74(4370)	1(4000)
	M6(2)				9.09(4545)	1(3800)
需求量（个）		220	570	932	500	400

注：表中数据解释如表 3-2 所示。

假设所有的权重均为 1，根据表 3-4 和表 3-5 进行两个周期的生产，第一个周期发生设备运作成本为 33000 元，搬运成本为 3200 元，第二个周期发生的运作成本为 29500 元，搬运成本为 0 元，而在两个周期之间进行重新设备布局发生的重构成本为 3250 元，因此运作总成本为 62500 元，总搬运成本为 3200 元，重构成本为 3250 元，总成本为 68950 元。

3.存在参数预测偏差的动态单元构建方法分析

假设在第一个周期初已经开始进行 P6 的工艺路线调整，企业预测在第二周期时，将 P6 的第二条路径（在 M2 和 M6 上加工）改变为在 M2（时间为 2.8 小时/批）和 M4（时间为 3 小时/批）设备上操作，以减少总的操作时间（而事实情况仍然如表 3-1 所示）。根据该预测应用动态单元构建模型进行数例分析，可以得到如表 3-6 和 3-7 所示的结果。此时第一周期的设备单元和零件族的划分和表 3-4 是一致的，得到运作成本为 33000 元，搬运成本为 3200 元；第二周期的设备单元划分和第一周期相同，并让 P6 在设备 M2 和 M4 上进行加工，从而得到运作成本为 33000 元，搬运成本为 0 元。

表 3-6　第一周期的动态单元构建方案（参数存在偏差）

| | | C1 | | | C2 | C3 |
		P2	P5	P1	P3	P7
C1	M2(1)		1(1841)			
	M5(1)	1(505.3)	1(1274)	1(1670.4)		
C2	M4(1)				1(2412.8)	
	M2(1)				1(3862.8)	
C3	M3(2)			1(716.8)		1(9000)
	M6(2)					1(8550)
需求量（个）		310	700	320	580	900

注：表中数据解释如表 3-2 所示。

表 3-7　第二周期的动态单元构建方案(参数存在偏差)

		C1		C2	C3	
		P2	P5	P6	P4	P7
C1	M2(1)		1(1499.1)			
	M5(1)	1(358.6)	1(1065.9)			
C2	M2(1)			1(2609.6)		
	M4(1)			1(2796)		
C3	M3(2)				8.74(4370)	1(4000)
	M6(2)				9.09(4545)	1(3800)
需求量(个)		220	570	932	500	400

注:表中数据解释如表 3-2 所示。

比较表 3-5 和表 3-7,可以发现,由于对预测信息发生了偏差,导致第二周期的设备单元划分出现了改变,根据预测信息得到构建方案是在第二周期采用 M2 和 M6 来生产 P6,但是实际情况是并不能真正采用 M2 和 M4 进行 P6 的生产,而此时按照表 3-7 的设备任务分配情况,M3 和 M6 已经没有生产能力再来生产 P6,如果选择第三条路径,M4 也没有足够的生产能力完成所有 P6 的生产,从而导致产品的延期交货,以此可以看出数据预测偏差对单元构建方案带来较大的影响,进而影响整个生产计划和进度。

3.5.3　准动态单元构建方法分析

1.不考虑原始制造系统的准动态单元构建方法分析

假设以上数例不需要考虑原始制造系统的影响,初始条件及数据仍如表 3-1 所示,则运用准动态单元构建方法对问题求解,可以得到如表 3-4 和表 3-5 所示的结果,此时准动态单元构建方法和动态单元构建方法所得的结果是相同的,也就是两个周期的总成本为 68950 元。

2.基于原始制造系统的准动态单元构建方法分析

在 3.5.1 和 3.5.2 分析中均没有考虑最初制造系统状态,假设原有布局中,第一单元包括设备 M2、M5 及 M3 各一台,第二单元有 M4 两台,第三单元有 M3 一台和 M6 两台。

根据准动态单元构建模型,按照原有的设施布局,进行重新规划,得到如表 3-8 所示的第一周期设备单元划分结果。此时运作成本为 33000,搬运成本为 4000 元,重构成本为 3500 元,总成本为 40500 元。

表 3-8　第一周期的准动态单元构建方案(考虑原始制造系统的影响)

		C1			C2	C3
		P1	P2	P5	P3	P7
C1	M2(1)			1(1841)		
	M3(1)	1(716.8)				1(4000)
	M5(1)	1(1670.4)	1(505.3)	1(1274)		
C2	M2(1)				1(3862.8)	
	M4(1)				1(2412.8)	
C3	M3(1)					1(5000)
	M6(2)					1(8550)
需求量 (个)		320	310	700	580	900

注:表中数据解释如表 3-2 所示。

　　然后再根据第一周期的单元划分方案以及第二周期各个产品的需求量,进行第二周期的单元划分,可以得到如表 3-9 所示的结果。此时,所需要的运作成本为 28000 元,搬运成本为 0 元,重构成本为 4000 元,则总成本为 32000 元。核算两个周期运作总成本为 61000 元,搬运总成本为 4000 元,重构总成本为 7500 元,总成本为 72500 元。

　　分析表 3-4 和表 3-8 可知,由于在表 3-4 中没有考虑原有制造系统对后续单元构建的影响,因此将一台 M2 和 M5 归属于第一单元,一台 M2 和 M4 归属于第二单元,而两台 M3 和 M6 归属于第三单元,获得了较好的运作成本 33000元和搬运成本 3200 元。而表 3-8 中,由于考虑了原有制造系统的布局和规划,将一台 M2,M3 和 M5 归属于第一单元,一台 M2 和 M4 归属予第二单元,一台 M3 和两台 M6 归属于第三单元,获得运作成本为 33000 元,搬运成本为 4000元,重构成本为 3500 元,其搬运成本要高于表 3-4 所示结果。但是如果考虑原始制造系统布局的影响,仍然按照表 3-4 进行规划,则相应的重构成本将达到10000 元,远远超过表 3-8 所得结果的重构成本,从而可以看出原有制造系统对后续周期的单元构建方案存在较大的影响。

表 3-9　第二周期的准动态单元构建方案(考虑原始制造系统的影响)

		C1			C2	C3
		P2	P5	P4	P6	P7
C1	M2(1)		1(1499.1)	1(1330)		
	M3(1)			1(4465)		
	M5(1)	1(358.6)	1(1065.9)			
C2	M2(1)				1(1407.32)	
	M6(1)				1(4809.12)	
C3	M3(1)					1(4000)
	M6(1)					1(3800)
需求量(个)		220	570	500	932	400

注:表中数据解释如表 3-2 所示。

3.5.4　数例分析小结

根据上述数例的具体分析,我们可以得出以下结论:

第一,在不考虑制造系统原有布局的基础上,在所预期的产品需求量以及操作路径数据均为准确的情况下,分别采用静态、动态和准动态单元构建方法分析两个周期的单元构建,准动态和动态单元构建方法所得方案是相同的,其获得的两个周期总成本要低于采用静态单元构建方法获得的两个周期单元构建方案的总成本,前者为 68950 元,后者为 73950 元。

第二,当预测参数存在一定偏差时,此时采用动态单元构建方法所得的方案有别于数据精准下的构建方案,导致最优方案不能符合生产的实际需求,这不仅造成了额外的搬运成本、运作成本,同时还会对设备拥有量存在估值偏差,导致设备购买不及时,在一定程度上影响企业生产的进度以及交货的准时性。

第三,采用准动态单元构建方法对数例分析时,基于原有制造系统所得的最终构建结果有别于不考虑原有制造系统所得的方案,说明原有制造系统对后续单元构建方案有着重要的影响。

3.6　本章小结

本章在剖析了静态和动态单元构建方法的基础上,分别建立了两者的抽象函数,并归纳总结了这两种构建方法存在的问题,进而提出了准动态单元构建方法的概念及相应的抽象数学函数,在较为系统地剖析了三种构建方法的联系与区别之后,获得了表述三类构建方法的统一范式(抽象函数)。

通过对文献[91]中具体数例的详细分析,例证了在预测数据完全准确时,动态单元构建方法和准动态单元构建方法能够为企业获取最优的单元划分方案。但在多周期环境下,由于对未来信息预测会存在较大偏差,导致最终构建方案的失效,这是动态单元构建方法存在的不可避免的缺陷。而准动态单元构建方法采用阶段式构建方法对多周期单元构建问题进行分析,弥补了动态单元构建方法的缺陷,使得最终单元构建方案能够真正适应生产企业的需求。同时考虑原有制造系统获得的单元构建方案有别于不考虑原有制造系统获得的单元构建方案,说明原有制造系统对后续周期单元构建有着重要的影响。

第4章 基于相似系数的双资源单元构建问题的研究

　　单元制造主要包括三方面的内容：单元构建、单元布局以及单元调度。单元构建是单元制造的第一步，也是最为关键的一步。制造单元的合理构建为制造系统的模块化生产、生产系统的流程再造以及快速成组技术的广泛应用提供了基础，它是制造系统实现快速重组的核心细胞。如第二章所做的文献综述可知，目前对单元构建的方法有很多，主要包括相似系数法（文献[34~40]）、聚类分析（文献[41~69]）、数学规划法（文献[70~128]）、图论（文献[139~134]）等。

　　相似系数法是根据各种设备之间或者零件之间的相似性确定设备单元和零件族。相似系数值越高表示单元内零件需要单元外设备的可能性越小，符合单元构建减少物料搬运次数的基本要求。Simon[155]在单元划分时不仅考虑了设备与设备、零件与零件的相似性，还考虑了设备与零件之间的相似性，在计算各自的相似系数后，根据相似系数进行聚类分析，获得最终的设备单元和零件族。相似系数法由于其算法的方便简单一直受到学者的青睐，但是由于不能考虑单元尺寸、设备能力等因素，使其在单元构建问题的应用及发展中受到了一定的限制，而数学规划法正好弥补了这个缺陷。但是目前学者研究的单元制造系统越来越复杂，导致构建模型更加复杂，求解也更加困难。而在企业实际生产中，往往需要将复杂的问题简单化，简单考虑单元尺寸、物料搬运等一般性要求，因此本书提出以相似系数值最大为目标，结合考虑单元尺寸等一般性构建要求建立单元构建数学模型，既满足单元制造对物料搬运费用的要求，同时又能将复杂问题简单化，帮助企业快速构建单元。

　　单元制造系统是一个复杂系统，除机器设备外，人力资源对系统柔性、高效的运行也起着至关重要的作用。第二章中对双资源单元构建问题的研究进行了详细的阐述，可见，人员工作的安排一直受到学者和企业界的关注。目前对于人员任务的划分主要以培训费用、雇佣费用最低以及人员利用率最高为主要目标，在一定程度上增加了问题的复杂度。而工人与设备的相似系数越高则表示设备对某个工人的依赖性就越强，相对的表示工人对设备操作的技能水平会比较高。随着自动化水平不断提高，工人可以操作多台设备，而工人操作设备数越多,则所需的工人数就越少,可以在一定程度上降低企业的劳动成本。因此本章以工人与设备的相似系数最高以及所需人员最少为目标进行工人工作任务的安排。

4.1 双资源约束的单元构建数学模型

双资源约束的单元构建问题主要考虑设备和零件的单元划分以及工人的工作任务安排。鉴于以上分析,首先根据设备与零件之间的操作关系以 Simon 中的方法计算设备与设备、零件与零件以及设备与零件之间的相似系数,然后以单元内平均相似系数最大为目标构建设备单元以及零件族划分的数学模型,然后以设备单元划分为基础,同样依据 Simon 的方法获得设备与工人的相似系数,构建人员工作安排模型,以期获得最大的平均工人设备相似系数值以及最少的人员数。

为了更好地分析求解双资源约束下的单元构建问题,本研究模型作以下基本假设:

(1)零件与设备的关联矩阵是已知的。

(2)设备单元尺寸是已知的。

(3)单元划分数量是已知的。

(4)工人操作设备的情况是已知的。

4.2 设备单元及零件族划分模型(模型 1)

4.2.1 模型的参数及变量

1.模型的符号及参数

i,i' 代表零件,$i,i'=1,2,\cdots,P$,其中 P 表示零件的种类数;

j,j' 代表设备,$j,j'=1,2,\cdots,M$,其中 M 表示设备的种类数;

k 代表单元,$k=1,2,\cdots,C$,其中 C 表示单元数;

U 表示单元可以拥有的最多设备数;

L 表示单元可以拥有的最少设备数;

G 表示单元内归属最少零件数;

$a_{ij}=\begin{cases}1, & \text{表示零件 } i \text{ 需要在设备 } j \text{ 上操作}\\0, & \text{表示零件 } i \text{ 不需要在设备 } j \text{ 上操作}\end{cases}$;

$t_{hj}=\begin{cases}1, & \text{表示工人 } h \text{ 能操作设备 } j\\0, & \text{表示工人 } h \text{ 不能操作设备 } j\end{cases}$;

S_{ij} 表示零件 i 与设备 j 之间的相似系数；

$S1_{ii'}$ 表示零件 i 与零件 i' 之间的相似系数；

$S2_{jj'}$ 表示设备 j 与设备 j' 之间的相似系数。

2. 变量

$x_{ik}=1$ 表示零件 i 在单元 k 中，否则为 0；

$y_{jk}=1$ 表示设备 j 在单元 k 中，否则为 0。

4.2.2　设备单元及零件族划分模型

目标函数：

$$\max Z1 = \sum_{k=1}^{C} \left(\frac{\sum\limits_{i=1}^{P-1}\sum\limits_{i'=i+1}^{P} x_{ik}x_{i'k}S1_{ii'}}{\sum\limits_{i=1}^{P-1}\sum\limits_{i'=i+1}^{P} x_{ik}x_{i'k}} + \frac{\sum\limits_{j=1}^{M-1}\sum\limits_{j'=j+1}^{P} y_{jk}y_{j'k}S2_{jj'}}{\sum\limits_{j=1}^{M-1}\sum\limits_{j'=j+1}^{M} y_{jk}y_{j'k}} \right.$$
$$\left. + \frac{\sum\limits_{i=1}^{P}\sum\limits_{j=1}^{M} x_{ik}y_{jk}S_{ij}}{\sum\limits_{i=1}^{P}\sum\limits_{j=1}^{M} x_{ik}y_{jk}} \right) \tag{4-1}$$

其中：

$$S_{ij} = \frac{2a_{ij}}{\sum\limits_{q=1}^{M}a_{iq} + \sum\limits_{q=1}^{P}a_{qj}}, \qquad \forall i,j \tag{4-2}$$

$$S1_{ii'} = \frac{\sum\limits_{q=1}^{M}\min(a_{iq},a_{i'q})}{2\sum\limits_{q=1}^{M}\max(a_{iq},a_{i'q}) - \sum\limits_{q=1}^{M}\min(a_{iq},a_{i'q})}, \qquad \forall i,i' \tag{4-3}$$

$$S2_{jj'} = \frac{\sum\limits_{q=1}^{P}\min(a_{qj},a_{qj'})}{2\sum\limits_{q=1}^{P}\max(a_{qj},a_{qj'}) - \sum\limits_{q=1}^{P}\min(a_{qj},a_{qj'})}, \qquad \forall j,j' \tag{4-4}$$

约束条件：

$$\sum_{k=1}^{C} x_{ik} = 1, \qquad \forall i \tag{4-5}$$

$$\sum_{k=1}^{C} y_{jk} = 1, \qquad \forall j \tag{4-6}$$

$$\sum_{j=1}^{M} y_{jk} \geqslant L, \qquad \forall k \tag{4-7}$$

$$\sum_{j=1}^{M} y_{jk} \leqslant U, \qquad \forall k \tag{4-8}$$

$$\sum_{i=1}^{P} x_{ik} \geqslant G, \qquad \forall k \tag{4-9}$$

$$x_{ik}, y_{jk} = 0 \text{ or } 1, \qquad \forall i, j, k \tag{4-10}$$

上述模型中,式(4-1)表示设备单元与零件族划分的目标函数,期望获得单元相似系数之和为最大,其中式(4-2)表示零件与设备之间的相似系数;式(4-3)表示零件与零件之间的相似系数;式(4-4)表示设备与设备间的相似系数。

约束条件中,式(4-5)表示每种零件只能归属于一个单元;式(4-6)表示每种设备只能归属于一个单元;式(4-7)和式(4-8)表示单元的尺寸限制;式(4-9)表示每个单元必须包含的零件种类;式(4-10)表示变量为0~1型变量。

4.3 工人工作任务分配模型(模型2)

4.3.1 模型的参数及变量

1. 模型的符号及参数

h 代表人员,$h = 1, 2, \cdots, H$,其中 H 表示人数;

$$t_{hj} = \begin{cases} 1, & \text{表示工人 } h \text{ 能操作设备 } j \\ 0, & \text{表示工人 } h \text{ 不能操作设备 } j \end{cases};$$

$S3_{hj}$ 表示人员 h 与设备 j 的相似系数;

B 表示人员最多能操作的设备数量。

2. 变量

$w_{hk} = 1$ 表示工人 h 在单元 k 中,否则为 0;

$f_{hj} = 1$ 表示工人 h 操作设备 j,否则为 0。

4.3.2 工人工作任务分配模型

目标函数:

$$\max Z2 = \sum_{j=1}^{M} \sum_{h=1}^{H} f_{hj} S3_{hj} - \sum_{k=1}^{C} \sum_{h=1}^{H} w_{hk} \tag{4-11}$$

其中:

$$S3_{hj} = \frac{2t_{hj}}{\sum\limits_{q=1}^{M} t_{hq} + \sum\limits_{q=1}^{H} t_{qj}}, \qquad \forall h, j \tag{4-12}$$

约束条件:

$$\sum_{h=1}^{H} f_{hj} = 1, \qquad \forall j \tag{4-13}$$

$$f_{hj} \leqslant t_{hj}, \qquad \forall h,j \tag{4-14}$$

$$\sum_{j=1}^{M} f_{hj} \leqslant B, \qquad \forall h \tag{4-15}$$

$$\sum_{k=1}^{C} w_{hk} \leqslant 1, \qquad \forall h \tag{4-16}$$

$$w_{hk}, f_{hj} = 0 \text{ or } 1, \qquad \forall h,j,k \tag{4-17}$$

上述模型中目标函数由两部分组成：第一部分为所有单元平均相似系数之和，第二部分为所需的工人人数，因为第一部分求极大值而第二部分求最小值，因此将两部分统一的归结于式(4-11)。

约束条件中，式(4-13)表示每一种设备必须有一个工人对其进行操作；式(4-14)表示工人只能操作其能够操作的设备；式(4-15)表示每个工人操作的设备数量限制；式(4-16)表示如果某个人员被分配到某个单元，则这个工人必须操作某台设备，否则工人不被聘用；式(4-17)表示变量均为0~1变量。

4.4　模型线性化

很明显，模型1是非线性模型，为了方便问题的求解，本文将其转变为线性模型。设一个0~1变量 $Z = X_1 \times X_2 \times \cdots \times X_n$，其中 $X_1, X_2, \cdots, X_n$ 均为0~1变量，很明显，当且仅当所有的 $X_i(i=1,2,\cdots,n)$ 都为1时，变量 $Z = 1$，否则，$Z = 0$，同时考虑附加约束条件(4-18)，就可以由 Z 代替 $X_1, X_2, \cdots, X_n$。

$$Z \leqslant X_i, \qquad \forall i$$

$$Z \geqslant \sum_{i=1}^{n} X_i - (n-1) \tag{4-18}$$

鉴于以上分析，设：

$$x_{ii'k} = x_{ik} \times x_{i'k} \tag{4-19}$$

$$y_{jj'k} = y_{jk} \times y_{j'k} \tag{4-20}$$

$$z_{ijk} = x_{ik} \times y_{jk} \tag{4-21}$$

同时增加附加约束(4-22)~(4-30)，将模型1中的非线性条件转为线性条件。

$$x_{ii'k} \leqslant x_{ik} \tag{4-22}$$

$$x_{ii'k} \leqslant x_{i'k} \tag{4-23}$$

$$x_{ii'k} \geqslant x_{ik} + x_{i'k} - 1 \tag{4-24}$$

$$y_{jj'k} \leqslant y_{jk} \tag{4-25}$$

$$y_{jj'k} \leqslant y_{j'k} \tag{4-26}$$

$$y_{jj'k} \geqslant y_{jk} + y_{j'k} - 1 \tag{4-27}$$

$$z_{ijk} \leqslant x_{ik} \tag{4-28}$$

$$z_{ijk} \leqslant y_{jk} \tag{4-29}$$

$$z_{ijk} \geqslant x_{ik} + y_{jk} - 1 \tag{4-30}$$

则最终的模型 1 如式(4-31)所示：

$$\max Z1 = \sum_{k=1}^{C} \left\{ \frac{\displaystyle\sum_{i=1}^{P-1} \sum_{i'=i+1}^{P} x_{ik} x_{i'k} S1_{ii'}}{\displaystyle\sum_{i=1}^{P-1} \sum_{i'=i+1}^{P} x_{ik} x_{i'k}} + \frac{\displaystyle\sum_{j=1}^{M-1} \sum_{j'=j+1}^{P} y_{jk} y_{j'k} S2_{jj'}}{\displaystyle\sum_{j=1}^{M-1} \sum_{j'=j+1}^{M} y_{jk} y_{j'k}} \right.$$

$$\left. + \frac{\displaystyle\sum_{i=1}^{P} \sum_{j=1}^{M} x_{ik} y_{jk} S_{ij}}{\displaystyle\sum_{i=1}^{P} \sum_{j=1}^{M} x_{ik} y_{jk}} \right\}$$

约束条件：

$$\sum_{k=1}^{C} x_{ik} = 1, \qquad \forall i$$

$$\sum_{k=1}^{C} y_{jk} = 1, \qquad \forall j$$

$$\sum_{j=1}^{M} y_{jk} \geqslant L, \qquad \forall k$$

$$\sum_{j=1}^{M} y_{jk} \leqslant U, \qquad \forall k$$

$$\sum_{i=1}^{P} x_{ik} \geqslant G, \qquad \forall k$$

$$x_{ik}, y_{jk} = 0 \text{ or } 1, \qquad \forall i, j, k$$

$$x_{ii'k} \leqslant x_{ik}$$

$$x_{ii'k} \leqslant x_{i'k}$$

$$x_{ii'k} \geqslant x_{ik} + x_{i'k} - 1$$

$$y_{jj'k} \leqslant y_{jk}$$

$$y_{jj'k} \leqslant y_{j'k}$$

$$y_{jj'k} \geqslant y_{jk} + y_{j'k} - 1$$

$$z_{ijk} \leqslant x_{ik}$$

$$z_{ijk} \leqslant y_{jk}$$

$$z_{ijk} \geqslant x_{ik} + y_{jk} - 1$$

$$x_{ii'k}, y_{jj'k}, z_{ijk} = 0 \text{ or } 1, \qquad \forall i, i', j, j', k, i \neq i', \quad j \neq j' \tag{4-31}$$

4.5 算例分析

本部分内容主要是将上述的模型 1 和模型 2 应用于文献[30]中的算例,算例规模可如表 4-1 所示,表 4-2～表 4-6 为算例具体数值。本书应用 Lingo 软件进行编程求解(具体程序可见附录 1),其结果可见表 4-7～4-11,分别为 5 个算例的最终结果。表 4-12 总结了各案例中的单元设备与设备平均相似系数之和 SMM、单元零件与零件平均相似系数之和 SPP、单元设备与零件平均相似系数之和 SMP 和平均人员相似系数 SH、单元内中 0 元素的数量 Voids 和单元外 1 元素的数量 EEs。

从表 4-12 中可以看出,应用本书的模型可以在 Voids 和 EEs 方面获得比文献更好的结果,特别是当模型规模比较大时,模型结果的优势就更加明显了。此外,除了比较 Voids 和 EEs 两个重要指标外,本书较文献[156]有另外两大优势:其一是本书所得结果中,工人所操作的设备必须位于同一个单元,这在某种程度上限定了工人的工作范围,而在文献[156]中则允许工人在不同单元之间移动,当单元本身规模比较小时,如案例 1～案例 3,因为本身设备数量就比较少,工人在单元之间移动还是比较方便的,但是当设备数量、零件数量增加时,工人在单元之间的移动只会增加物料在操作过程中的等待时间。其二是本书提出的模型要求工人人数最少,这样可以减少企业的劳动成本开支,符合企业实际需求,而在文献中并没有考虑这一约束。

综上所述,本书在考虑设备单元和零件族尺寸的要求下,结合工人的工作要求进行工人—设备—零件单元划分获得的结果要优于文献[156]。

表 4-1　案例的规模

案　例	设备数	零件数	人　数	单元数
案例 1	4	4	4	2
案例 2	4	5	5	2
案例 3	5	6	5	2
案例 4	7	10	4	2
案例 5	7	10	6	3

表 4-2　案例 1　工人—设备—零件的关系矩阵

	P1	P2	P3	P4	H1	H2	H3	H4
M1	0	1	1	1	1	1	0	1
M2	1	0	1	0	1	1	1	1
M3	1	1	1	1	1	1	1	1
M4	1	0	1	0	0	1	0	0

表 4-3　案例 2　工人—设备—零件的关系矩阵

	P1	P2	P3	P4	P5	H1	H2	H3	H4	H5
M1	1	1	0	0	0	1	0	1	0	1
M2	0	0	0	1	0	0	1	0	1	0
M3	1	0	0	0	1	1	0	1	0	0
M4	0	0	1	0	1	0	0	1	0	1

表 4-4　案例 3　工人—设备—零件的关系矩阵

	P1	P2	P3	P4	P5	P6	H1	H2	H3	H4	H5
M1	1	1	0	0	0	1	0	1	0	1	0
M2	0	0	1	1	0	0	1	0	0	0	1
M3	1	0	0	0	1	1	0	0	0	1	0
M4	1	1	0	0	0	0	0	1	0	0	0
M5	0	0	0	0	0	0	1	0	1	0	1

表 4-5　案例 4　工人—设备—零件的关系矩阵

	P1	P2	P3	P4	P5	P6	P7	P8	P9	P10	H1	H2	H3	H4
M1	1	0	0	0	1	1	1	0	0	1	1	0	0	1
M2	0	1	0	1	0	0	1	0	1	0	0	0	1	0
M3	1	0	1	1	0	0	1	0	0	0	0	1	0	0
M4	0	1	1	1	1	1	0	0	0	0	1	1	1	0
M5	1	0	0	0	0	0	0	1	1	1	0	0	1	1
M6	1	0	1	0	0	1	0	1	0	0	1	1	0	0
M7	1	1	0	0	1	1	0	1	1	1	0	0	0	1

表 4-6　案例 5　工人—设备—零件的关系矩阵

	P1	P2	P3	P4	P5	P6	P7	P8	P9	P10	H1	H2	H3	H4	H5	H6
M1	0	1	0	0	0	0	1	1	0	0	0	1	0	0	1	0
M2	1	0	0	0	0	0	0	0	0	0	1	1	0	0	0	1
M3	0	0	1	0	0	0	0	0	1	0	0	0	1	1	0	0

	P1	P2	P3	P4	P5	P6	P7	P8	P9	P10	H1	H2	H3	H4	H5	H6
M4	0	0	1	1	0	0	0	0	0	0	0	0	1	0	0	0
M5	1	0	0	0	1	0	0	0	0	1	0	0	0	0	0	1
M6	0	1	0	0	0	1	0	0	0	0	0	1	0	0	0	0
M7	0	0	0	0	1	0	1	0	0	1	1	0	0	0	0	0

注：上述表格中的 M 表示设备，P 表示零件，H 表示人员。

表 4-7　案例 1　工人—设备—零件单元划分结果

	P1	P3	P2	P4	人员安排
M2	1	1	0	0	H2
M4	1	1	0	0	
M1	0	1	1	1	H4
M3	1	1	1	1	

注：表格中的 M 表示设备，P 表示零件，H 表示人员，后续表格中相同符号表示的含义相同。

表 4-8　案例 2　工人—设备—零件单元划分结果

	P1	P2	P4	P5	P3	人员安排
M1	1	1	0	0	0	H1
M2	0	0	1	0	0	H2
M3	1	0	0	1	0	H3
M4	0	0	0	1	1	

表 4-9　案例 3　工人—设备—零件单元划分结果

	P1	P2	P5	P6	P3	P4	人员安排
M1	1	1	0	1	0	0	H4
M3	1	0	1	1	0	0	
M4	1	1	1	0	0	0	H2
M2	0	0	0	0	1	1	H1
M5	0	0	0	0	1	0	

表 4-10　案例 4　工人—设备—零件单元划分结果

	P1	P5	P6	P8	P9	P10	P2	P3	P4	P7	人员
M1	1	1	1	0	0	1	0	0	0	1	H1
M6	1	0	1	1	0	0	0	1	0	0	
M5	1	0	0	1	1	1	0	0	0	0	H4
M7	1	1	1	1	1	1	1	0	0	0	
M2	0	0	0	0	1	0	1	0	1	1	H3
M4	0	1	1	0	0	0	1	1	1	0	
M3	1	0	0	0	0	0	0	1	1	1	H2

表 4-11　案例 5　工人—设备—零件单元划分结果

	P3	P4	P9	P2	P6	P7	P8	P1	P5	P10	人员安排
M3	1	0	1	0	0	0	0	0	0	0	H3
M4	1	1	0	0	0	0	0	0	0	0	
M1	0	0	0	1	0	1	1	0	0	0	H2
M6	0	0	0	1	1	1	0	0	0	0	
M2	0	0	0	0	0	0	0	1	0	1	H6
M5	0	0	0	0	0	0	0	1	1	1	
M7	0	0	0	0	0	1	0	0	1	1	H1

表 4-12　结果的汇总及比较分析

	文献[156]结果		本书所得结果						
	Voids	EEs	SMM	SPP	SMP	SH	人员数	Voids	EEs
案例 1	4	3	1.6	1.6	1.4666	0.639	2	0	3
案例 2	10	1	0.2	0.51	0.778	0.623	3	4	1
案例 3	14	4	0.666	0.383	0.738	0.91	3	4	0
案例 4	20	14	0.4278	0.511	0.368	0.7585	4	10	7
案例 5	19	6	0.6682	0.8218	1	0.604	4	7	1

4.6　本章小结

本章在前人的基础上,提出了基于相似系数的双资源约束单元构建模型。以单元设备与设备的平均相似系数之和、单元零件与零件的平均相似系数之和以及单元设备与零件的平均相似系数之和最大为主要目标构建设备—零件单元划分模型,然后在此基础上以人员与设备的平均相似系数最大及聘用人数最少为目标构建人员工作安排模型,并将模型应用于文献算例,获得较好的结果,证明提出的模型是切实可行的。

第5章 双资源约束下的单元构建问题的研究

单元构建问题是根据零件操作的路径、顺序、需求量等信息将不同的零件划分为零件族,同时把需要的机器设备划分为设备单元,使得零件所有的或绝大部分操作都能够在设备单元内进行,合理的单元构建能够减少生产准备时间,提高效率,同时降低生产过程中的搬运成本、工具使用成本、设备成本等。在过去 30 年里,该问题一直受到学术界和企业界的关注。但是制造系统中有四个元素:人员、设备、运作规则以及物料,在这四个元素中最基本的,也是最难控制的就是人员。成功实施单元制造系统,需要人员的积极配合[157]。因此在单元制造中必须考虑人的因素,单元制造的引进和实施已不仅仅是技术变革的问题,而是企业人力资源管理与先进技术相融合的过程[158]。

5.1 国外研究现状

随着单元制造问题研究的不断深入,从 20 世纪末,研究者开始逐步关注单元制造系统中人员的作用。第二章中已经详细概述了双资源单元构建问题的研究现状。Askin 和 Estrada[159] 在工业企业的调查中发现在执行单元制造时,工人的培训受到最大的关注。目前在设备单元划分和人力资源工作任务分配时,往往以设备单元的划分为主,在设备单元划分的基础上,即在满足物流搬运等基本条件的基础上来分析人力资源任务的分配,这在一定程度上限制了人力资源的最佳配置。从传统的车间生产转向单元制造方式给工作团队带来了新的文化。在建立单元时,具有操作技能的工人必须按照操作零件的要求进行组队,单元生产率不仅依赖于技术和管理技能,还包括团队成员间的有效相互作用。因为相互作用定量化比较困难,关于这方面的研究相对也比较少。Suresh 和 Slomp[160] 提出了多技能培训模型,并将团队形成和单元构建联系起来。Askin 和 Huang[161] 建立了混合整数目标规划模型来确定工人的任务分配以及训练过程,从而建立具有较高协同力的工作团队。作者以建立零件族的基础,根据现有工人的意动和能力以及每个单元的技能需求进行团队的组建。工人的意动和能力则采用 Kolbe Conative Index(简称 KCI)[162]指数来进行测量,包括个体的启蒙、适应以及抵抗。Fitzpatricka 和 Askin[163] 同样采用 KCI 指数来分析工人的意动和本能,并以此作为建立工作团队的基础。

虽然研究者已经关注单元构建中人的因素,但是对于人力资源任务的分配及培训都是基于已形成的设备单元进行的,并没有将两者进行统一考虑,缺乏对设备单元和人力资源任务分配之间的内在联系和冲突分析。在考虑单元团队组建时,关注团队人员的意动、管理能力等方面的测量,需要对操作人员进行大量的调查和分析才能获得较为准确的数据,但是随着工人流动性的不断增加,数据获得的难度也随之增加,阻碍了单元团队的有效构建。

5.2　人力资源要素对制造单元效率的影响分析

制造系统是一个复杂系统,除设备技术外,人力资源在其中起着不可替代的作用,设备功能的实现和调整必须依靠工作团队的有效配合。在目前看来人力资源在单元制造系统中的影响主要包括两大方面:

第一,人力资源的工作安排对于设备单元划分的影响。由于多技能员工的增加,一个员工可以操作多台设备,但是为了方便工人的工作以及设备的有效运转,被同一个员工操作的设备必须位于同一个单元。

第二,团队绩效问题。一个制造单元团队的多技能分布及相应的技术水平都将直接影响制造单元团队成员的工作热情和效率,进而影响制造单元的绩效,因此在组建员工工作团队时必须考虑每个制造单元的绩效。

5.3.1　人员与设备间的交互作用分析

虽然目前已经有很多学者在制造系统中已经考虑了设备资源和人力资源,但并没有将两者进行统一分析探讨,而是在设备单元构建完成的基础上来进行人力资源的工作分配。但是在单元生产中,零件在设备上的加工需要工人来完成,工人对设备的实际操作具有很强的影响。随着机械化水平的不断提高,一个员工可以同时操作多台设备,为了降低工人的劳动强度以及减少设备的等待时间,同一员工操作的不同设备必须位于同一个单元,这就使得在设备单元构建时必须同时考虑人员问题。不同人员操作不同设备的技能水平、质量水平等都存在一定的差异,而这些差异直接影响最终的效率和效益;如果把同一员工操作的不同设备位于同一个单元,那么就有可能引起零件在不同单元中进行加工,增加了搬运次数,这些相互矛盾的目标正是由人、设备和零件之间的内在联系所引起的。

为了更好地说明人员操作多台设备,而这些设备必须位于同一个单元这个因素对单元构建问题带来的影响,本章采用文献[122]中的数据进行分析。表 5-1～5-3 为文献[122]中的基础数据。表 5-4 是文献[122]中所得到的设备单元划分以及工人工作任务分配情况，其中 M 表示设备，P 表示零件，W 表示工人。

表 5-1　设备—零件操作关联矩阵

零　件	设　备			需求量
	1	2	3	
1	1	1	1	1550
2	1	1	0	600
3	1	1	1	500
4	0	1	1	300
设备台数	2	2	2	

表 5-2　设备—人员操作关联矩阵

人　员	设　备		
	1	2	3
1	1	0	1
2	1	0	0
3	0	1	1
4	0	1	0

表 5-3　设备—零件—人员操作时间矩阵　　　　　（单位：小时）

设备	零件 1				零件 2				零件 3				零件 4			
	W1	W2	W3	W4	W1	W2	W3	W4	W1	W2	W3	W4	W1	W2	W3	W4
1	0.04	0.02			0.04	0.01			0.02	0.03						
2			0.02	0.03			0.04	0.03							0.03	0.02
3	0.01		0.02						0.01		0.02		0.03		0.04	

注：表中数据表示操作时间。

表 5-4　文献[122]结果

	设 备	单元 1			单元 2	设备负荷	负荷偏差
		零 件					
		P2	P3	P4	P1		
单元 1	M1	0.01(W2)	0.02(W1)			16	
单元 1	M2	0.03(W4)		0.02(W4)		24	12
	M3		0.01(W1)	0.03(W1)		14	
单元 2	M1				0.02(W2)	30	
单元 2	M2				0.02(W3)	30	0
	M3				0.02(W3)	30	
需求量		600	500	300	1500	144	

注:表中数据 0.01(W2)中,0.01 表示单位操作时间,W2 表示操作者。

从表 5-4 可以看出,第二个工人同时在第一个单元和第二个单元进行操作,设备负荷偏差为 12,总操作时间仅为 144。

表 5-5　考虑设备人员交叉性因素的结果

	设 备	单元 1		单元 2		设备负荷	负荷偏差
		零 件					
		P4	P1	P2	P3		
单元 1	M2	0.03(W3)				9	3
单元 1	M3	0.04(W3)				12	
单元 2	M1		0.02(W2)			30	
单元 2	M1			0.01(W2)	0.02(W1)	16	
单元 2	M2		0.03(W4)			45	37
	M3		0.01(W1)	0.03(W4)	0.01(W1)	38	
需求量		300	1500	600	500	150	

注:表中数据解释如表 5-4 所示。

但是如果我们考虑同一个员工操作的设备必须位于同一个单元,则可以获得如表 5-5 所示结果。此时在第一单元中仅由 W3 在 M2 和 M3 上操作 P4 产品,而 W1,W2 和 W4 则都分配到第二单元进行操作,此时的设备总操作时间为 150,而设备负荷偏差为 40。

比较表 5-4 和表 5-5,由于考虑了同一个人操作的设备必须位于同一个单元,使得设备操作的总时间增加了 6 个单位,而负荷的均衡性则增加了 28 个单位,可以看出该因素对于单元构建中设备单元的划分具有较大的影响。而在生产实际中,如果两个单元相距较远,操作工在不同单元间来回工作,大大提高了劳动者的劳动强度,这不符合生产过程中以人为本的思想,因此本书希望在后续的单元构建问题的分析中考虑这个因素所带来的影响,从而构建统一的设备、人员和零件单元构建数学模型。

5.2.2 团队绩效分析

根据工作团队理论可知,团队是通过其成员的共同努力而产生积极的协同作用,其团队成员努力的结果使团队的绩效水平大于个体成员绩效的总和。文献[164-170]关于工人技能和专业技术性对团队绩效的影响进行了广泛的研究,并且认为在功能柔性不断提升的时候,团队绩效能够得到提升。目前已有研究者考虑将团队绩效问题引入单元构建中,并进行定量分析。如文献[161]和[163]都采用 KCI 指标中的意动和本能作为单元构建团队绩效的基础,但是启蒙、适应以及抵抗这些基础数据需要进行大量的调查和统计分析才能获得较为精准的结果,同时随着环境的不断变化,劳动力团队不稳定性的加剧,使得这些基础数据的获得变得更加困难和高成本。Molleman 和 Slomp[171]在前人研究的基础上提出了工人工作团队绩效的概念模型,如图 5-1 所示。此概念模型主要分析三大劳动力系统特征在两个运作条件下带来的团队绩效。

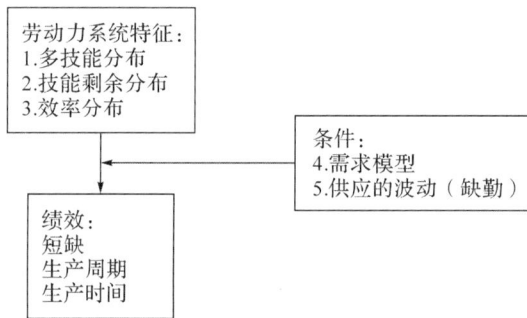

图 5-1　工人工作团队绩效概念模型

其中,第一大特征是劳动力的多技能分布,对劳动力的多技能分布主要有两种情况,其一是每个工人掌握的多技能是相同的,其二为一些工人掌握更多的技能。第二个特征是技能剩余分布。如果每个任务的技能剩余是相同的,则每个任务可以由相同的工人数来完成。另外一种情况是,一些任务能够被更多的人来操作,那就要考虑,团队系统的绩效是否依赖于多技能剩余分布。第三个特征是团队系统,主要是工人的效率问题,分析工人之间的效率分布对绩效的影响。而两大运作条件分别指的是需求模式和劳动力缺勤。经过实证研究表明员工的技能均匀分布在任何运作条件下都能够获得最低的生产周期和较低的生产时间。

因此本书将采用 Molleman 和 Slomp 得出的结论,即员工的技能均匀分布在任何运作条件下都能获得最低的生产周期和较低的生产时间来构建制造单元的员工团队,从而获得较高的效率。

5.3　双资源单元构建问题建模

基于 5.2 中对人员因素的详细分析,可以总结出单元构建中人员对效率的影响主要包括以下两个方面:

第一,操作人员对设备单元划分的影响。同一个员工操作的设备必须位于同一个单元,限制了设备的单元划分,进而影响物料的搬运次数距离。

第二,工人团队的建立对制造单元绩效的影响。根据 Molleman 和 Slomp 得出的结论,考虑在人员单元中每个人员技能分布的均衡性问题,包括技能等级的均衡性以及多技能分布的均衡性。

本节考虑的单元构建模型目标包括两大类:一类是关于设备和物流方面的,另一类则是人员目标。

第一,根据第二章对单元构建问题的文献综述可以发现,在单元构建中主要考虑的设备及物流目标包括物料的搬运以及设备的负荷等。因此结合人的因素以及前人的研究,本模型考虑的关于物料和设备的目标主要包括两大方面:一是物料在单元间搬运的频次;二是单元内设备负荷的均衡性。

第二,基于 5.2 的分析,在人员目标方面考虑制造单元绩效问题,也就是考虑员工多技能分布以及多技能等级的最小偏差,以及工人的工资成本。

5.3.1　模型的基本假设及参数变量设置

1. 模型的基本假设

为了更好地说明双资源限制的单元构建问题,本模型考虑以下假设:

(1)每种零件有多条生产路径,并且每条生产路径所需的设备是已知的,每种零件只能选择一条操作路径进行操作。

(2)每种零件的需求批量是已知的。

(3)每个员工操作设备的技能种类以及等级是已知的。

(4)每种设备的台数是已知的,且每台设备的工作时间已知。

(5)划分的单元数是已知的,并且每个单元受到尺寸的限制。

(6)不考虑设备的故障。

2.模型的参数及变量设置

(1)参数

i 表示零件,$i=1,2,\cdots,P$,其中 P 表示零件的种类数;

j 表示设备,$j=1,2,\cdots,M$,其中 M 表示设备的种类数;

n_j 表示设备 j 的总台数;

d_j 表示设备 j 的第 d 台机器;

r 表示路径,$r=1,2,\cdots,R_i$,其中 R_i 表示零件 i 的路径数;

h 表示工人,$h=1,2,\cdots,H$,其中 H 表示工人人数;

k 表示单元,$k=1,2,\cdots,K$,其中 K 表示单元数;

$W_{ijr}=1$ 表示零件 i 在路径 r 下需要设备 j,否则为 0;

t_{irj} 表示零件 i 在路径 r 下需要设备 j 的生产时间;

W_j 表示设备 j 的操作能力;

y_{hij} 表示在工人 h 在设备 j 上操作零件 i 的等级;

$yy_{hij}=1$ 表示工人 h 能够在设备 j 上操作零件 i,反之则为 0;

CMH_i 表示零件 i 的搬运成本;

CV 单元设备负荷偏差的单位成本;

CS 工人多技能分布偏差的单位成本;

CSL 工人多技能等级偏差的单位成本;

CH 表示工人的工资;

D_i 表示零件 i 的需求批量;

U 表示每个单元最多放置的设备数;

L 表示每个单元最少放置的设备数;

G 表示每个员工最多能操作的机器数;

$$A_j=\begin{cases}1, & \text{设备 } j \text{ 可以与别的设备一起被一个人操作}\\ G, & \text{设备 } j \text{ 不能与别的设备一起被一个人操作}\end{cases};$$

LH 机器操作技能的最高等级;

B 表示无穷大的数。

(2)变量

$x_{irk}=1$ 表示零件 i 选择路径 r 在单元 k 中进行操作,反之则为 0;

$x_{jdjk}=1$ 表示设备 j 的第 d 台在单元 k 中,反之则为 0;

$x_{irjdj}=1$ 表示零件 i 在路径 r 使用设备 j 的第 d 台,反之则为 0;

$x_{hjdj}=1$ 表示工人 h 操作设备 j 的第 d 台,反之则为 0;

$x_{hk}=1$ 表示工人 h 在单元 k 中进行工作,反之则为 0。

5.3.2　数学模型

目标函数:

$$\min Z_1 = \lambda_1 C_1 + \lambda_2 C_2 + \lambda_3 C_3 + \lambda_4 C_4 + \lambda_5 C_5 \tag{5-1}$$

$$C_1 = \sum_{i=1}^{P} \sum_{j=1}^{M} \sum_{d_j=1}^{n_j} \sum_{r=1}^{R_i} W_{ijr} \sum_{k=1}^{K} | x_{jdjk} \times x_{irjdj} - x_{irk} | \times D_i/2 \times CMH_i$$

$$\tag{5-2}$$

$$C_2 = \sum_{k=1}^{K} \sum_{j=1}^{M} \sum_{d_j=1}^{n_j} | (MT(k,j,d_j) - \overline{M}(k)) | \times CV \tag{5-3}$$

$$\overline{M}(k) = \frac{\sum_{j=1}^{M} \sum_{d_j=1}^{n_j} (MT(k,j,d_j))}{\sum_{j=1}^{M} \sum_{d_j=1}^{n_j} x_{jdjk}}, \qquad \forall k$$

$$MT(k,j,d_j) = \sum_{i=1}^{P} \sum_{r=1}^{R_i} x_{irk} \times D_i \times t_{irj} \times x_{irjdj} \times x_{jdjk}, \qquad \forall k,j,d_j$$

其中：

$\overline{M}(k)$ 表示单元 k 中设备的平均负荷；

$MT(k,j,d_j)$ 表示单元 k 的设备 j 的第 d 台的设备运转时间。

$$C_3 = \sum_{k=1}^{K} \sum_{h=1}^{H} | (SH(k,h) - \overline{H}(k)) | \times CS \tag{5-4}$$

其中：

$$\overline{H}(k) = \frac{\sum_{h=1}^{H} SH(k,h)}{\sum_{h=1}^{H} x_{hk}}, \qquad \forall k$$

$$SH(k,h) = \sum_{i=1}^{P} \sum_{j=1}^{M} \sum_{d_j=1}^{n_j} yy_{hij} \times x_{hk} \times x_{jdjk}, \qquad \forall k,h$$

$\overline{H}(k)$ 表示单元 k 中工人掌握多技能的平均数量；

$SH(k,h)$ 表示单元 k 的员工 h 能够操作单元 k 的设备数量。

$$C_4 = \sum_{k=1}^{K} \sum_{h=1}^{H} | (SLH(k,h) - \overline{LH}(k)) | \times CSL \tag{5-5}$$

其中：

$$\overline{LH}(k) = \frac{\sum_{h=1}^{H} SH(k,h)}{\sum_{h=1}^{H} x_{hk}}, \qquad \forall k$$

$$SLH(k,h) = \sum_{i=1}^{P} \sum_{j=1}^{M} \sum_{d_j=1}^{n_j} y_{hij} \times x_{hk} \times x_{jdjk}, \qquad \forall k,h$$

$\overline{LH}(k)$ 表示单元 k 中工人操作设备的平均技能等级值；

$SLH(k,h)$ 表示单元 k 的员工 h 操作单元 k 中设备的平均技能等级值。

$$C_5 = \sum_{k=1}^{K} \sum_{h=1}^{H} x_{hk} \times CH \tag{5-6}$$

约束条件：

$$\sum_{k=1}^{K} \sum_{r=1}^{R_i} x_{irk} = 1, \qquad \forall i \tag{5-7}$$

$$\sum_{k=1}^{K} x_{jdjk} = 1, \qquad \forall j, d_j \tag{5-8}$$

$$\sum_{j=1}^{M} \sum_{d_j=1}^{n_j} x_{jdjk} \geqslant L, \qquad \forall k \tag{5-9}$$

$$\sum_{j=1}^{M} \sum_{d_j=1}^{n_j} x_{jdjk} \leqslant U, \qquad \forall k \tag{5-10}$$

$$\sum_{h=1}^{H} x_{hjdj} = 1, \qquad \forall j, d_j \tag{5-11}$$

$$\sum_{j=1}^{M} \sum_{d_j=1}^{n_j} A_j x_{hjdj} \leqslant G, \qquad \forall h \tag{5-12}$$

$$x_{hjdj} \times x_{hk} = x_{jdjk}, \qquad \forall h, k, j, d_j \tag{5-13}$$

$$\sum_{d_j=1}^{n_j} x_{irjdj} = x_{irk} \times W_{ijr}, \qquad \forall i, j, r, k \tag{5-14}$$

$$x_{irjdj} \times x_{hjdj} \leqslant B \times yy_{hij}, \qquad \forall h, i, r, j, d_j \tag{5-15}$$

$$\sum_{i=1}^{P} \sum_{r=1}^{R_i} \sum_{k=1}^{K} x_{irk} \times t_{irj} \times x_{ijdj} \leqslant W_j, \qquad \forall j, d_j \tag{5-16}$$

$$\sum_{k=1}^{K} x_{hk} \leqslant 1, \qquad \forall h \tag{5-17}$$

$$\sum_{j=1}^{M} \sum_{d_j=1}^{n_j} x_{hjdj} \leqslant B \times \sum_{k=1}^{K} x_{hk}, \qquad \forall h \tag{5-18}$$

$$x_{irk}, x_{jdjk}, x_{irjdj}, x_{hjdj}, x_{hk} = 0 \text{ or } 1, \qquad \forall i, r, k, j, d_j, h \tag{5-19}$$

模型的目标函数包括五部分：每个目标在目标函数中的权重比例可以根据企业的实际情况加以确定。第一个目标为物料的移动成本，如式(5-2)所示；第二个目标为设备负荷偏差成本，如式(5-3)所示；第三个目标为单元内工人的多技能分布的偏差成本，如式(5-4)所示；第四个目标为单元内容工人技能水平等级的偏差成本，如式(5-5)所示；第五个目标为工人的工资，如式(5-6)所示。

约束条件中，式(5-7)表示每种零件只能选择一种操作路径进行生产；式

(5-8)表示每台设备只能位于一个单元;式(5-9)和式(5-10)分别表示单元内放置的最少和最多的设备数;式(5-11)表示每台设备必须有一个人进行操作;式(5-12)表示每个工人操作设备的数量不能大于规定的数量,且对于只能一对一操作的设备来说,工人必须满足该要求;式(5-13)表示同一工人操作的设备必须位于同一单元;式(5-14)表示每种零件的每条路径操作必选且只能选择同种设备的一台进行操作;式(5-15)表示工人操作的设备必须是其能够操作的;式(5-16)表示所有零件加工的时间不能超过操作设备的能力负荷;;式(5-17)表示每个员工最多只能位于一个单元;式(5-18)表示只有工人进行设备操作才将其分配到单元,否则不分配工人的工作单元;式(5-19)表示变量均为 0～1变量。

可以看出,上述模型是一个典型的 NP 难问题,而且随着零件、设备、操作路径、生产单元数量的增多,计算和求解过程将变得更为复杂。如假设有 13 个工人来操作 14 种设备,每种设备数为 1～2 台,共需要生产 12 种零件,每种零件有可选择的 2 条路径,根据场地需求共划分 4 个单元,则共有 1000 多个变量,用一般的方法计算比较困难,因此本章提出了基于精英保留策略的遗传算法来进行求解。

5.4   基于遗传算法的模型求解

5.4.1   遗传算法概述

1.遗传算法的基本描述

遗传算法(Genetic Algorithm)是一类借鉴生物界的进化规律(适者生存,优胜劣汰遗传机制)演化而来的随机化搜索方法。它是由美国的 J. Holland教授于 1975 年首先提出,其主要特点是直接对结构对象进行操作,不存在求导和函数连续性的限定;具有内在的隐式并行性和更好的全局寻优能力;采用概率化的寻优方法,能自动获取和指导优化的搜索空间,自适应地调整搜索方向,不需要确定的规则。遗传算法的这些性质,已被人们广泛地应用于组合优化、机器学习、信号处理、自适应控制和人工生命等领域[172]。它是现代有关智能计算中的关键技术。遗传算法主要包括以下几个步骤。

(1)编码

遗传算法不能直接处理问题空间的参数,必须把它们转换成遗传空间的由基因按一定结构组成的染色体或个体。这一转换操作就叫作编码,也可以称作问题的表示(representation)。

编码方法主要有三种[153],包括直接编码法、参数化编码法和繁衍生长法。

（2）初始化

设置进化代数计数器 $t=0$，设置最大进化代数 T，随机生成 N 个个体作为初始群体 $P(0)$。

（3）计算适应度值

适应度函数用来表明个体或解的优劣。一般而言，适应度函数是由目标函数转换而来的。适应度函数一般有以下三种[173]。

①直接将目标函数转化为适应度函数，即

目标函数为最大化问题时，适应度表达式为：

$$Fit(f(x)) = f(x) \tag{5-20}$$

目标函数为最小化问题时，适应度表达式为：

$$Fit(f(x)) = -f(x) \tag{5-21}$$

这种适应度函数表示方法比较简单且直观，但存在两个问题：第一是如果采用"轮盘赌"方式进行个体选择时，可能出现选择概率为负的情况；第二是由于函数值分布的不均衡，降低了平均适应度体现整个种群的性能，最终影响算法的效果。

②当目标函数为最小问题时，适应度表达式为：

$$Fit(f(x)) = \begin{cases} c_{\max} - f(x), & f(x) < c_{\max} \\ 0, & 其他 \end{cases} \tag{5-22}$$

式中：$c_{\max}$ 为 $f(x)$ 的最大估计值。

若目标函数为最大问题，适应度表达式为：

$$Fit(f(x)) = \begin{cases} f(x) - c_{\min}, & f(x) > c_{\min} \\ 0, & 其他 \end{cases} \tag{5-23}$$

式中：$c_{\min}$ 为 $f(x)$ 的最小估计值，这种方法是对第一种方法的改进，可以称为"界限构造法"，但有时也可能由于界限估计的困难导致问题的不精确。

③当目标函数为最小问题时，适应度表达式为：

$$Fit(f(x)) = \frac{1}{1+c+f(x)} \qquad c \geqslant 0, c+f(x) \geqslant 0 \tag{5-24}$$

当目标函数为最大问题时，适应度表达式为：

$$Fit(f(x)) = \frac{1}{1+c-f(x)} \qquad c \geqslant 0, c+f(x) \geqslant 0 \tag{5-25}$$

这种方法与第二种方法类似，c 为目标函数界限的保守估计值。

（4）选择与遗传

通过选择算子、交叉算子和变异算子进行选择与遗传[173,175]。

①选择。从种群中选择适应度值优胜的个体，淘汰劣质个体的操作叫选择。选择算子有时又称为再生算子（Reproduction Operator）。选择的目的是

把优胜的个体直接遗传到下一代或通过配对交叉变异产生新的个体再遗传到下一代。选择操作是根据个体适应度值的优劣来进行操作的,常用的选择方法有轮盘赌选择(Roulette Wheel Selection)、局部选择(Local Selection)、截断选择(Truncation Selection)、随机遍历抽样(Stochastic Universal Sampling)、锦标赛选择(Tournament Selection)等[173]。

②交叉,又可称为重组,是遗传算法中的核心部分。交叉是指把父母代的部分基因进行替换重组生成新个体的操作。通过交叉,可以提高遗传算法的搜索能力。

交叉过程主要是按照事先设定的交叉率将种群中的两个个体随机地交换某些基因,产生新的基因组合,进而期望能将有益基因组合在一起。交叉运算一般包括两方面内容:交叉概率的设定和交叉运算方式的选择。

第一,交叉率的设定。交叉率主要用来决定父代中实际进行染色体交叉运作的数量。交叉率的设定范围一般为 0.8~1.0。

第二,交叉运算方式。遗传算法中常见的交叉方式有单点交叉和多点交叉。

单点交叉,即根据设定的交叉率随机选择某个交叉点,然后将两个父代在交叉点之后的基因进行互换,从而形成两个新的子代个体,具体如图 5-2 所示。

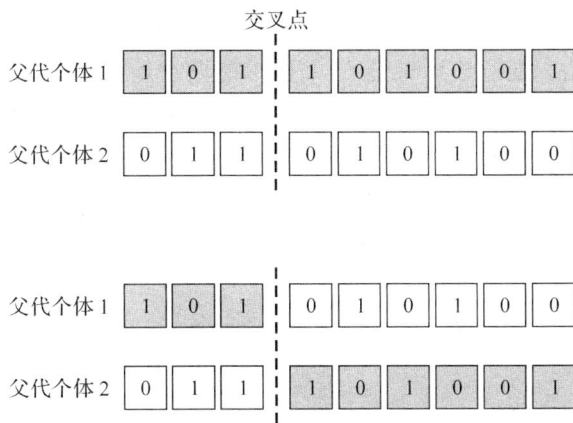

图 5-2 单点交叉操作

多点交叉是选择多个交叉点进行父代基因交换的过程,假设有 m 个不重复的交叉位置,则将第一和第二个交叉点,第三和第四个交叉点,…,第 i 个和第 $i+1$ 个交叉点,第 $i+2$ 和第 $i+3$ 个交叉点,…,第 $m-1$ 和第 m 个交叉点间的基因在两个父代间进行交换,产生两个新的后代。

考虑如图 5-3 所示的两个 10 位变量的父代个体。

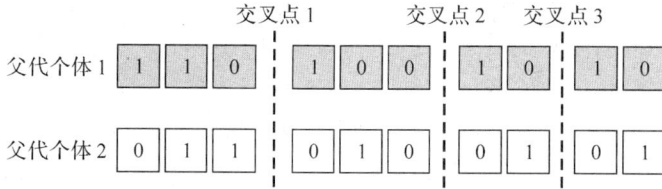

图 5-3　含有 10 个基因位的父代个体

交叉点位置分别为:3　6　8。

交叉后产生两个新个体,如图 5-4 所示。

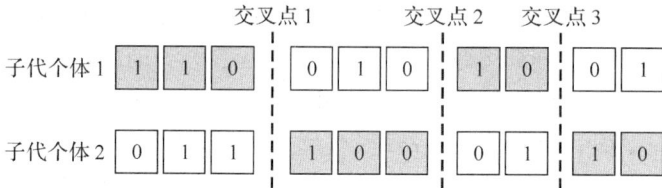

图 5-4　多点交叉操作产生的子代个体

③变异。变异是指改变个体染色体编码串中的某些基因座上的基因值,它可以是自身基因值的随机改变,也可以和其他基因座位置的值进行交换,形成一个新的个体。遗传算法采用变异过程的目的有两个:一是增加遗传算法局部随机搜索的能力。通过选择和交叉,个体可能已接近最优解邻域时,利用变异算子可以加快个体向最优解收敛的过程。当然,为了保证最优解的积木块不被变异破坏掉,变异概率一般取值较小。二是保持遗传算法种群的多样性,以防止出现未成熟收敛现象,此时收敛概率应取较大值。

遗传算法中,交叉算子因其全局搜索能力而作为主要算子,变异算子因其局部搜索能力而作为辅助算子。遗传算法通过交叉和变异这对相互配合又相互竞争的操作而使其具备兼顾全局和局部的均衡搜索能力。如何有效地配合使用交叉和变异操作,是目前遗传算法的一个重要研究内容。变异率的选取一般会结合考虑种群规模、染色体长度等因素,通常选取很小的值:0.001～0.1。

(5)终止

当运算达到最大迭代次数,或最优个体的适应度值在一定循环周期内不再上升,或者最优个体已达到给定的阀值时,算法终止。

(6)解码

解码是对遗传型到表现型的映射,通过解码获得实际问题的解决方案。

遗传算法的一般流程图如图 5-5 所示。

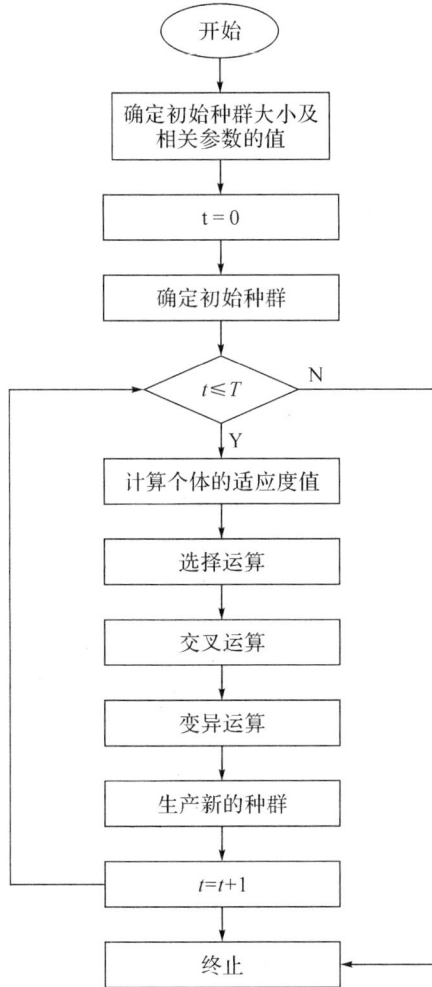

图 5-5 遗传算法的一般流程

2.遗传算法的特点

第一,遗传算法从问题解的串集开始搜索,而不是从单个解开始。这是遗传算法与传统优化算法的极大区别。传统优化算法是从单个初始值迭代求最优解的,容易误入局部最优解。遗传算法从串集开始搜索,覆盖面大,利于全局择优。

第二,许多传统搜索算法都是单点搜索算法,容易陷入局部最优解。遗传算法同时处理群体中的多个个体,即对搜索空间中的多个解进行评估,减少了陷入局部最优解的风险,同时算法本身易于实现并行化。

第三,遗传算法基本上不用搜索空间的知识或其他辅助信息,而仅用适应度函数值来评估个体,在此基础上进行遗传操作。适应度函数不仅不受连续可微的约束,而且其定义域可以任意设定。这一特点使得遗传算法的应用范围大大扩展。

第四,遗传算法与以往采用确定性规则不同,通过采用概率变迁规则来引导算法的搜索方向。

第五,遗传算法具有自组织、自适应和自学习性的特点。在组织搜索时,遗传算法利用进化过程的信息,如染色体的适应度值等确定搜索方向,一般适应度大的个体具有较高的生存概率,并获得更适应环境的基因结构。

3.遗传算法的改进

为了提高遗传算法的收敛速度和获得更好的解,很多学者提出如何改进遗传算法。

(1)编码的改进

标准的遗传算法采用二进制编码,其特点是简单稳定。但是随着遗传算法应用的翻译日益广泛,二进制编码不能很好地反映问题的固有结构,空间效率不高,因此近年来很多学者纷纷提出了格雷码编码、动态编码等各种编码方式以适应问题的多样性。

杨启文[176]提出了隐式编码,使得算法的收敛速度提高了 $6 \sim 50$ 倍。而张文志[177]随后提出的动态编码和小生境遗传算法,很好地解决了编码尺寸和复杂度的困难。为了克服二进制编码在连续函数离散化时存在的不足,人们提出用格雷码进行编码的方法,它是二进制编码的变形[158]。假设有一个二进制编码为 $X = (x_m, x_{m-1}, \cdots, x_2, x_1)$,其对应的格雷码为 $Y = (y_m, y_{m-1}, \cdots, y_2, y_1)$,则可以得到:

$$\begin{cases} y_m = x_m \\ y_i = x_{i+1} \oplus x_i \quad i = 1, 2, \cdots, m-1 \end{cases} \tag{5-26}$$

格雷码除了具有二进制编码的优点外,还能够有效提高遗传算法的局部搜索能力。

除了采用格雷码外,还可以根据求解问题的实际情况采用十进制编码或符号编码。

(2)适应度及遗传算子的改进

在遗传算法中,适应度是描述个体性能的主要指标,根据适应度的大小对个体优胜劣汰。目前对于适应度函数的研究相对较少。李乃成[179]提出了具有对偶适应度函数的遗传算法,该算法提供了一个阈值,利用专门设计的对偶适应度函数的函数值辨别全局最优集和局部最优集。然后,利用这些信息设置合适的变异概率从而实现了遗传算法控制参数的自适应化。

Potts[180]等人概括了 23 种选择方法,其中应用比较多的有轮盘赌选择法、局部选择法、竞争法、排序选择法,等等。谢胜利[181]提出了使用浓度控制的选择策略,从而保证群体的多样性而避免早熟现象。谢晓锋[182]对父代选择策略提出了改进措施。

4.遗传算法在单元构建中的应用

由于遗传算法具有很好的整体搜索策略和优化搜索方法,同时在计算过程中可以不依赖梯度信息以及其他辅助知识,在搜索过程中仅改变了适应度函数,所以其提供了求解复杂系统问题的通用框架,可以适应于各种领域,对问题的种类具有很强的鲁棒性,目前已经广泛应用在许多科学,其中也包括单元构建问题。

Venugopal 是第一个将 GA 应用于单元构建问题的研究者[146],1996 年 Joines[183]等人将改进的遗传算法用于处理单元构建中。1999 年,Moon 和 Kim[184]对机器单元构建提出用遗传算法来解决其整数规划模型,使在同一个单元内机器之间的加工零部件流最大化。Mak[185]提出了自适应性遗传算法来求解最优的单元构建问题,其目的是形成零件—机器矩阵,对零件和机器进行聚类分析。该方法可以在遗传搜索中对遗传参数进行调整。Solimanpur[186]提出采用多适应度的 GA 求解单元构建的多目标整数规划模型该问题。作者所提出的 GA 方法有两个特点:①基于设计技术的系统一致性;②解的搜索空间是多个方向的而不是一个方向,结果证明改进方法是有效的。Wu[187]提出了分层 GA 同时形成制造单元和决定制造单元的布局。这个算法的主要特征是改进分层体结构对两个相互联系的适应度函数以及一组变异操作来提高变异的可能性,从算法结果可以看出算法是有效的。

5.4.2　算法设计

针对 5.3 中提出模型的复杂性,本节采用遗传算法进行问题的求解,在算法中根据不同变量进行染色体的编写,同时算法采用惩罚技术、自适应以及精英选择策略。

1.染色体编码及其初始化

模型中共包括 x_{irk},x_{jdjk},x_{irjdj},x_{hjdj},x_{hk} 五类变量,而针对这些变量设计的染色体总共分为三部分。第一部分主要针对变量 x_{irk},x_{hk} 设计为一维的染色体,其中变量 x_{irk} 分成两个小变量:一个为 x_{ir},表示零件选择的操作路径;另一个为 x_{ik} 表示零件位于的单元。因此第一部分的染色体包含了零件操作路径、零件单元分配以及人员单元分配这三部分信息。第二部分和第三部分均为二维的染色体,第二部分针对变量 x_{hjdj},表示人员操作设备的信息;第三部分针对变量 x_{irjdj},表示零件使用设备的情况,具体如图 5-6 所示。图 5-6 中,$R_1 = 2$,

表示第一种零件采用第二条操作路径,同理 $K_1 = 3$ 表示第一种零件在第三个单元进行操作,而 $M_{11} = 3$ 表示第一种设备的第一台由第三个操作人员进行操作。$M_{13} = 0$,则表示不存在该台设备,从而可以满足不同种类的设备可以拥有不同的设备数。$P_{11} = 2$ 表示第一种零件在第一种设备的第二台设备上进行操作,而 $P_{13} = 0$ 表示第一种产品生产不需要第三种设备。

而对于变量 x_{jdjk},由于其与 x_{hjdj},x_{hk} 之间存在一定的关联,根据约束条件(5-13),同一个员工操作的设备必须位于同一个单元,因此可以在进行基因编码的时候先不加以考虑,而是在确定人员单元分配以及人员操作机器分配后由这两个基因共同确定机器单元分配。如图 5-6 实例所示,第一种设备的第一台由第三个操作人员操作,而第三个操作人员位于第三个单元,因此该台设备也位于第三个单元,同样由第三个人员操作的第二种设备的第二台也位于第三个单元,从而满足约束条件(5-13)。

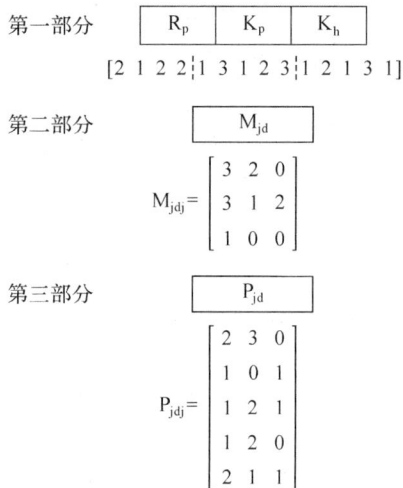

第一部分　　　　| R_p | K_p | K_h |

$$[2\ 1\ 2\ 2\ |\ 1\ 3\ 1\ 2\ 3\ |\ 1\ 2\ 1\ 3\ 1]$$

第二部分　　　　　　　| M_{jd} |

$$M_{jdj} = \begin{bmatrix} 3 & 2 & 0 \\ 3 & 1 & 2 \\ 1 & 0 & 0 \end{bmatrix}$$

第三部分　　　　　　　| P_{jd} |

$$P_{jdj} = \begin{bmatrix} 2 & 3 & 0 \\ 1 & 0 & 1 \\ 1 & 2 & 1 \\ 1 & 2 & 0 \\ 2 & 1 & 1 \end{bmatrix}$$

图 5-6　染色体编码结构图及实例

根据以上染色体的编码可以满足除约束条件(5-9)、(5-10)、(5-12)、(5-16)以外的所有约束。

2. 目标约束的调整

针对染色体编码时不能满足约束条件的个体则采用惩罚技术,通过对三个目标约束分别进行惩罚,来满足约束条件(5-9)、(5-10)、(5-12)、(5-16)。其经过惩罚的目标约束为(5-27)~(5-29)。其中 w_1,w_2 分别表示单元内设备数过多或不足的惩罚系数;w_3 表示能力不足的惩罚系数;而 w_4 表示工人操作设备数过多的惩罚系数。

$$C_1' = \frac{\sum\limits_{i=1}^{P}\sum\limits_{j=1}^{M}\sum\limits_{d_j=1}^{n_j}\sum\limits_{r=1}^{R_i} W_{ijr} \sum\limits_{k=1}^{K} |x_{jdjk} \times x_{ijdj} - x_{irk}|}{2} \times D_i$$

$$+ \sum_{k=1}^{K}(w_1 \times \max(0, \sum_{j=1}^{M}\sum_{d_j=1}^{n_j} x_{jdjk} - U))$$

$$+ \sum_{k=1}^{K}(w_2 \times \max(0, L - \sum_{j=1}^{M}\sum_{d_j=1}^{n_j} x_{jdjk})) \qquad (5\text{-}27)$$

$$C_2' = \sum_{k=1}^{K}\sum_{j=1}^{M}\sum_{d_j=1}^{n_j} |MT(k,j,d_j) - \overline{M}(k)|$$

$$+ \sum_{j=1}^{M}\sum_{d_j=1}^{n_j}(w_3 \times \max(0, \sum_{i=1}^{P}\sum_{r=1}^{R_i}\sum_{k=1}^{K} x_{irk} \times t_{irj} \times x_{ijdj} - W_j))$$

$$(5\text{-}28)$$

$$C_3' = \sum_{k=1}^{K}\sum_{h=1}^{H} |(SH(k,h) - \overline{H}(k))|$$

$$+ \sum_{h=1}^{H}(w_4 \times \max(0, \sum_{j=1}^{M}\sum_{d_j=1}^{n_j} x_{hjdj} - G)) \qquad (5\text{-}29)$$

3. 目标函数的改变

由于在遗传算法中,目标函数一般都是求极大值的,因此在适应度值中进行转化,其适应度值为:

$$f = Y - (\lambda_1 C_1' + \lambda_2 C_2' + \lambda_3 C_3' + \lambda_4 C_4 + \lambda_5 C_5) \qquad (5\text{-}30)$$

其中:Y 为一个极大值。

4. 遗传算子的设计

在遗传算法中,交叉算子和变异算子是两个非常重要的内容。由于算法中染色体分为三大部分,因此本章对三部分染色体分别进行交叉和变异。

在交叉运算中,对个体运用轮盘赌法选择需要进行的交叉父代和母代,然后采用双点交叉的方法对两部分不同的染色体分别进行交叉。

在变异运算中,由于第一部分染色体包含三部分内容,在变异的过程中,根据所选择的变异位置,进行不同的变异操作,具体操作如下。

Step 1:随机选择染色体。

Step 2:在[1,2P+H]之间随机选择一个变异点。

Step 3:变异操作

    If u<=P

      零件操作的路径进行变异;

Elseif   P+1<=u<=2P

设备单元变异操作

Else

2P+1<=u<=2P+H

操作人员的单元变异操作

End

Step 4:变异运算终止。

对于第二和第三部分的变异,为了使得变异过程不产生非可行解,采用的是交换变异的方法,如图 5-7 所示。变异过程具体步骤如下。

Step 1:随机选择父代和母代染色体。

Step 2:随机生成一个[0,M]的数 column1,作为行号。

Step 3:随机生成一个[0,max{n(j)}]的数 row1,作为列号。

Step 4:将父代和母代第二部分染色体的[column1,row1]位置上的数字进行互换。

Step 5:随机生成一个[0,P]的数 column2,作为行号。

Step 6:随机生成一个[0,M]的数 row2,作为列号。

Step 7:将父代和母代第三部分染色体的[column2,row2]位置上的数字进行互换。

Step 8:变异运算终止。

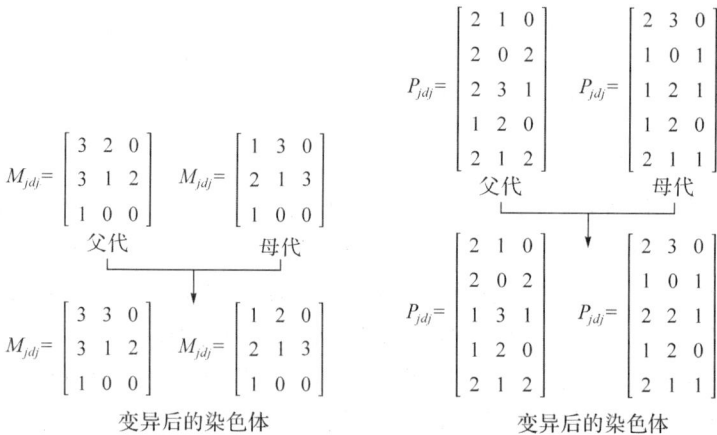

图 5-7　染色体第二、三部分变异过程实例

为了能够更好地对算法进行收敛和处理,本章采用自适应的交叉和变异。交叉算子和遗传算子会随着个体适应度值自动改变。交叉概率 P_c 和变异概率 P_m 按照以下公式自适应调整:

$$P_c = \begin{cases} P_{c1} - \dfrac{(P_{c1} - P_{c2})(f' - f_{avg})}{f_{max} - f_{avg}}, f' \geqslant f_{avg} \\ P_{c1}, f' \leqslant f_{avg} \end{cases}$$

$$P_m = \begin{cases} P_{m1} - \dfrac{(P_{m1} - P_{m2})(f_{max} - f)}{f_{max} - f_{avg}}, f \geqslant f_{avg} \\ P_{m1}, f \leqslant f_{avg} \end{cases} \tag{5-31}$$

其中：f_{max} 是指群体中最大适应度值；f_{avg} 指每一代群体的平均适应度值；f' 值为要交叉的两个中较大适应度值；f 是指要变异个体的适应度值；$P_{c1} = 0.9$；$P_{c2} = 0.6$；$P_{m1} = 0.01$；$P_{m2} = 0.001$。

5. 精英保留策略

在每一次迭代完成时，为了提高群体进化水平，本算法还加入了精英策略方法。也就是每次迭代完成后的父代群体和子代群体合并，并按照适应度的高低进行排列，选择适应度高的 N1 个群体作为下一次迭代的父代群体，以此保证每次迭代完成后的群体均为最优群体，并采用最优群体作为后代复制的基础。

6. 算法流程

Begin

$k \longleftarrow$ ；

　　种群初始化；

　　While $k \leqslant$ maxgeneration（最大迭代次数）

　　按式(5-30)计算种群个体适应度值；

　　生成精英集合 N_{elite}；

　　采用轮盘赌法，从 $N - N_{elite}$ 中选择父代和母代染色体；

　　根据式(5-31)计算交叉率和变异率；

　　交叉操作；

　　变异操作；

$k = k + 1$；

　　End

End

5.5　算例分析

本节将采用两种方法分析一个具体的算例，从而更好地说明人员工作任务分配以及团队建立对于整个设备单元构建的影响。第一种方法是采用两阶段法，也就是将上述模型变为两个模型，首先考虑设备单元的划分，然后在设备单元划分的基础上考虑操作人员的任务分配;第二种方法是同时考虑设备单元和工人工作任务分配。

本节采用的算例有 14 种设备共 20 台加工 12 种零件,其中每种零件有两条路径可以选择被加工,产品—设备加工的关系、零件批量以及设备情况如表 5-6 所示。以第一种零件为例对数据进行说明。P1－1 表示第一种零件的第一条路径,(P1－1,M4)＝1 表示第一种零件的第一条路径需要设备 M4,而 1 后面的数据(1.2)表示该零件在 M4 设备上每生产一批产品需要的时间为 1.2 小时。表 5-7 则表示操作人员和设备之间的关系。为了简化问题,我们假设员工在同一台设备上操作不同零件的技能水平是相同的,具体数值如表 5-7 所示。

5.5.1 双资源约束的单元构建问题的两阶段分析

所谓的两阶段法就是首先考虑设备单元的划分,在设备单元划分的基础上再在第二阶段考虑人员的工作安排。

1.仅考虑设备单元划分的数学模型

$$\min Z_2 = \lambda_1 C_1 + \lambda_2 C_2 \tag{5-32}$$

$$C_1 = \sum_{i=1}^{P} \sum_{j=1}^{M} \sum_{d_j=1}^{n_j} \sum_{r=1}^{R_i} W_{ijr} \sum_{k=1}^{K} |x_{jd_jk} \times x_{ird_j} - x_{irk}| \times D_i/2 \times CMH_i \tag{5-33}$$

$$C_2 = \sum_{k=1}^{K} \sum_{j=1}^{M} \sum_{d_j=1}^{n_j} |(MT(k,j,d_j) - \overline{M}(k))| \times CV \tag{5-34}$$

其中:

$$\overline{M}(k) = \frac{\displaystyle\sum_{j=1}^{M} \sum_{d_j=1}^{n_j} (MT(k,j,d_j))}{\displaystyle\sum_{j=1}^{M} \sum_{d_j=1}^{n_j} x_{jd_jk}}, \qquad \forall k$$

$$MT(k,j,d_j) = \sum_{i=1}^{P} \sum_{r=1}^{R_i} x_{irk} \times D_i \times t_{irj} \times x_{ird_j} \times x_{jd_jk}, \qquad \forall k,j,d_j$$

其中:

$\overline{M}(k)$ 表示单元 k 中设备的平均负荷;

$MT(k,j,d_j)$ 表示单元 k 的设备 j 的第 d 台的设备运转时间;

约束条件:

$$\sum_{k=1}^{K} \sum_{r=1}^{R_i} x_{irk} = 1, \qquad \forall i$$

表 5-6　产品—设备的加工关联

	M1	M2	M3	M4	M5	M6	M7	M8	M9	M10	M11	M12	M13	M14	零件批量
P1—1				1(1.2)			1(0.5)				1(0.3)				180
P1—2		1(0.7)			1(0.4)		1(1)				1(0.3)				
P2—1		1(0.7)		1(1.1)				1(0.8)							200
P2—2	1(1.3)		1(0.4)												
P3—1						1(0.3)			1(1)				1(0.9)		160
P3—2		1(0.6)						1(0.8)						1(0.7)	
P4—1					1(0.6)					1(0.5)		1(0.7)			250
P4—2						1(1)				1(0.5)		1(0.7)			
P5—1					1(0.6)		1(0.4)				1(0.8)				200
P5—2					1(1)		1(0.4)				1(0.8)		1(1.1)		
P6—1	1(1.1)		1(1.2)		1(1)	1(1.4)									230
P6—2									1(0.7)						
P7—1				1(1.3)			1(0.4)	1(0.9)		1(0.6)		1(1.5)			180
P7—2							1(0.8)			1(0.6)					
P8—1		1(0.9)												1(0.4)	250

续表

	M1	M2	M3	M4	M5	M6	M7	M8	M9	M10	M11	M12	M13	M14	零件批量
P8-2					1(0.4)		1(0.8)				1(0.6)				
P9-1	1(0.3)	1(1.1)	1(0.5)												300
P9-2	1(0.3)		1(0.5)										1(1.4)		
P10-1			1(0.9)			1(0.5)			1(0.4)						300
P10-2	1(0.6)		1(0.9)												
P11-1								1(0.5)		1(0.6)		1(0.5)	1(0.6)		300
P11-2								1(1)					1(0.6)	1(0.8)	
P12-1				1(1)	1(0.3)				1(0.4)	1(0.8)					150
P12-2				1(1)	1(0.3)										
设备数	2	2	2	2	2	2	1	1	1	1	1	1	1	1	

表 5-7　人员—设备的操作关联

	M1	M2	M3	M4	M5	M6	M7	M8	M9	M10	M11	M12	M13	M14
H1	3	2												
H2			3	3	1					3				
H3					2				3					
H4	1									2		5		
H5							1						2	
H6		2						3				4		2
H7	3				3									
H8			3	2										
H9			1			2		1				2	2	
H10		4									4			
H11			1		3			1						
H12	4													5
H13			1			1	4							

注：表格中间的数字表示操作的等级，数字越高表示等级越高，空白则表示该人员还没有操作过该设备；如（H1，M2）表示工人 H1 操作设备 M2 的等级是 2。（H1，M3）为空格表示工人 H1 不能操作过设备 M3。

$$\sum_{k=1}^{K} x_{jd_jk} = 1, \qquad \forall j, d_j$$

$$\sum_{j=1}^{M} \sum_{d_j=1}^{n_j} x_{jd_jk} \geqslant L, \qquad \forall k$$

$$\sum_{j=1}^{M} \sum_{d_j=1}^{n_j} x_{jd_jk} \leqslant U, \qquad \forall k$$

$$\sum_{d_j=1}^{n_j} x_{irjd_j} = x_{irk} \times W_{ijr}, \qquad \forall i, j, r, k$$

$$\sum_{i=1}^{P} \sum_{r=1}^{R_i} \sum_{k=1}^{K} x_{irk} \times t_{irj} \times x_{ijd_j} \leqslant W_j, \qquad \forall j, d_j$$

$$x_{irk}, x_{jd_jk}, x_{irjd_j} = 0 \text{ or } 1, \qquad \forall i, r, k, j, d_j \tag{5-35}$$

假设将这些设备和零件分为四个单元,而每个单元内设备负荷偏差的成本为 8 元/单位,零件的移动成本为 3 元/单位,而两者的权重均为 0.5,运用 5.6 节所描述的算法,可以得到如表 5-8 所示的设备单元划分。从该最优解中可以得出,零件 1~12 所选择的路径分别为 1_2_1_1_1_2_2_2_1_2_1_1。零件 P1,P5,P8 和设备 M5,M7,M11 位于第一个单元;而零件 P7,P12 和设备 M4,M8 位于第二个单元;零件 P3,P4,P6,P11 及设备 M5,M6,M9,M10,M12 和 M13 位于第三个单元;零件 P2,P9,P10 和两台 M1,M2,M3 位于第四个单元。根据此方案,单元间的移动次数为 680 次,成本为 1890 元,操作时间为 5438 小时,设备单元负荷的偏差值为 268,成本为 2144 元,成本权重和为 2017 元。

2. 人员工作任务的分配

上述过程已经得到了设备单元的划分,并且获得了较少的单元间移动次数、操作时间以及单元负荷偏差。在此基础上,即根据已知条件 x_{jd_jk},x_{irk} 以及设备—人员之间的操作关联表,可以得到以下人员工作任务分配模型。

$$\min Z_3 = \lambda_3 C_3 + \lambda_4 C_4 + \lambda_5 C_5 \tag{5-36}$$

$$C_3 = \sum_{k=1}^{K} \sum_{h=1}^{H} |(SH(k,h) - \overline{H}(k))| \times CS \tag{5-37}$$

其中:

$$\overline{H}(k) = \frac{\displaystyle\sum_{h=1}^{H} SH(k,h)}{\displaystyle\sum_{h=1}^{H} x_{hk}}, \qquad \forall k$$

$$SH(k,h) = \sum_{i=1}^{P} \sum_{j=1}^{M} \sum_{d_j=1}^{n_j} yy_{hij} \times x_{hk} \times x_{jd_jk}, \qquad \forall k, h$$

$\overline{H}(k)$ 表示单元 k 中工人掌握多技能的平均数量;

$SH(k,h)$ 表示单元 k 的员工 h 能够操作单元 k 的设备数量。

$$C_4 = \sum_{k=1}^{K} \sum_{h=1}^{H} |(SLH(k,h) - \overline{LH}(k))| \times CSL \qquad (5\text{-}38)$$

其中：

$$\overline{LH}(k) = \frac{\sum\limits_{h=1}^{H} SH(k,h)}{\sum\limits_{h=1}^{H} x_{hk}}, \qquad \forall k$$

$$SLH(k,h) = \sum_{i=1}^{P} \sum_{j=1}^{M} \sum_{d_j=1}^{n_j} y_{hij} \times x_{hk} \times x_{jd_jk}, \qquad \forall k,h$$

$\overline{LH}(k)$ 表示单元 k 人员操作设备的平均技能等级值；

$SLH(k,h)$ 表示单元 k 的员工 h 操作单元 k 设备的平均技能等级值。

$$C_5 = \sum_{k=1}^{K} \sum_{h=1}^{H} x_{hk} \times CH \qquad (5\text{-}39)$$

约束条件：

$$\sum_{h=1}^{H} x_{hjd_j} = 1, \qquad \forall j, d_j$$

$$\sum_{j=1}^{M} \sum_{d_j=1}^{n_j} A_j x_{hjd_j} \leqslant G, \qquad \forall h$$

$$x_{hjd_j} \times x_{hk} = x_{jd_jk}, \qquad \forall h,k,j,d_j$$

$$x_{irjd_j} \times x_{hjd_j} \leqslant B \times yy_{hij}, \qquad \forall h,i,r,j,d_j$$

$$\sum_{k=1}^{K} x_{hk} \leqslant 1, \qquad \forall h$$

$$\sum_{j=1}^{M} \sum_{d_j=1}^{n_j} x_{hjd_j} \leqslant B \times \sum_{k=1}^{K} x_{hk}, \qquad \forall h$$

$$x_{hjd_j}, x_{hk} = 0 \text{ or } 1, \qquad \forall k,j,d_j,h \qquad (5\text{-}40)$$

假设单元内操作人员的技能分布偏差和操作内容的技能等级偏差单位成本均为 100，如果聘用工人，其工资为 6000 元/人。在根据表 5-8 所得的设备单元和零件族划分的基础上再进行工人工作内容的分配，可以得到 H13 操作第一单元的 M7；H11 操作第一单元的 M11 和 M5；H2 和 H6 分别操作第二单元的 M4 和 M8；H4 操作第三单元 M10 和 M12；H3 操作第三单元的 M5 和 M9；H9 操作第三单元的 M6 和 M13；H1，H10 和 H8 分别操作第四单元的 M1，M2 和 M3。

根据以上工作任务分配结果可以得出：单元内操作人员的技能分布偏差为 5，单元内操作设备的技能等级偏差为 3.5，成本为 850 元，工人为 10 人，成本为 60000 元。假设三个成本的权重系数均为 1/3，则可以得到人员工作任务分配成本为 20283 元。考虑目标函数(5-1)，假设 5 个目标的权重相同，均为 0.2，则可以得到所有(5-1)目标函数的值为 12976.8。

5.5.2　双资源约束的单元构建问题的综合分析

参数的假设如同 5.5.1 所述，同时考虑工人的工作任务分配和设备的单元的划分，则可以得到如表 5-9 所示的结果。在结果中我们可以看到此时第一和第四单元与表 5-8 相同，但是第二和第三单元发生了变化。此时第二单元包括零件 P4，P7，P11，P12 和设备 M4，M8，M10，M12；第三单元包括零件 P3，P6 和设备 M5，M6，M9，M13。而工人的工作任务分配为 H1 操作两台 M1，H10 操作两台 M2，H8 操作两台 M3，H2 操作 M4 和 M10，H3 操作 M5 和 M9，H9 操作 M6 和 M13，H11 操作 M5 和 M11，以及 H13 操作 M7。

根据此设备单元划分以及工人工作任务的分配，我们可以得出零件移动批次为 1000，设备负荷偏差为 231.5，单元内操作人员的技能分布偏差为 4，单元内操作设备的技能等级偏差为 3.6，9 个工人；而相应的成本分别为 3000 元，1852 元，400 元，360 元，54000 元，则根据上面同样的权重分布，也就是所有权重均为 0.2，则可以得到总成本为 11922.4 元。

5.5.3　算例总结

从上述算例可以看出，如果把各目标转化为单一的成本而言，可以看出第二种方案得到的效果要优于第一种方案。

在分别考虑设备和人员分配时，由于先要考虑设备单元的划分，以期获得较小的单元间的移动次数(680 次)和设备单元负荷偏差(268)，再来考虑工人工作任务的分配，从而使工人的技能偏差(8.5)和工人数(10 人)相对较大。而同时考虑设备单元划分和人员工作安排时，在设备间移动次数、设备单元负荷以及工人技能偏差和工人数之间进行了权衡，得到单元间移动次数为 1000 次，设备负荷偏差为 231.5，工人技能偏差为 7.6，而工人数为 9 人。从总成本来说，同时考虑设备单元划分和工人工作安排可以获得更好的效果。当然企业可以根据自身关注的重点，通过对不同目标设计不同的权重值来进行方案的设计和选择，以期获得最能符合企业实际生产需求的单元构建方案。

表 5-8　基于两阶段法的单元划分及人员任务分配方案

	M7	M11	M5	M4	M8	M10	M12	M5	M9	M6	M13	M1	M2	M3	需求量
P1-1	1(0.5)	1(0.3)	1(0.4)												180
P5-1	1(0.4)	1(0.8)	1(0.6)												200
P8-2	1(0.8)	1(0.6)	1(0.4)												250
P7-2				1(1.3)	1(0.9)	1(0.6)									180
P12-1				1(1)	1(1)				1(0.4)						150
P3-1									1(1)	1(0.3)	1(0.9)				160
P6-2								1(1)	1(0.7)	1(1.4)					230
P4-1						1(0.5)	1(0.7)	1(0.6)							250
P11-1						1(0.6)	1(0.5)				1(0.6)				300
P2-2												1(1.3)	1(0.7)	1(0.4)	200
P9-1												1(0.3)	1(1.1)	1(0.5)	300
P10-2			1(0.3)									1(0.6)		1(0.9)	300
操作时间	370	364	382	384	312	346	325	380	381	370	324	530	470	500	
单元内设备负荷偏差		20			72				136				40		
操作人员	H13	H11		H2	H6		H4		H3		H9	H1	H10	H8	

表 5-9　同时考虑设备单元划分及工人工作任务分配的方案

	M7	M11	M5	M4	M10	M8	M12	M5	M9	M6	M13	M1	M2	M3	需求量
P1-1	1(0.5)	1(0.3)													180
P5-1	1(0.4)	1(0.8)	1(0.6)												200
P8-2	1(0.8)	1(0.6)	1(0.4)												250
P4-1					1(0.5)		1(0.7)	1(0.6)							250
P11-1					1(0.6)		1(0.5)				1(0.6)				300
P7-2				1(1.3)	1(0.6)	1(0.9)									180
P12-1				1(1)		1(1)			1(0.4)						150
P3-1								1(1)	1(1)	1(0.3)	1(0.9)				160
P6-2								1(1)	1(0.7)	1(1.4)					230
P2-2												1(1.3)	1(0.7)	1(0.4)	200
P9-1												1(0.3)	1(1.1)	1(0.5)	300
P10-2			1(0.3)									1(0.6)		1(0.9)	300
操作时间	370	364	382	384	346	312	325	380	381	370	324	530	470	500	
单元内设备负荷偏差		20			92				79.5				40		
操作人员	H13	H11			H2	H6			H3		H9	H1	H10	H8	

5.6　本章小结

　　本章在国内外研究者对单元制造中人员工作任务分配和团队绩效方面研究总结的基础上，提出单元制造过程中人对设备单元和零件族构建的影响因素，并将其引入单元构建中，构建了统一的双资源约束下的单元构建模型。针对模型的复杂性，本章提出了求解该模型的遗传算法，最后通过一个实例分析，证明在考虑人员因素的情况下，其构建方案会存在一定的差异，且同时考虑人员工作任务分配和设备单元构建所获得的效果要优于分别考虑两者(即先考虑设备单元划分，再考虑人员工作任务的分配)所带来的效果。

第6章 基于学习曲线的双资源约束的单元构建问题的研究

随着产品需求变化的不断加速,企业员工不得不频繁面对不同产品的生产,因此在保证产品顺利生产的前提下如何合理安排员工的工作任务,提高工人的技能水平和操作质量变得十分重要。Kolbe[162]提出人的基本技能可以划分为四个过程:调查、模仿、创新和实践,且个体在进行实践过程中,存在一定的学习能力,可以通过不断的生产实践来提高自身的生产效率。

目前心理学家们已经通过实证研究将学习与制造成本、操作成本、准备成本以及线平衡联系,在研究过程中主要基于假设的经验条件,如学习、遗忘和绩效。如 Chakravarty[188]将学习引入模型,调查学习对于系统设计的影响以此获得平衡生产线。Ulich[189]描述了可转化制造系统布局的概念,在基于多个人的绩效因素中就包括学习因子。Cohen 和 Darel[190]提出了在学习条件下的工作台数的优化。Kher[191]提出了多技能培训以及动态雇佣策略,其中加入了学习和遗忘特征。Nembhard[192]主要采用启发式算法对具有学习能力的工人进行任务分配策略。

双资源约束的单元制造系统研究文献中虽然有很多作者提出了工人任务分配策略,但均没有考虑员工学习性能对生产系统效率的影响,如第二章中所提到的文献[110～123]等。因此本章希望结合考虑员工学习性能对工人工作效率的影响,分析其对整个单元制造系统构建的影响,从而更好地为企业生产实际服务。

6.1 学习曲线理论及其在单元构建中的作用

6.1.1 学习曲线的基本理论

1. 学习曲线的提出及基本形式

20 世纪 30 年代美国康奈尔大学的莱特(T. P. Wright)博士首先在航空科学期刊上提出了学习曲线。波音公司发现,每一架飞机的工时消耗在前一架飞机制造完后都会有所下降,而且还是以一个可预测的比例下降,从生产第一架飞机开始,累计产量每增加一倍,工时下降约 20％。工人逐渐学会了怎样更快地工作、更少地误操作以及最大限度地减少浪费,直到他们达到最大的生产率为止,这就是知识学习和掌握的直接结果。由此得出了普遍的认识[193]:

①每次完成给定任务或者单位产品后,下一次完成该任务或单位产品的时间将减少;

②单位产品完成时间将以一种递减的速度下降;

③单位产品完成时间的减少将循环为一个可以预测的模式。

人们将这种现象称为员工的学习性能,并用学习曲线来表示生产效率和连续累计生产数量之间的变化关系。学习曲线(Learning curve)是以横轴表示反复次数(或操作次数),以纵轴表示各种学习测试的学习过程的曲线。作为学习测试函数,如果用质量不合格率、操作时间等为纵坐标,则呈 S 形或负加速的下降曲线;如果用正反应数或正反应率为纵坐标,则呈 S 形或负加速的上升曲线。可见员工的学习性不仅体现在生产效率的变化和提高,对产品的生产质量同样起到一定的作用,随着产品加工数量的不断增多、熟练程度不断提高,则生产过程中出现的不合格产品数量也会大大地降低,如图 6-1 所示。

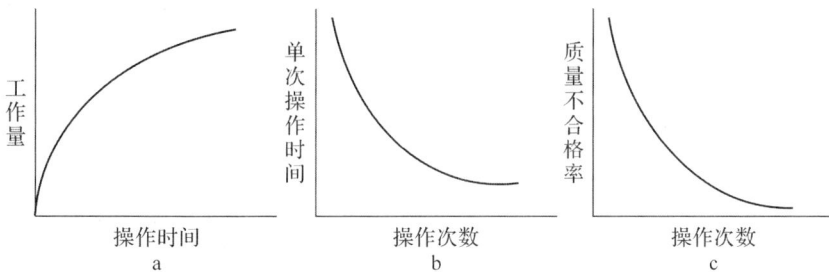

图 6-1　各时间因素与循环次数的关系

其中:

图 a 表示工作量与操作时间的关系;

图 b 表示每次操作所需时间与操作次数的关系;

图 c 表示每次操作的质量不合格率与操作次数的关系。

学习效应包括两个阶段:一是学习阶段,单位产品的生产时间随产品数量的增加逐渐减少;二是标准阶段,此时操作已达到最高效率。如图 6-2 所示。

因此,学习曲线方程的一般形式是:

$$y_x = kx^n, x \leqslant m \tag{6-1}$$

$$y_x = km^n, x > m \tag{6-2}$$

式中:

y_x 表示生产第 x 个产品所需的直接劳动时间;

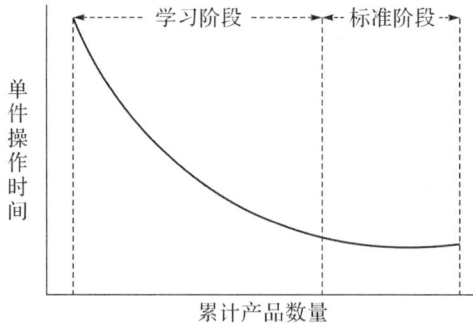

图 6-2　学习曲线效应的两个阶段

k 表示生产第一个产品所需的直接劳动时间；

m 为某一常数，表示学习曲线到达标准阶段的操作个数；

$n = \lg b / \lg 2$，其中 b 为学习率。

一般我们用学习率来表示学习能力。学习率越小，说明随着产品累积产量的增加，单位产品的加工时间下降速度越快；学习率越大，说明随着产品累积产量的增加，单位产品的加工时间下降速度越慢。国外研究标表明，学习率的范围一般在 50%～100%。当人工作业时间与机器加工时间比例约为 1：1 时，学习率约为 85%；当两者之间的比例约为 3：1 时，学习率约为 80%；当两者之间比例为 1：3 时，学习率约为 90%；当完全处于高度自动化状态加工零件时，则学习率为 100%。可见人工作业时间所占比例越大，学习率就越低，学习系数就越大；反之，则学习率较高，学习系数就越小。在工程实际应用中，通常学习率为 75%～95%[193]。

工人的学习性能是普遍存在的，而这种学习性能在一定程度上影响着企业的生产周期、生产计划和调度等。比如，以往我们对产品加工时间的估算仅仅是将加工数量和时间进行简单的相乘，但是这种计算方法并不能真正体现员工的加工时间，由于没有正确地认识工人操作时间的学习性能，从而导致产品被提前加工完成。以 80% 的学习率来说，表 6-1 给出了在两种不同条件下总加工时间的区别，可以看出两者总加工时间相差近 3 倍，这大大影响了生产任务的实际安排。

表 6-1　不同条件下累计时间与累计产量的关系

	不考虑学习曲线	考虑学习曲线
加工第一个产品所需时间	15	15
加工数量	100	100

续表

	不考虑学习曲线	考虑学习曲线
标准时间	15	4.26
计算公式	15×100	$\dfrac{15}{1-0.3219} \times (50^{(1-0.3219)} - 1) + 4.26 \times 50$
所需时间	1500	505

学习曲线有广义和狭义之分[194]。狭义的学习曲线和作业人员个体的学习能力有关,也可以称为人员学习曲线,它是指某个工人在操作某种产品时,其操作时间与累计产量成一定规律下降。不同的人员操作同一产品时,其操作时间下降的速率是不同的,同样同一个员工操作不同的产品时,其下降速率也是不同的。广义的学习曲线也可称为生产进步函数,是指针对某一个具体的操作,绝大部分操作者都有相近似的学习能力。因此广义学习曲线强调的是通过改进技术水平,提高管理能力而获得的某一行业或某一产品在其生产周期内的学习曲线,如图 6-3 所示。

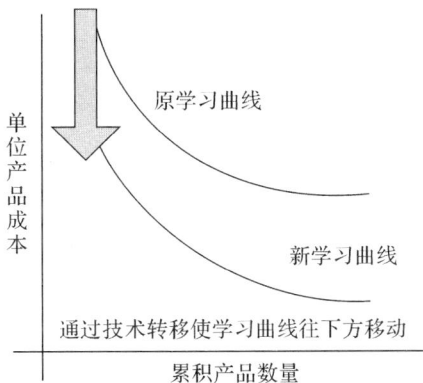

图 6-3　技术因素对学习曲线的影响

当然,学习效果也会受许多因素的影响,主要包括[195]:

(1)操作者的动作熟练程度。这是影响学习曲线的最基本因素。

(2)管理技术的改善,正确的培训、指导,充分的生产准备与周到的服务,工资奖励及惩罚等管理政策的运用。

(3)产品设计的改善。

(4)生产设备与工具的质量。

(5)各种材料的连续供应和质量。

(6)信息反馈的及时性。

(7)专业化分工程度。

从以上学习效果因素分析可以看出,学习曲线的效应主要是以下两个因素作用的结果:第一个是熟能生巧,随着加工产品数量的不断增加,操作者的熟练程度不断增加,因此所需时间会越来越短;第二个是规模效应,生产准备时间随着一次生产产品数量的增加,分摊到每件产品所需的准备时间减少,当一次生产产品数量趋向于无穷时,则每件产品分摊的准备时间可以趋向于 0。

2. 学习曲线的应用

作为一个重要的分析工具,学习曲线在企业管理中的应用是非常广泛的[193,195~197]。

(1)在生产制造方面

学习曲线表明单件产品的加工时间随着加工数量的增加而相应地减少,因此,学习曲线一旦设定,它就可以估计产品设计时间和生产时间,这是学习曲线最基本的作用。

(2)利用学习曲线建立动态绩效评核制度

企业传统绩效考评制度是静态的,只是单纯地依靠工时研究制定标准工时,来确定每月的标准承诺品,这在完全正常标准状态下是合适的。但是有学习现象发生时,这种单一的标准容易导致学习初期阶段目标制定过高,没有激励作用,使学习者失去努力的动力和兴趣。因此,合理地应用学习曲线效用,建立一个动态的绩效考核机制,有利于提高操作者的学习积极性,从而降低单件产品的制造工时。

(3)正确估计设备与人员的生产能力,创新合理计划,提高竞争力

在生产运作能力管理中,通过应用学习曲线来正确估计设备和人员的生产能力,估算生产周期,制订合理的生产能力计划,为企业做到准时生产和准时交货提供帮助,提高企业竞争力。

(4)学习曲线可以帮助企业制订产品的成本计划

根据学习曲线的效应理论,单件产品的制造工时随着累计产品数量的增加而减少,因此单件产品的制造成本也随着产品数量的增加而降低。如果不考虑原材料价格的变动,就可以根据学习曲线来估算产品的生产制造成本。

6.1.2　学习曲线理论在单元构建中的作用

虽然到目前为止,学者们已经考虑了人在整个制造系统中的重要作用,但是在双资源约束的单元构建问题中,并没有考虑人的学习能力。而正如前面所分析的,人的学习能力是普遍存在的,它对工人的工作效率有着重大的影响。下面通过一个具体实例分析在单元构建中考虑人的学习能力和没有考虑学习能力这两种情况对构建方案的影响。

　　算例中包含了 4 台机器、5 种零件,并且给出各自零件的需求量。在不考虑工人的学习能力的情况下,以物料搬运次数最少以及设备负荷均衡性为目标可以得到机器和零件的具体划分方案,如表 6-2 所示。其中零件 2 和零件 4 与机器 2 和机器 4 被分配至单元 1,零件 1、零件 3 和零件 5 与机器 1、机器 3 被分配至单元 2。

表 6-2　数例设备—零件关系(不考虑学习能力)

零件 型号	需求量 (个)	设备型号			
		M2	M4	M1	M3
P2	500	3	6		
P4	500	8	5		
P1	800			2	3
P3	400			2	3
P5	700			4	2
机器累计加工时间(小时)		5500	5500	5200	5000

　　根据以上方案,可以得到总的加工时间为 21200 小时,设备载荷平均值为5300,而设备载荷均衡率为 96.23%。

　　如果考虑员工的学习性能,我们给出了每台机器加工每种零件时所遵循的学习率,且假定操作员工操作至 300 个零件后,按照标准时间操作,则可以得到如表 6-3 所示的结果,此时总的加工时间为 12224 小时,设备载荷平均值为3056,而设备载荷均衡率仅为 84.89%。

表 6-3　数例设备—零件关系(考虑学习能力)

零件 型号	需求量 (个)	设备型号			
		M2	M4	M1	M3
P2	500	3(0.9)	6(0.98)		
P4	500	8(0.95)	5(0.92)		
P1	800			2(0.95)	3(0.92)
P3	400			2(0.89)	3(0.90)
P5	700			4(0.93)	2(0.90)
机器累计加工时间(小时)		3243	3793	2891	2297

　　注:表中括号内的数据表示加工的学习率。

　　在不考虑学习曲线条件的情况下的最优单元划分方案,设备均衡载荷率达到了 96.23%,这个方案是比较完美的,但是如果考虑加工人员的学习效率,发现总的加工时间、设备载荷平均值、设备载荷均衡率都有一定程度的下降,特别是设备载荷均衡率从 96.23% 下降到了 84.89%。由此我们可以看出,在不考虑学习能力的情况下,时间指标都不同程度地出现了"数据失真"的现象,从而影响单元划分的实际效果,进而影响企业生产能力、产品生产周期的估算,增加企业订单的提前期,影响企业的竞争力。为了更加真实地反映单元制造系统中各方面的真实数据,单元构建中研究学习曲线是非常有必要的。

因此,本章将结合学习曲线理论,提出基于学习曲线的双资源约束的单元构建非线性目标规划模型,并采用混合分散搜索算法进行求解。

6.2　双资源约束下的单元构建问题建模

双资源约束下的单元构建问题是指在单元构建中根据零件的需求信息、零件—设备的生产关联矩阵、设备—人员的关联矩阵、设备能力等基础信息,同步考虑人力资源与设备资源对单元构建的影响,以获得最优的设备制造单元和人员工作分配方案,通过建立双资源约束下的单元构建问题模型来进行分析求解。

基于上述人力资源要素的详细分析,可以总结出单元构建中人员对制造单元划分的影响主要包括以下两个方面:

第一,操作人员对设备单元划分的影响。同一个员工操作的设备必须位于同一个单元,限制了设备单元的划分,进而影响物料的搬运次数和距离。

第二,学习性能对单元构建的影响。根据学习曲线理论,随着人们熟练程度的不断提高,其生产效率和质量也将得到不同程度的提升,在员工工作任务分配时也必须同时考虑员工的技能等级和学习能力,从而更合理地安排工人的工作内容。

因此,在双资源约束下的单元构建问题模型中考虑两类目标:一类是关于设备和物料方面的目标,另一类则是关于人员方面的目标。

第一,根据第二章对单元构建问题的文献综述可知,在单元构建中考虑的设备及物流目标为物料的搬运的次数以及设备的操作时间。

第二,基于前述分析,考虑的人员目标包括人员的操作效率、操作质量以及工人的工资成本。

6.2.1　模型的基本假设及参数变量的设置

1. 模型的基本假设

为了更好地分析求解双资源约束下的单元构建问题,本研究模型作以下基本假设:

(1)每种零件有多条生产路径,并且每条生产路径所需的设备是已知的,每种零件可以选择多条操作路径进行操作。

（2）每种零件的需求批量是已知的，并根据批量进行零件的搬运。

（3）每种设备的台数是已知的，且每台设备的工作时间也是已知的。

（4）划分的单元数是已知的，并且每个单元受到尺寸的限制。

（5）工人操作设备的技能水平是随着操作次数的增加而增加，其操作设备的时间和质量服从学习曲线理论，而操作的质量与操作的技能水平有关，同时员工在设备上操作零件到一定数量时，达到标准时间的要求。

（6）不考虑设备的故障。

2. 参数及变量设置

（1）参数

i 表示零件，$i=1,2,\cdots,P$，其中 P 表示零件的种类数；

j 表示设备，$j=1,2,\cdots,M$，其中 M 表示设备的种类数；

n_j 表示设备 j 的总台数；

d_j 表示设备 j 的第 d 台机器；

r 表示路径，$r=1,2,\cdots,R_i$，其中 R_i 表示零件 i 的路径数；

h 表示工人，$h=1,2,\cdots,H$，其中 H 表示工人人数；

k 表示单元，$k=1,2,\cdots,K$，其中 K 表示单元数；

$W_{ijr}=1$ 表示零件 i 在路径 r 下需要设备 j，否则为 0；

t_{irj} 表示零件 i 在路径 r 下需要设备 j 的生产时间；

W_j 表示设备 j 的操作能力；

T_{hij} 表示员工 h 第一次在设备 j 上操作零件 i 时所需的时间；

l_{hij} 表示员工 h 在设备 j 上操作零件 i 的学习系数；

D_i 表示零件 i 的需求批量；

CH 表示工人的基本工资；

$Q(y_{hij})$ 表示工人的等级工资函数；

$f(y_{hij})$ 表示员工 h 在设备 j 上操作零件 i 时造成的产品质量损失函数；

Q_{hij} 表示员工 h 在设备 j 上操作零件 i 到标准时间时所需操作的产品数量；

$yy_{hij}=1$ 表示员工 h 能够在设备 j 上操作零件 i，反之则为 0；

y_{hij} 表示员工 h 在设备 j 上操作零件 i 的等级；

$U_{hij}=1$ 表示员工 h 在设备 j 上操作零件 i 的批量；

U 表示每个单元最多放置的设备数；

L 表示每个单元最少放置的设备数；

G 表示每个员工最多能操作的机器数；

$A_j=\begin{cases}1, & 设备\ j\ 可以与别的设备一起被同一个人操作\\ G, & 设备\ j\ 不能与别的设备一起被同一个人操作\end{cases}$；

LH 表示机器操作技能的最高等级；

B 表示无穷大的数。

(2)变量

$x_{irk} = 1$ 表示零件 i 选择路径 r 在单元 k 中进行操作,否则变量值为 0；

yy_{ir} 表示零件 i 选择路径 r 进行操作的数量；

$x_{jdjk} = 1$ 表示设备 j 的第 d 台机器归属于单元 k 中,否则变量值为 0；

$x_{irjdj} = 1$ 表示在零件 i 的路径 r 使用设备 j 的第 d 台,否则变量值为 0；

$x_{hjdj} = 1$ 表示员工 h 操作设备 j 的第 d 台,否则变量值为 0；

$x_{hk} = 1$ 表示员工 h 在单元 k 中进行工作。

6.2.2 数学模型

目标函数：

$$\min Z_1 = C_1 \tag{6-3}$$

$$\min Z_2 = C_2 \tag{6-4}$$

$$\min Z_3 = C_3 \tag{6-5}$$

$$\min Z_4 = C_4 \tag{6-6}$$

$$\min Z_5 = C_5 \tag{6-7}$$

其中：

$$C_1 = \sum_{i=1}^{P} \sum_{j=1}^{M} \sum_{d_j=1}^{n_j} \sum_{r=1}^{R_i} W_{ijr} \sum_{k=1}^{K} | x_{jdjk} \times x_{irjdj} - x_{irk} | \times yy_{ir} / 2 \tag{6-8}$$

$$C_2 = \sum_{i=1}^{P} \sum_{r=1}^{R_i} \sum_{j=1}^{M} yy_{ir} \times t_{irj} \tag{6-9}$$

$$C_3 = \sum_{i=1}^{P} \sum_{r=1}^{R_i} \sum_{h=1}^{H} \sum_{j=1}^{M} \sum_{d_j=1}^{n_j} x_{hjdj} \times x_{irjdj}$$

$$\times \left(\sum_{U_{hij}=1}^{Q_{hij}} T_{hij} \times s^{-l_{hij}} + \sum_{s=Q_{hij}+1}^{yy_{ir}} T_{hij} \times Q_{hij}^{-l_{hij}} \right) \tag{6-10}$$

$$C_4 = \sum_{i=1}^{P} \sum_{r=1}^{R_i} \sum_{j=1}^{M} \sum_{d_j=1}^{n_j} yy_{ir} \times x_{irjdj} \times x_{hjdj} \times f(y_{hij}) \tag{6-11}$$

$$C_5 = \sum_{k=1}^{K} \sum_{h=1}^{H} \left(CH + \sum_{i=1}^{P} \sum_{j=1}^{M} \sum_{d_j=1}^{n_j} y_{hij} \times x_{jdjk} \right) \times x_{hk} \tag{6-12}$$

约束条件：

$$\sum_{k=1}^{K} \sum_{r=1}^{R_i} x_{irk} \geqslant 1, \qquad \forall i \tag{6-13}$$

$$\sum_{r=1}^{R_i} yy_{ir} = D_i, \qquad \forall i \tag{6-14}$$

$$\sum_{k=1}^{K} x_{jdjk} = 1, \qquad \forall j, d_j \tag{6-15}$$

$$\sum_{j=1}^{M} \sum_{d_j=1}^{n_j} x_{jdjk} \geqslant L, \qquad \forall k \tag{6-16}$$

$$\sum_{j=1}^{M} \sum_{d_j=1}^{n_j} x_{jdjk} \leqslant U, \qquad \forall k \tag{6-17}$$

$$\sum_{k=1}^{K} x_{hk} \leqslant 1, \qquad \forall h \tag{6-18}$$

$$\sum_{j=1}^{M} \sum_{d_j=1}^{n_j} x_{hjdj} \leqslant B \times \sum_{k=1}^{K} x_{hk}, \qquad \forall h \tag{6-19}$$

$$\sum_{j=1}^{M} \sum_{d_j=1}^{n_j} A_j x_{hjdj} \leqslant G, \qquad \forall h \tag{6-20}$$

$$x_{hjdj} \times x_{hk} = x_{jdjk}, \qquad \forall h, k, j, d_j \tag{6-21}$$

$$\sum_{d_j=1}^{n_j} x_{irjdj} = x_{irk} \times W_{ijr}, \qquad \forall i, j, r, k \tag{6-22}$$

$$x_{hjdj} \times x_{irjdj} \leqslant B \times y_{hij}, \qquad \forall h, i, j, d_j \tag{6-23}$$

$$\sum_{i=1}^{P} \sum_{r=1}^{R_i} yy_{ir} \times t_{irj} \times x_{irjdj} \leqslant W_j, \qquad \forall j, d_j \tag{6-24}$$

$$x_{irk}, x_{jdjk}, x_{irjdj}, x_{hjdj}, x_{hk} = 0 \text{ or } 1, \qquad \forall i, r, k, j, d_j, h \tag{6-25}$$

$$yy_{ir} \text{ 为整数}, \qquad \forall i, r \tag{6-26}$$

在目标规划模型的目标函数中共包括五项。第一个目标表示移动的次数为最少,如式(6-3)和(6-8)所示;第二个目标表示设备的总操作时间为最小,如式(6-4)和(6-9)所示;第三个目标表示所有操作人员的操作时间总和为最小,如式(6-5)和(6-10)所示;第四个目标表示质量损失为最小,如式(6-6)和(6-11)所示;第五个目标为操作工人的工资成本为最低,如式(6-7)和(6-12)所示。

在约束条件中,式(6-13)表示每种产品必须选择一种以上的操作路径进行生产;式(6-14)表示不同零件需求量必须得到满足;式(6-15)表示每台设备只能位于一个单元;式(6-16)和式(6-17)分别表示单元内放置的最多和最少的设备数;式(6-18)表示每个工人最多只能安排到一个单元进行操作;式(6-19)表示只有工人进行设备操作才将其分配到单元,否则不分配工人的工作单元;式(6-20)表示每个工人操作设备的数量不能大于规定的数量,且对于只能一对一操作的设备来说,工人不能操作其他的设备;式(6-21)表示同一工人操作的设备必须位于同一单元;式(6-22)表示每种零件的每个操作只能在同种设备的一台机器上进行;式(6-23)表示工人必须具备一定的等级资格才能在某台设备上操作某个零件;式(6-24)表示所有零件加工的时间不能超过操作设备的能力负荷;式(6-25)和式(6-26)分别表示变量的取值范围。

根据企业实际运作,可以对五个目标分别设置最低目标值,假设搬运次数要求小于 G_1 次,设备操作时间总和不大于 G_2,人员操作总时间不超过 G_3,质量损失值不超过 G_4,以及所有工人工资不超过 G_5,则上述目标函数可以转化为目标约束:

$$\begin{cases} \min d_1^+ \\ \sum_{i=1}^{P}\sum_{j=1}^{M}\sum_{d_j=1}^{n_j}\sum_{r=1}^{R_i} W_{ijr}\sum_{k=1}^{K}\mid x_{jdjk}\times x_{irjdj}-x_{irk}\mid \times yy_{ir}/2 + d_1^- - d_1^+ \\ \quad = G_1 \end{cases}$$

(6-27)

$$\begin{cases} \min d_2^+ \\ \sum_{i=1}^{P}\sum_{r=1}^{R_i}\sum_{j=1}^{M} yy_{ir}\times t_{irj} + d_2^- - d_2^+ = G_2 \end{cases}$$

(6-28)

$$\begin{cases} \min d_3^+ \\ \sum_{i=1}^{P}\sum_{r=1}^{R_i}\sum_{h=1}^{H}\sum_{j=1}^{M}\sum_{d_j=1}^{n_j} x_{hjdj}\times x_{irjdj}\times \Big(\sum_{s=U_{hij}}^{Q_{hij}} T_{hij}\times s^{-l_{hij}} + \sum_{s=Q_{hij}+1}^{yy_{ir}} T_{hij} \\ \quad \times Q_{hij}^{-l_{hij}}\Big) + d_3^- - d_3^+ = G_3 \end{cases}$$

(6-29)

$$\begin{cases} \min d_4^+ \\ \sum_{i=1}^{P}\sum_{r=1}^{R_i}\sum_{j=1}^{M}\sum_{d_j=1}^{n_j} yy_{ir}\times x_{irjdj}\times x_{hjdj}\times f(y_{hij}) + d_4^- - d_4^+ = G_4 \end{cases}$$

(6-30)

$$\begin{cases} \min d_5^+ \\ \sum_{k=1}^{K}\sum_{h=1}^{H}\Big(CH + \sum_{i=1}^{P}\sum_{j=1}^{M}\sum_{d_j=1}^{n_j} x_{hjdj}\times Q(y_{hij})\Big)\times x_{hk} + d_5^- - d_5^+ = G_5 \end{cases}$$

(6-31)

其中: d_1^-,d_1^+ 分别表示没有达到或超过搬运次数要求的偏差变量; d_2^-,d_2^+ 表示没有达到或超过设备总操作时间的偏差变量; d_3^-,d_3^+ 表示没有达到或超过人员操作时间的偏差; d_4^-,d_4^+ 表示没有达到或超过质量损失量的偏差变量; d_5^-,d_5^+ 表示没有达到或超过工人总工资水平的偏差值。

从式(6-3)~(6-12)可知,第一和第二个目标与设备有关,第三、第四和第五个目标则与人员有关,可以将这五个目标分为两组,每组设有相同的权重值,则上述的目标规划模型可以表示为:

$$\min Z = p_1(d_1^+ + d_2^+) + p_2(d_3^+ + d_4^+ + d_5^+)$$

$$\sum_{i=1}^{P}\sum_{j=1}^{M}\sum_{d_j=1}^{n_j}\sum_{r=1}^{R_i} W_{ijr}\sum_{k=1}^{K}|x_{jdjk}\times x_{irjdj}-x_{irk}|\times yy_{ir}/2+d_1^- - d_1^+ = G_1$$

$$\sum_{i=1}^{P}\sum_{r=1}^{R_i}\sum_{j=1}^{M} yy_{ir}\times t_{irj}+d_2^- - d_2^+ = G_2$$

$$\sum_{i=1}^{P}\sum_{r=1}^{R_i}\sum_{h=1}^{H}\sum_{j=1}^{M}\sum_{d_j=1}^{n_j} x_{hjdj}\times x_{irjdj}\times\Big(\sum_{s=U_{hij}}^{Q_{hij}} T_{hij}\times s^{-l_{hij}}+\sum_{s=Q_{hij}+1}^{yy_{ir}} T_{hij}$$

$$\times Q_{hij}^{-l_{hij}}\Big)+d_3^- - d_3^+ = G_3$$

$$\sum_{i=1}^{P}\sum_{r=1}^{R_i}\sum_{j=1}^{M}\sum_{d_j=1}^{n_j} yy_{ir}\times x_{irjdj}\times x_{hjdj}\times f(y_{hij})+d_4^- - d_4^+ = G_4$$

$$\sum_{k=1}^{K}\sum_{h=1}^{H}\Big(CH+\sum_{i=1}^{P}\sum_{j=1}^{M}\sum_{d_j=1}^{n_j} x_{hjdj}\times Q(y_{hij})\Big)\times x_{hk}+d_5^- - d_5^+ = G_5$$

$$(6\text{-}32)$$

$$\sum_{k=1}^{K}\sum_{r=1}^{R_i} x_{irk}\geqslant 1,\qquad \forall i$$

$$\sum_{r=1}^{R_i} yy_{ir}=D_i,\qquad \forall i$$

$$\sum_{k=1}^{K} x_{jdjk}=1,\qquad \forall j,d_j$$

$$\sum_{j=1}^{M}\sum_{d_j=1}^{n_j} x_{jdjk}\geqslant L,\qquad \forall k$$

$$\sum_{j=1}^{M}\sum_{d_j=1}^{n_j} x_{jdjk}\leqslant U,\qquad \forall k$$

$$\sum_{k=1}^{K} x_{hk}\leqslant 1,\qquad \forall h$$

$$\sum_{j=1}^{M}\sum_{d_j=1}^{n_j} x_{hjdj}\leqslant B\times\sum_{k=1}^{K} x_{hk},\qquad \forall h$$

$$\sum_{j=1}^{M}\sum_{d_j=1}^{n_j} A_j x_{hjdj}\leqslant G,\qquad \forall h$$

$$x_{hjdj}\times x_{hk}=x_{jdjk},\qquad \forall h,k,j,d_j$$

$$\sum_{d_j=1}^{n_j} x_{irjdj}=x_{irk}\times W_{ijr},\qquad \forall i,j,r,k$$

$$x_{hjdj} \times x_{irjdj} \leqslant B \times y_{hij}, \qquad \forall h,i,j,d_j$$

$$\sum_{i=1}^{P} \sum_{r=1}^{R_i} yy_{ir} \times t_{irj} \times x_{irjdj} \leqslant W_j, \qquad \forall j,d_j$$

$$x_{irk}, x_{jdjk}, x_{irjdj}, x_{hjdj}, x_{hk} = 0 \text{ or } 1, \qquad \forall i,r,k,j,d_j,h$$

$$yy_{ir} \text{ 为整数}, \qquad \forall i,r$$

其中: p_1, p_2 表示不同目标的权重。

6.3 基于改进分散搜索法的模型求解

分散搜索(Scatter Search, SS)算法最早是由 Glover[145] 于 1977 年提出,是一种求解整数规划的启发式算法,后来应用范围逐步扩展到求解组合优化、非线性优化及排列等问题,并收到了较好的效果。SS 算法是一种基于种群进化的算法,其主要步骤包括产生多样性的初始解、参考解集的更新、子集的产生以及子集合并和解的改进。

6.3.1 分散搜索算法基本原理

SS 算法是一种基于种群进化的算法,其基本思想是:首先应用多样化原则构建参考集(reference set),然后通过选择、组合、改进操作来不断地更新并获取更好的新解集,最终获得最优解集[198]。该算法采用分布式的初始种群解集策略来构造参考集,然后参考集的解(个体)通过合并这些解生成新的解,SS 框架中通常包含 5 个系统性的子方法,即多样性产生方法、参考集更新方法、子集产生方法、子集合并方法和解的改进方法,其算法流程如图 6-4 所示。

由于 SS 具有柔性框架的特性,基本流程中的 5 个子系统可以根据求解问题采用不同的实现方法,同时 SS 框架的流程也不是固定不变的,可以根据实际情况进行修改、增加或者减少。此外,SS 算法与其他进化算法不同的是其参考集的规模比其他算法的种群要小。如遗传算法中通过随机选择的方式选择两个父代,然后根据一定的交叉算子和变异算子获得一个或多个子代解,一个典型遗传算法中种群通常包含 100 个或 100 个以上的个体。分散搜索算法综合考虑初始种群中个体的质量和多样性,将具有较好质量和多样性的个体加入参考集中,再在两个参考集中分别随机选择一个个体进行组合改进操作以获得新解,然后再通过解的改进方法获得较优解集。由于合并过程中需要对两个解的参考集保持较小的基数,因此典型参考集的规模往往不大于 20 个解。

6.3.2 改进分散搜索算法设计

为了加快算法的收敛速度和获得更好的解,一般会对子集的产生、合并以及解的改进这三个关键步骤进行改进。如 Laguna[199] 提出了打分合并方法,通

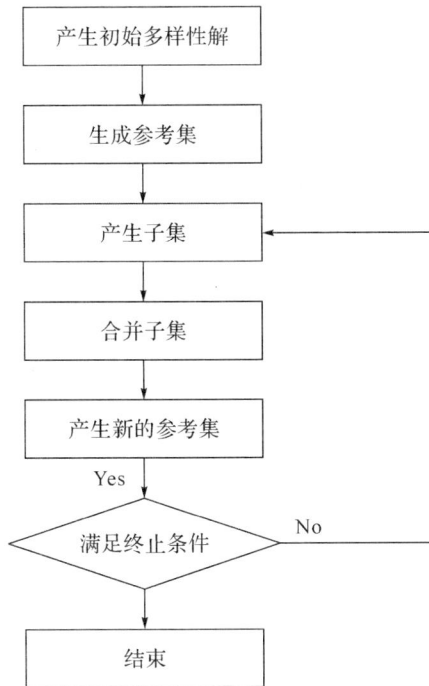

图 6-4　分散搜索法的基本流程

过挑选子集中的解,并对其元素进行打分,根据元素的分值生成新解。同时作者也提出了多层参考集的更新方法,包括三个参考集:质量好的解集、多样性程度高的解集以及同时满足一定质量和多样性的解集。在参考集更新过程中,分别按照质量的好坏、多样性程度以及兼顾质量和多样性程度的函数来更新解集,最终完成对整个参考集的更新。Gomes[200]通过引入被检测子集来提高合并过程中的多样性。同时,遗传算法中的交叉过程也常被引入子集合并中,代替子集的生成和合并,产生新解。

针对 6.2 节中所建立的数学模型,本节采用改进分散搜索(Advanced Scatter Search,ASS)算法进行问题的求解,其与传统分散搜索法的区别主要在于:第一,运用遗传算法来代替以往的子集生成和合并,直接对参考集中的解进行交叉和变异产生新解;第二,在解的改进中,通过采用模式搜索算法,对产生的新解进行局部搜索,加快收敛的速度,其算法流程如图 6-5 所示。

1. 算法变量及编码说明

由于变量 x_{jdjk},x_{hjdj},x_{hk} 之间存在一定的关联,即需要满足约束条件式 (6-21),同一个员工操作的设备必须位于同一个单元,因此可以在进行编码的时候先不加以考虑,而是在确定人员单元分配以及人员操作机器分配后由这两个基因共同确定设备单元。也就是仅考虑变量 x_{hjdj},x_{hk} 的编码,而 x_{jdjk} 的值可

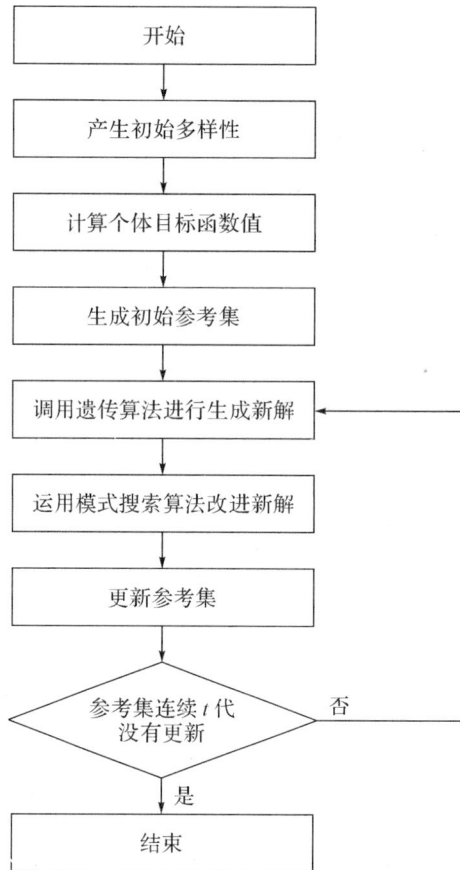

图 6-5　改进分散搜索算法流程

以直接由前面两个变量的值来确定,因此对于上述模型而言,主要考虑 0～1 变量 x_{irk},x_{hjdj},x_{hk},x_{irjdj} 以及整数变量 yy_{ir} 的编码,具体如图 6-6 所示。

在图 6-6 中,对 x_{irk},x_{hjdj},x_{hk},yy_{ir} 变量采用一维方式进行编码。变量 x_{irk} 编码长度为 $\sum_{i=1}^{P} R_i$,编码中的 $P_{11} = 1$ 表示第一种零件的第一条路径在单元 1 中进行,$P_{12} = 4$ 表示第一种零件的第二条路径在单元 4 中进行。变量 x_{hjdj} 编码长度为 $\sum_{j=1}^{M} n_j$,$M_{11} = 2$ 表示第一种设备的第一台机器由第二个人操作。变量 x_{hk} 编码长度为 H,$H_1 = 1$ 表示第一个工人归属于第一个单元,$H_2 = 3$ 表示第二个工人归属于第三个单元。根据员工操作设备以及员工的单元归属情况,可以确定设备的单元归属情况,由于第一种设备的第一台机器由第二个人操作,而第二个工人归属于第三个单元,因此根据员工必须与其操作的设备位于同一单元可以确定第一种设备的第一台机器归属于第三个单元。变量 yy_{ir} 编码长度为

x_{irk}				x_{hjdj}							x_{hk}				yy_{ir}				
P_{11}	P_{12}	$\cdots$	P_{p1}	P_{p2}	M_{11}	M_{12}	M_{21}	$\cdots$	M_{m1}	M_{m2}	M_{m3}	H_1	H_2	$\cdots$	H_h	yy_{11}	yy_{12}	$\cdots$	yy_{p1}	yy_{p2}

| 1 | 4 | $\cdots$ | 2 | 1 | 2 | 1 | 1 | $\cdots$ | 10 | 5 | 2 | 1 | 3 | $\cdots$ | 2 | 3 | 4 | $\cdots$ | 2 | 0 |

$$x_{jr}=\begin{bmatrix} 1 & 2 & \cdots & 0 \\ 2 & 0 & \cdots & 1 \\ \cdots & \cdots & \cdots & \cdots \\ 1 & 1 & \cdots & 2 \\ 2 & 2 & \cdots & 1 \end{bmatrix}\begin{matrix} P_{11} \\ P_{12} \\ \cdots \\ P_{p1} \\ P_{p2} \end{matrix}$$

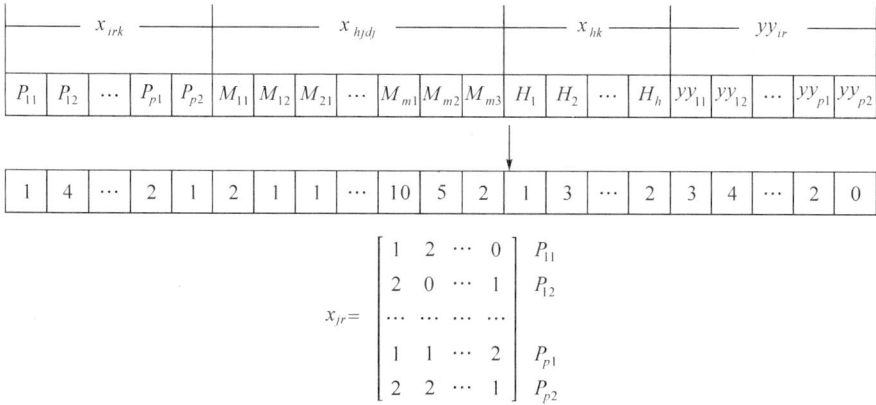

图 6-6　解的编码

$\sum_{i=1}^{P} R_i$，$yy_{11}=3$，$yy_{12}=4$ 分别表示第一种产品按照这两种路径操作的数量比例，根据这两个参数可以得到按照第一种零件的第一条路径生产的量为 $yy_{11} \times D1/(yy_{11}+yy_{12})$，按照第一种零件的第二条路径生产的量为 $yy_{12} \times D1/(yy_{11}+yy_{12})$，从以上数列中可以看到 $yy_{p1}=2$，$yy_{p2}=0$，则 p 种零件就完全按照第一种路径进行操作，而虽然 $P_{p2}=1$，但是由于没有按照该路径进行操作，所以其对目标函数产生的实际效果为 0。

对于变量 x_{irjdj}，采用 $\sum_{i=1}^{P} R_i \times \max\{n_j, j=1,2,\cdots,M\}$ 的矩阵编码方式，P_{11} 表示第一种零件的第一条路径需要使用的设备，如 $P_{11}=[1\quad 2\quad \cdots\quad 0]$ 表示需要用到第一种设备的第一台、第二种设备的第二台，而如果第 j 列 $=0$，则表示不需要该种设备；同样因为 $yy_{p2}=0$，虽然 P_{p2} 存在需要某种设备，但这并不影响目标函数的具体数值，因此也可以忽略不计。按照以上编码的方法，可以满足数学模型中除式(6-16)、(6-17)、(6-20)和(6-24)以外的所有约束。

2. 目标函数的调整

按照上述编码方法并不能保证产生的解均为可行解，为了使种群中产生的解均能符合所有的约束条件，本章节采用惩罚手段，将约束条件式(6-16)、(6-17)、(6-20)和(6-24)转化为惩罚函数，加入目标约束中，从而得到新的目标约束为：

$$\frac{\sum_{i=1}^{P}\sum_{j=1}^{M}\sum_{d_j=1}^{n_j}\sum_{r=1}^{R_i} W_{ijr} \sum_{k=1}^{K} |x_{jdjk} \times x_{irjdj} - x_{irk}|}{2} \times yy_{ir}$$

$$+ \sum_{k=1}^{K}(w_1 \times \max(0, \sum_{j=1}^{M}\sum_{d_j=1}^{n_j} x_{jdjk} - U)) +$$

$$\sum_{k=1}^{K} \left(w_2 \times \max \left(0, L - \sum_{j=1}^{M} \sum_{d_j=1}^{n_j} x_{jdjk} \right) \right) + d_1^- - d_1^+ = G_1 \tag{6-33}$$

$$\sum_{i=1}^{P} \sum_{r=1}^{R_i} \sum_{j=1}^{M} yy_{ir} \times t_{irj} + \sum_{j=1}^{M} \sum_{d_j=1}^{n_j} \left(w_3 \times \max \left(0, \sum_{i=1}^{P} \sum_{r=1}^{R_i} \sum_{k=1}^{K} yy_{ir} \right. \right.$$
$$\left. \left. \times t_{irj} \times x_{irjdj} - W_j \right) \right) + d_2^- - d_2^+ = G_2 \tag{6-34}$$

$$\sum_{k=1}^{K} \sum_{h=1}^{H} \left(CH + \sum_{i=1}^{P} \sum_{j=1}^{M} \sum_{d_j=1}^{n_j} x_{hjdj} \times Q(y_{hij}) \right) \times x_{hk}$$
$$+ \sum_{h=1}^{H} \left(w_4 \times \max \left(0, \sum_{j=1}^{M} \sum_{d_j=1}^{n_j} x_{hjdj} - G \right) \right) + d_5^- - d_5^+ = G_5 \tag{6-35}$$

其中：w_1；w_2 分别为单元规模的惩罚系数，w_3 为超设备能力的惩罚系数，而 w_4 为工人工作量超标的惩罚系数，则模型可调整为式（6-36）。

$$\begin{cases}
\min Z = p_1 (d_1^+ + d_2^+) + p_2 (d_3^+ + d_4^+ + d_5^+) \\[4pt]
\dfrac{\displaystyle\sum_{i=1}^{P} \sum_{j=1}^{M} \sum_{d_j=1}^{n_j} \sum_{r=1}^{R_i} W_{ijr} \sum_{k=1}^{K} |x_{jdjk} \times x_{irjdj} - x_{irk}|}{2} \times yy_{ir} \\[4pt]
\quad + \sum_{k=1}^{K} \left(w_1 \times \max \left(0, \sum_{j=1}^{M} \sum_{d_j=1}^{n_j} x_{jdjk} - U \right) \right) \\[4pt]
\quad + \sum_{k=1}^{K} \left(w_2 \times \max \left(0, L - \sum_{j=1}^{M} \sum_{d_j=1}^{n_j} x_{jdjk} \right) \right) + d_1^- - d_1^+ = G_1 \\[4pt]
\sum_{i=1}^{P} \sum_{r=1}^{R_i} \sum_{j=1}^{M} yy_{ir} \times t_{irj} + \sum_{j=1}^{M} \sum_{d_j=1}^{n_j} \left(w_3 \times \max \left(0, \sum_{i=1}^{P} \sum_{r=1}^{R_i} \sum_{k=1}^{K} yy_{ir} \right. \right. \\[4pt]
\quad \left. \left. \times t_{irj} \times x_{irjdj} - W_j \right) \right) + d_2^- - d_2^+ = G_2 \\[4pt]
\sum_{i=1}^{P} \sum_{r=1}^{R_i} \sum_{h=1}^{H} \sum_{j=1}^{M} \sum_{d_j=1}^{n_j} x_{hjdj} \times x_{irjdj} \times \left(\sum_{s=U_{hij}}^{Q_{hij}} T_{hij} \times s^{-l_{hij}} + \sum_{s=Q_{hij}+1}^{yy_{ir}} T_{hij} \right. \\[4pt]
\quad \left. \times Q_{hij}^{-l_{hij}} \right) + d_3^- - d_3^+ = G_3 \\[4pt]
\sum_{i=1}^{P} \sum_{r=1}^{R_i} \sum_{j=1}^{M} \sum_{d_j=1}^{n_j} yy_{ir} \times x_{irjdj} \times x_{hjdj} \times f(y_{hij}) + d_4^- - d_4^+ = G_4 \\[4pt]
\sum_{k=1}^{K} \sum_{h=1}^{H} \left(CH + \sum_{i=1}^{P} \sum_{j=1}^{M} \sum_{d_j=1}^{n_j} x_{hjdj} \times Q(y_{hij}) \right) \times x_{hk} \\[4pt]
\quad + \sum_{h=1}^{H} \left(w_4 \times \max \left(0, \sum_{j=1}^{M} \sum_{d_j=1}^{n_j} x_{hjdj} - G \right) \right) + d_5^- - d_5^+ = G_5
\end{cases}$$

$$\tag{6-36}$$

$$\sum_{k=1}^{K} \sum_{r=1}^{R_i} x_{irk} \geqslant 1, \qquad \forall i$$

$$\sum_{r=1}^{R_i} yy_{ir} = D_i, \qquad \forall i$$

$$\sum_{k=1}^{K} x_{jd_jk} = 1, \qquad \forall j, d_j$$

$$\sum_{k=1}^{K} x_{hk} \leqslant 1, \qquad \forall h$$

$$\sum_{j=1}^{M} \sum_{d_j=1}^{n_j} x_{hjd_j} \leqslant B \times \sum_{k=1}^{K} x_{hk}, \qquad \forall h$$

$$x_{hjd_j} \times x_{hk} = x_{jd_jk}, \qquad \forall h, k, j, d_j$$

$$\sum_{d_j=1}^{n_j} x_{irjd_j} = x_{irk} \times W_{ijr}, \qquad \forall i, j, r, k$$

$$x_{hjd_j} \times x_{irjd_j} \leqslant B \times y_{hij}, \qquad \forall h, i, j, d_j$$

$$x_{irk}, x_{jd_jk}, x_{irjd_j}, x_{hjd_j}, x_{hk} = 0 \ or \ 1, \qquad \forall i, r, k, j, d_j, h$$

$$yy_{ir} \ 为整数, \qquad \forall i, r$$

3. 产生多样性解

多样性解是指解集分布的均匀性和广泛性,可以采取随机的方式产生多样性解,但是本节为了提高多样性的程度,通过设置阈值来控制多样性,从而避免产生的解过于集中。本书通过计算新入个体与已有群体内的个体的欧式距离是否超过阈值判断该个体是否能够加入种群,从而使得种群中的个体始终保持一定的距离。

$$欧式距离: distant_j = \Big[\sum_{v=1}^{V} (N_{rv} - Q_{jv})^2 \Big]^{\frac{1}{2}} \tag{6-37}$$

其中: $distant_j$ 表示新个体与种群中第 j 个个体的距离, N_i 表示新产生的个体, Q_j 表示已有种群中第 j 个个体。

当所有的 $distant_j \geqslant T_a$ 时,则接受该新个体,其中 T_a 为阈值,可以是固定的,也可以是动态的,但是根据文献[201]所做的实验,动态的阈值并没有获得较好的效果,因此本书采用固定的阈值。

在生产初始解后,则可以根据文献[202]提出的方法进行分布均匀性的检验。

$$SP = \sqrt{\frac{1}{W-1} \sum_{i=1}^{W} (\overline{distant} - distant_{ij})^2}$$

$$disatnt_{ij} = \Big(\sum_{v=1}^{V} (Q_{rv} - Q_{jv})^2 \Big)^{\frac{1}{2}} \tag{6-38}$$

其中：$disatnt_{ij}$ 表示种群集合 Q 中任意两个个体之间的欧式距离，$\overline{disatnt}$ 表示所有欧式距离的平均值，W 表示集合 Q 的个体总数，SP 值越小，表明分布越均匀，理想的情况是 $SP=0$。

4. 个体目标函数值的计算

根据模型目标函数计算个体的目标函数：

$$\bar{\omega} = p_1(d_1^+ + d_2^+) + p_2(d_3^+ + d_4^+ + d_5^+) \tag{6-39}$$

5. 建立初始参考集

在分散搜索算法中，参考集由两部分子集组成：第一部分为高质量解集 b_1，第二部分为多样性解集 b_2。对于高质量解集，只要计算解集中个体的目标函数，并根据目标函数值的优劣进行排序，在 a 个个体中选择 a_1 个最优的进入高质量解集 b_1。而对于初始多样性解子集，首先在剩余初始解 $a-a_1$ 个个体中选择与高质量解集中个体欧式距离之和最大的个体放入多样性解集 b_2 中，然后再在剩余的个体中选择一个与现有的 b_1 和 b_2 集合中个体欧式距离之和最大的个体放入 b_2 中，重复此过程直到选择 a_2 个个体填充 b_2 集合为止。

6. 产生新解

在分散搜索法中，一般采用子集合并来产生新解，本节将采用遗传算法的方法产生新解，其具体步骤如下。

Step 1：根据轮盘赌选择法分别在高质量解集 b_1 和多样性解集 b_2 中选择一个个体，分别作为父代和母代。

Step 2：根据一定的交叉率对个体进行交叉，产生新的染色体。由于编码中染色体包含不同含义的五部分，因此对这五部分分别设定一定的交叉率然后进行各部分的单点交叉。

7. 个体解的改进

解的改进主要是对产生的多样性解集采用局部搜索的方法进行改进，本节采用 PS（模式搜索法）的方法改进解，根据目标函数进行判断，当改进解的目标函数更优时，则用新的解代替原有的解，反之则仍然使用原有的解。

模式搜索作为动态排序算法（Dynamic Sorted Algorithm，DSA）中的一种，其主要是借助模式向量在当前点周围产生一组网格，如果在这些网格点中找到一个新点使目标函数值得以改善，下一步迭代将以新点作为当前点。其基本算法步骤如下[203]。

Step 1：确定初始点并计算其目标函数。

Step 2：产生网格点。网格点产生的方法是在当前点处加上 m 倍的模式向量，m 为网格尺寸。

Step 3：评价目标函数，如果发现某一网格点的函数值优于当前点，则接受该网格点为新的当前点，并将网格尺寸扩大 2 倍，否则当前点不变，并将网格尺寸收缩 1/2。

Step 4：重复 Step 2 和 Step 3，直到满足迭代终止条件。

本节仅仅是通过 PS 方法进行解的优化，因此其终止条件只要满足迭代次数即可，为了减少算法的计算时间，迭代次数也不宜过多，一般取 2～3 次即可。

8. 更新参考集

更新参考集是在现存参考集和改进后的新解中选择 a_1 个高质量的解，而对于多样性解的选择，除了考虑多样性外，同时兼顾其目标函数值。本书设置一个阈值 TC，在现存参考集和改进后除去高质量解 a_1 外，对剩余的解计算其目标函数值，将目标函数值超过阈值 TC 的解按照多样性的大小进行排列，选择多样性最好的 a_2 个解作为多样性解集，从而将新解中优质和多样性的解加入参考集中，剔除现存参考集中质量和多样性最差的解。

9. 算法终止准则

本书采用参考集收敛作为算法终止的标准，也就是当参考集中的个体连续 t 代没有发生变化时，算法终止，$t \geqslant 2$。

6.3.3　算法实验及其结果分析

在本节中采用的改进分散搜索法中采用遗传算法代替以往的子集生成和合并，采用模式搜索法进行解的改进，因此将该算法应用于单元构建的标杆问题，并与其他算法进行比较，来验证本算法的有效性。

单元构建问题的标杆问题考虑设备单元以及零件族的划分，并以机器利用率为其目标函数：$Mu = ed / \sum_{k=1}^{C} m_k \times n_k$，其中，$Mu$ 表示机器的利用率，ed 表示单元中机器的台数，C 表示单元的个数，m_k，n_k 分别表示单元 k 矩阵块中包含的机器种类和产品种类，Mu 值越大表示成组效率越好[38]。

在表 6-4 中，对 12 个标杆问题设置了参数，其中初始种群个数为 100，参考集数为 20，迭代次数为 200，然后分别采用 GA，SS 以及 ASS 算法进行了计算，从最优解和时间两方面对三种算法进行比较。从表 6-4、图 6-7 和图 6-8 中可以看出，对于小规模的问题，三种算法均能得到最优的设备利用率，且 GA 相对于其他两种算法所需的时间更短，但是随着问题规模的不断扩大，可以看出 GA 所得的最优解要劣于其他两种算法，而 ASS 虽然其计算时间要高于 GA 和 SS 两种算法，但是其可以得到更好的最优解，因此可以说 ASS 算法在寻求最优解方面要明显优于另外两种算法。

表6-4 GA,SS以及ASS计算结果比较

序号	问题的来源	规模(零件×设备)	GA 最优解	GA 时间(s)	SS 最优解	SS 时间(s)	ASS 最优解	ASS 时间(s)
1	Waghodekar and Sahu [204, Fig. 4a]	5×7	0.6957	0.7316	0.6957	0.8012	0.6957	0.699
2	Seifoddini [205]	5×18	0.7959	0.6275	0.7959	0.8331	0.7959	1.1075
3	Kusiak and Cho [206]	6×8	0.7692	0.8125	0.7692	0.9756	0.7692	0.8214
4	Boctor [207, Fig. 1b]	7×11	0.7083	0.7405	0.7083	1.2316	0.7083	0.9271
5	Mosier and Taube [208]	10×10	0.75	0.6455	0.75	1.5461	0.75	1.2493
6	Chan and Milner [209]	10×15	0.92	0.7605	0.92	1.7452	0.92	1.4619
7	Chandrasekharan and Rajagopalan [210]	8×20	0.8525	0.7695	0.8525	1.3739	0.8525	0.8517
8	Srinivasan et al. [211]	16×30	0.6861	0.8376	0.6899	1.9283	0.6899	1.582
9	Boe and Cheng [212]	20×35	0.5714	1.0348	0.5714	2.6232	0.5798	2.8172
10	Kumar and Vannelli [213]	30×41	0.6139	1.4231	0.6274	2.5627	0.6331	3.2416
11	McCormick et al. [214]	37×53	0.5247	1.8963	0.6048	12.2869	0.6064	16.6578
12	King and Nakornchai [215]	36×90	0.4378	2.818	0.4535	16.6021	0.4635	18.6103

最优解的数值

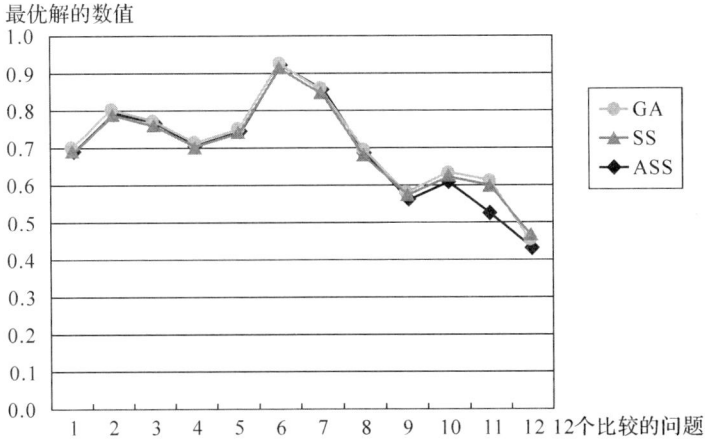

图 6-7　三种算法最优解的比较分析

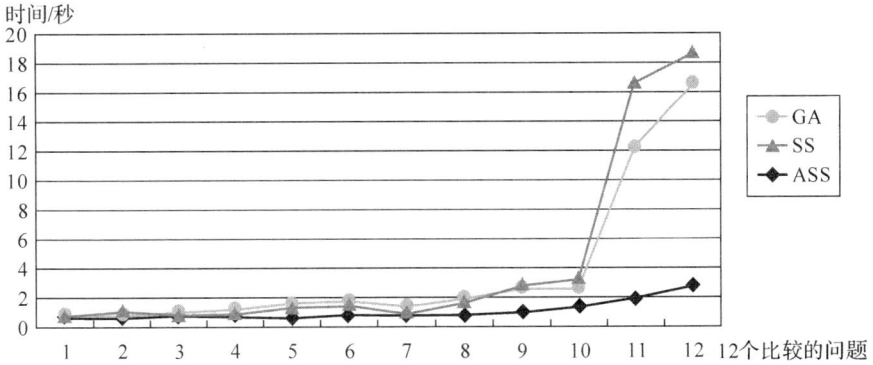

时间/秒

图 6-8　三种算法所需时间的比较分析

6.4　算例及其灵敏度分析

6.4.1　算例基本描述

根据以上所提数学模型和算法,我们应用 Matlab 语言编程实现,并在 HP 541 内存 2G 计算机上进行大量的实验,获得了较好的效果。下面给出了具体的实例数据。

表 6-5　设备—产品关系

	M1	M2	M3	M4	M5	M6	M7	M8	批　次
P1－1			0.5			0.4		0.8	200
P1－2				0.8		0.4		0.6	200
P2－1		1.2	1.2				1.3		150
P2－2	1.2	1.2				1.2			150
P3－1			0.9		1		0.9		140
P3－2	0.7		1.2			0.8			140
P4－1				1.1	1.1			1	250
P4－2			1.3		1.2		1.4		250
P5－1	1.2		1.3			0.9			300
P5－2	1		1		1.3				300
P6－1	1.5			1.2				1.2	180
P6－2	1.5				1		1.1		180
P7－1				1		1.2		1	160
P7－2		1.2		1.5		0.8			160
P8－1			1		0.3		0.6		200
P8－2		1.4		1.2	1				200
P9－1	1				0.6		0.9		240
P9－2	1			0.6	0.8				240
P10－1					1		0.8	1	100
P10－2	0.8				1		1		100
P11－1		1	0.9			0.7			220
P11－2	0.8				1			1	220
P12－1		1.3		0.8			0.8		250
P12－2	0.7	1.2			0.9				250
P13－1				1.2		0.4		1.3	130
P13－2	1		0.6			0.4			130
P14－1		1.1			0.9		1.6		140
P14－2	1.7		1.5			1.5			140

续表

	M1	M2	M3	M4	M5	M6	M7	M8	批　次
P15－1		0.7		0.6		0.9			190
P15－2		1.3		0.6	0.9				190
P16－1				0.9			1.3	0.7	270
P16－2	0.8				1			0.7	270
设备台数	2	1	2	1	2	1	1	1	

注:表中数据表示对应设备操作所需时间/批次产品,如 0.8 表示第一种产品的第二条路径需要设备 M4,并且在设备上操作的时间为 0.8 小时/批次。

表 6-6　人员操作设备等级情况

	M1	M2	M3	M4	M5	M6	M7	M8
H1	0(0.95)	0(0.97)	2(0.85)	1(0.92)	0(0.95)	0(0.95)	1(0.87)	2(0.85)
H2	1(0.82)	2(0.9)	1(0.87)	3(0.9)	0(0.95)	0(0.93)	1(0.94)	2(0.86)
H3	2(0.9)	1(0.97)	3(0.9)	1(0.87)	3(0.9)	1(0.92)	0(0.85)	1(0.9)
H4	2(0.82)	1(0.82)	0(0.95)	0(0.85)	2(0.9)	2(0.95)	0(0.92)	3(0.9)
H5	2(0.95)	3(0.95)	1(0.95)	2(0.95)	2(0.92)	1(0.95)	4(0.92)	0(0.88)
H6	0(0.85)	2(0.9)	4(0.9)	0(0.87)	0(0.91)	0(0.85)	0(0.87)	3(0.95)
H7	4(0.9)	1(0.97)	1(0.9)	0(0.95)	1(0.92)	2(0.9)	1(0.92)	0(0.95)
H8	2(0.9)	0(0.85)	1(0.87)	4(0.9)	2(0.9)	0(0.95)	2(0.90)	1(0.9)

注:0 表示操作者没有操作过该种设备;1,2,3,4,5 则表示操作者操作该设备的等级;如(H3,M2)=1(0.97),其中 1 表示 H3 操作第二种设备的等级为 1,0.97 表示 H3 对 M2 的学习率为 97%。

算例数值可见表 6-5 和表 6-6。表 6-5 中,主要有 8 种设备生产 16 种零件,每种零件都有两种生产路径可供选择,而 8 种设备中,除了 M1,M3 和 M5 有两台外,其他的均为一台。在人员方面,目前有 8 个人可以操作这 11 台设备,不同的员工操作不同设备的等级和学习能力是不同的,表 6-6 中的数字表示操作人员操作某种设备的熟练程度及学习率,一般熟练程度与其在设备上已操作零件数的批次成正比。

假设所有员工操作所有设备的开始时间均为 8 分钟/批次,且每个员工最多只能操作 3 台设备。

假设其中的质量损失函数为 $f(y_{hij}) = e^{(-y_{hij})}$。

假设工人工资等级函数为 $\sum_{h=1}^{H} \left(\sum_{j=1}^{M} 8000 \times (1 - e^{(-y_{hij})}) + 4000 \right)$。

假设 G1～G5 分别为 1000,8600,450,400,98000。

运用 6.3 的改进分散搜索算法对式(6-36)进行求解分析,假设 $p_1 = p_2 = 1$,可以得到如图 6-9 和表 6-7 所示的结果。此时零件 1～16 所选的路径分别为 1_2_1_1_1_1_1(2)_1_2_1_1_2_2_1_1_2,零件 7 采用两条路径同时生产,以满足设备的负荷要求。设备 M1,M2,M3,M6 和零件 P1,P2,P5,P7,P11,P12,P13 归属于第一个单元;设备 M1,M4,M5,M8 和零件 P4,P6,P7,P9,P16 归属于第二个单元;设备 M3,M5,M7 和零件 P3,P8,P10,P14,P15 归属于第三个单元。员工 H7 操作第一单元的 M1 和 M6,H6 操作第一单元的 M2 和 M3;H8 操作第二单元的 M1 和 M4,H3 操作第二个单元的 M5 和 M8;H5 操作第三单元的所有设备。根据此方案,可得物料搬运为 770 批次、设备操作时间总和为 8694 小时,员工操作总时间为 431 小时,质量损失量为 417 批次、工人工资为 96800 元。此时设备操作的总时间没有满足预期的要求,正偏差为 94,人员的质量损失批次也没有达到要求,正偏差值为 17,当 $p_1 = p_2 = 1$ 时得到的目标函数值为 111。

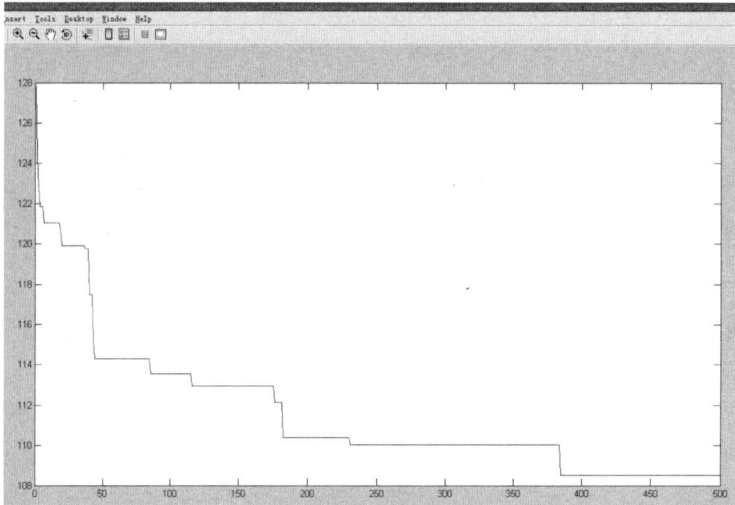

图 6-9　改进分散搜索算法收敛曲线

表 6-7　当 $p_1 = p_2 = 1$ 时设备单元划分与人员任务分配

	M1	M6	M2	M3	M1	M4	M5	M8	M7	M5	M3	
P2-2	1.2	1.2	1.2									150
P5-1	1.2	0.9		1.3								300
P11-1		0.7	1	0.9								220

续表

	M1	M6	M2	M3	M1	M4	M5	M8	M7	M5	M3	
P13－2	1	0.4		0.6								130
P12－2	0.7		1.2				0.9					250
P1－1		0.4		0.5				0.8				200
P7－2		0.8	1.2			1.5						80
P6－1					1.5	1.2		1.2				180
P7－1		1.2				1		1				80
P4－1						1.1	1.1	1				250
P9－2					1	0.6	0.8					240
P16－2					0.8		1	0.7				270
P15－1									0.9	0.6	0.7	190
P10－1								1	0.8	1		100
P14－1			1						1.6	0.9		140
P3－1									0.9	1	0.9	140
P8－1									0.6	0.3	1	200
设备负荷	845	896	950	766	726	835	962	995	721	540	459	8694
操作人员	H7		H6		H8		H3		H5			
操作人员 的等级	4	2	2	4	2	4	3	1	4	2	1	

6.4.2　目标函数权重系数的灵敏度分析

根据 6.4.1 可知,对于式(6-36)而言,当目标函数中 $p_1 = p_2 = 1$ 时,可以得到如表 6-7 所示的结果,但目标函数中的权重值可以根据企业生产实际要求进行调整,从而得到不同的结果。

1. 以设备及物流目标为首要目标

调整式(6-36)中目标函数的权重,使得 $p_1 \gg p_2$,也就是以设备及物流目标作为首要目标,同样依据 6.4.1 中的具体数据,可以得到如表 6-8 所示的结果。由于权重系数 p_1 远远大于 p_2,问题求解时就会首先考虑满足设备及物流的目标要求,然后再在此基础上分析人员的工作分配,其基本思想及结果都等同于采用的两阶段分析法,因此可以将两阶段分析法看成是式(6-36)中目标权重设置为 $p_1 \gg p_2$ 的一种特殊情况,是式(6-36)的一个特例。

2. 以人员目标作为首要目标

调整式(6-36)中目标函数的权重,使得 $p_1 \ll p_2$,也就是以人员作为首要目标,基于 6.4.1 中所设数据,则可以得到如表 6-9 所示的结果。此时零件 1~16 所选的路径分别为 1_2_2_1_1(2)_2_1_2_1_2_2_1_2_1(2)_1(2)_2,零件 5、14、15 两条路径同时运作,从而满足设备的负荷要求。设备 M1,M3,M6 和零件 P1,P2,P3,P5,P13,P14 归属于第一个单元;设备 M1,M5,M7 和零件 P6,P9,P10,P11,P15,P16 归属于第二个单元;设备 M2,M4,M5,M8 和零件 P4,P7,P8,P12,P14,P15 位于第三个单元。员工 H7 操作第一单元的全部设备,H5 操作第二单元的全部设备,H2 操作第三单元的 M2 和 M4,H4 操作第三单元的 M5 和 M8。

根据所获得的最优解,可得物料搬运为 1050 批次、设备总操作时间为 8974 小时、人员操作时间为 430 小时、质量损失量为 400、工人工资为 78556 元。此时,人员目标都达到了规定的要求,而物料搬运以及设备操作总时间均没有达到规定的要求,正偏差值分别为 50 和 374。

以人员目标作为首要目标进行问题分析时,就会首先考虑满足人员的目标要求,然后再在此基础上分析设备的单元划分,因此其也相当于用两阶段法来分析单元构建问题,只是此时先考虑人员目标,然后再考虑设备及物流目标。将此结果与表 6-8 相比可知,其最优目标函数值(424)劣于同时考虑设备单元划分与人员工作安排(也就是 $p_1 = p_2$)所得结果(目标函数值为 111)。

表 6-8　当 $p_1 \gg p_2$ 时设备单元划分与人员工作分配

	M1	M6	M2	M3	M4	M5	M8	M1	M3	M5	M7	批　次
P1－1		0.4		0.5			0.8					200
P2－2	1.2	1.2	1.2									150
P3－2	0.7	0.8		1.2								140
P5－1	1.2	0.9		1.3								100
P11－1		0.7	1	0.9								220
P12－2	0.7		1.2			0.9						180
P12－2	0.7		1.2							0.9		70
P13－2	1	0.4		0.6								130
P4－1					1.1	1.1	1					250
P7－1		1.2			1		1					160
P9－2	1				0.6	0.8						240

续表

	M1	M6	M2	M3	M4	M5	M8	M1	M3	M5	M7	批 次
P16－2						1	0.7	0.8				270
P5－2								1	1	1.3		200
P6－2								1.5		1	1.1	180
P10－2								0.8		1	1	100
P14－1			1.1							0.9	1.6	140
P8－1									1	0.3	0.6	200
P15－1									0.7	0.6	0.9	190
设备负荷	943	860	854	674	579	899	759	766	533	903	813	8583
操作人员	H7		H6		H8			H3		H5		
操作设备等级	4	2	2	4	4	2	1	2	3	2	4	

表 6-9 当 $p_1 \ll p_2$ 时的单元构建方案

	M1	M6	M3	M1	M5	M7	M2	M4	M5	M8	批 次
P13－2	1	0.4	0.6								130
P14－2	1.7	1.5	1.5								70
P2－2	1.2	1.2					1.2				150
P3－2	0.7	0.8	1.2								140
P5－2	1		1						1.3		100
P1－1		0.4	0.5						0.8		200
P5－1	1.2	0.9	1.3								200
P9－1				1	0.6	0.9					240
P6－2				1.5	1	1.1					180
P15－1			0.7		0.6	0.9					100
P11－2				0.8	0.8					1	220
P10－2				0.8	1	1					100
P16－2				0.8	1					0.7	270
P8－2							1.4	1.2	1		200
P7－1		1.2						1		1	160

续表

	M1	M6	M3	M1	M5	M7	M2	M4	M5	M8	批　次
P12－1						0.8	1.3	0.8			250
P4－1								1.1	1.1	1	250
P15－2		0.9					1.3	0.6			90
P14－1						0.6	1.1		0.9		70
设备负荷	867	982	881	982	930	916	979	929	668	840	8974
操作人员	H7			H5			H2		H4		
操作设备的等级	4	2	1	2	2	4	2	3	2	3	

3. 目标函数权重系数比例分析

单元构建方案的结果是离散的,并不会因为权重比值的微小变化而引起最优方案的变化。在上述算例的三个方案中,当 $1:18 \leqslant p_1:p_2 \leqslant 4:1$ 时,选择如表6-8所示的结果;当 $p_1:p_2 \leqslant 1:18$ 时,选择如表6-9所示的结果;而当 $p_1:p_2 \geqslant 4:1$ 时,则选择如表6-7所示的结果。很明显侧重点的不同会大大影响实际方案的构建,管理者可以根据企业实际目标以及对目标侧重点的不同进行方案的选择,从而获得满足企业生产实际的构建方案。

4. 人员目标权重系数灵敏度分析

人员目标中的三个目标是相互排斥的,如果希望由较少的人员来完成所有的工作,那么在允许的情况下让每个员工尽可能地多操作一些设备,但每个员工根据以往的实践经历,操作不同设备所需的时间和质量水平是不同的,在降低工人工资成本的同时,可能会引起质量损失和员工操作时间的增加。同样,如果设备都是由高技能的员工进行操作,那么就会增加相应的工资成本,但由于员工的技能水平较高,质量损失量和员工操作时间就会有所下降。在此,以人员目标作为首要目标的前提下,也就是 $p_1 \ll p_2$ 时,通过权重系数的不同来分析员工工作内容分配的情况。

首先,对人员目标中的三个目标进行量纲一致性操作,转化为成本,设质量损失成本为 100 元/批次,人员操作时间成本为 50 元/小时,质量和人员操作时间成本的权重为 Q_1,而工人的工资成本权重为 Q_2,则目标规划模型如式(6-40)所示。

$$
\begin{cases}
\min Z = p_1(d_1^+ + d_2^+) + p_2(Q_1 CP_1 + Q_2 CP_2) \\[2mm]
\dfrac{\displaystyle\sum_{i=1}^{P}\sum_{j=1}^{M}\sum_{d_j=1}^{n_j}\sum_{r=1}^{R_i} W_{ijr}\sum_{k=1}^{K}|x_{jdjk}\times x_{irjdj}-x_{irk}|}{2}\times yy_{ir} \\[2mm]
\qquad + \displaystyle\sum_{k=1}^{K}(w_1\times\max(0,\sum_{j=1}^{M}\sum_{d_j=1}^{n_j}x_{jdjk}-U)) \\[2mm]
\qquad + \displaystyle\sum_{k=1}^{K}(w_2\times\max(0,L-\sum_{j=1}^{M}\sum_{d_j=1}^{n_j}x_{jdjk}))+d_1^- - d_1^+ = G1 \\[2mm]
\displaystyle\sum_{i=1}^{P}\sum_{r=1}^{R_i}\sum_{j=1}^{M} yy_{ir}\times t_{irj} + \sum_{j=1}^{M}\sum_{d_j=1}^{n_j}(w_3\times\max(0,\sum_{i=1}^{P}\sum_{r=1}^{R_i}\sum_{k=1}^{K} yy_{ir} \\[2mm]
\qquad\times t_{irj}\times x_{irjdj}-W_j))+d_2^- - d_2^+ = G2 \\[2mm]
CP_1 = \displaystyle\sum_{i=1}^{P}\sum_{r=1}^{R_i}\sum_{h=1}^{H}\sum_{j=1}^{M}\sum_{d_j=1}^{n_j} x_{hjdj}\times x_{irjdj} \\[2mm]
\qquad\times\Big(\displaystyle\sum_{s=U_{hij}}^{Q_{hij}} T_{hij}\times s^{-l_{hij}} + \sum_{s=Q_{hij}+1}^{yy_{ir}} T_{hij}\times Q_{hij}^{-l_{hij}}\Big)\times 10 \\[2mm]
\qquad + \displaystyle\sum_{i=1}^{P}\sum_{r=1}^{R_i}\sum_{j=1}^{M}\sum_{d_j=1}^{n_j} yy_{ir}\times x_{irjdj}\times x_{hjdj}\times f(y_{hij})\times 50 \\[2mm]
CP_2 = \displaystyle\sum_{k=1}^{K}\sum_{h=1}^{H}\Big(CH + \sum_{i=1}^{P}\sum_{j=1}^{M}\sum_{d_j=1}^{n_j} x_{hjdj}\times Q(y_{hij})\Big)\times x_{hk} \\[2mm]
\qquad + \displaystyle\sum_{h=1}^{H}(w_4\times\max(0,\sum_{j=1}^{M}\sum_{d_j=1}^{n_j} x_{hjdj}-G))
\end{cases}
$$

$$(6\text{-}40)$$

$$\sum_{k=1}^{K}\sum_{r=1}^{R_i} x_{irk}\geqslant 1,\qquad \forall i$$

$$\sum_{r=1}^{R_i} yy_{ir} = D_i,\qquad \forall i$$

$$\sum_{k=1}^{K} x_{jdjk} = 1,\qquad \forall j,d_j$$

$$\sum_{k=1}^{K} x_{hk}\leqslant 1,\qquad \forall h$$

$$\sum_{j=1}^{M}\sum_{d_j=1}^{n_j} x_{hjdj}\leqslant B\times\sum_{k=1}^{K} x_{hk},\qquad \forall h$$

$$x_{hjdj} \times x_{hk} = x_{jdjk}, \qquad \forall\, h,k,j,d_j$$

$$\sum_{d_j=1}^{n_j} x_{irjdj} = x_{irk} \times W_{ijr}, \qquad \forall\, i,j,r,k$$

$$x_{hjdj} \times x_{irjdj} \leqslant B \times y_{hij}, \qquad \forall\, h,i,j,d_j$$

$$x_{irk}, x_{jdjk}, x_{irjdj}, x_{hjdj}, x_{hk} = 0 \text{ or } 1, \qquad \forall\, i,r,k,j,d_j,h$$

$$yy_{ir} \text{ 为整数}, \qquad \forall\, i,r$$

在表 6-9 中,企业已经采用最少的人员来进行工作,但是得到的质量损失批次和操作时间分别为 400 小时和 430 小时。基于 $Q_1 = Q_2 = 1$ 以及以上假设,可以得出表 6-9 的人员成本值,它们分别为: $CP_1 = 400 \times 100 + 431 \times 50 = 61550$ 元; $CP_2 = 78556$ 元。

如果企业比较重视质量和效率,希望质量损失和操作时间成本较小,则会采取增加人员的措施,从而增加人员操作设备的等级,表 6-9 中 H7 操作设备 M1,M3 和 M6,但是其操作设备 M3 的等级只有 1,假设 H7 只操作 M1 和 M6,而 H6 操作 M3,则此时的质量损失量为 275,操作时间为 425 小时。而由此引起质量和时间成本降低了 $125 \times 100 + 5 \times 50 = 12750$ 元;但是工人的工资增加到了 85352 元,增加了 6796 元,总成本还是降低了 5954 元。

随着操作人员的增加,质量损失和操作时间有所下降,工人的工资成本则在不断上升。在前面改动的基础上,让 H5 操作设备 M1 和 M7,而 H3 操作 M5,则质量损失降低到了 240,操作时间降低到了 423 小时,而工人成本则增加到了 90036 元,则此时总成本降低了 4920 元。如果考虑所有员工的特长,即安排所有工人到合适的工作岗位,得到如表 6-10 所示的结果,最终可以得到质量损失量为 205,操作时间为 420 小时,工人的工资成本为 106972 元,此时总成本比最初增加了 8366 元。可以看出随着操作人员的增加,质量损失和操作时间成本是随之下降的,而工人的工资成本则随之上升,具体如图 6-10 和表 6-10 所示。

根据以上分析,当管理者关注的侧重点不同时,就会选择不同的方案进行人员的工作安排,体现在模型中则是权重系数 Q_1 和 Q_2 的比值变化。当 $\dfrac{Q_1}{Q_2} \leqslant \dfrac{3}{4}$ 时,会选择表 6-9 的方案;当 $\dfrac{3}{4} \leqslant \dfrac{Q_1}{Q_2} \leqslant \dfrac{7}{4}$ 时,会在表 6-9 方案的基础上,增加一个员工 H6,让他操作 M3;当 $\dfrac{7}{4} \leqslant \dfrac{Q_1}{Q_2} \leqslant \dfrac{2}{1}$ 时,会在增加 H6 的基础上再增加一个员工 H3,让其操作第二单元的 M5;当 $\dfrac{2}{1} \leqslant \dfrac{Q_1}{Q_2} \leqslant \dfrac{5}{2}$ 时,则会在前面基础上再增加一个员工 H1,让其操作第四单元的 M5;当 $\dfrac{Q_1}{Q_2} \geqslant \dfrac{5}{2}$ 时,则会选择再增加一

个员工 H8 操作第三单元的 M2,此时就由 8 个人操作 11 台设备。

表 6-10　操作人员工作分配的不同分配表

		M1	M6	M3	M1	M7	M5	M2	M4	M5	M8	人员操作设备的等级和
	设备负荷	867	982	867	982	895	930	979	929	745	840	
	操作批次	790	1140	940	1010	940	1110	760	950	620	1100	
四人操作	操作人员	H7			H5			H2		H4		25
	操作设备的等级	4	2	1	2	4	2	2	3	2	3	
五人操作	操作人员	H7		H6	H5			H2		H4		28
	操作设备的等级	4	2	4	2	4	2	2	3	2	3	
六人操作	操作人员	H7		H6	H5		H3	H2		H4		29
	操作设备的等级	4	2	4	2	4	3	2	3	2	3	
七人操作	操作人员	H7		H6	H5			H2	H2	H1	H4	30
	操作设备的等级	4	2	4	2	4	3	2	3	3	3	
八人操作	操作人员	H7		H6	H5		H3	H2	H8	H1	H4	31
	操作设备的等级	4	2	4	2	4	3	2	4	3	3	

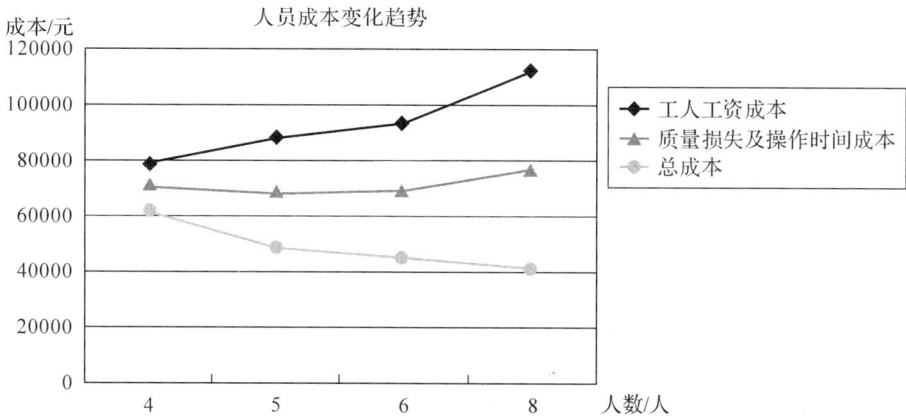

图 6-10　人员成本变化趋势

6.5　基于学习—遗忘的单元构建问题

引入学习曲线来计算各个零件的加工时间,考虑了人的因素,使得数据更加准确,然而在多周期问题中,由于不同时期员工操作的设备不同,在考虑员工学习效应的同时，也必须考虑到员工的遗忘性，即当员工停止对某一产品的加工，每过一段累计产量的中断，加工单位产品所需的工时上升到原来的某个水平。

Carlson[216]提出了遗忘曲线的数学模型，他们认为其提出的模型是遗忘曲线最佳的模型，并且其数学表达式与学习曲线相似，这也意味着遗忘其实就是学习的一个镜像过程。其数学表达式如下：

$$\hat{y}(x) = \hat{y}(1)x^f \tag{6-41}$$

其中：$\hat{y}(x)$ 表示曲线中第 x 次的经验遗忘；

$\hat{y}(1)$ 表示遗忘曲线的截距；

f 表示遗忘斜度，也叫遗忘率。

对于遗忘曲线，它有以下几个特征：

(1)中断前所得到的经验总量影响遗忘的程度。

(2)中断的时间影响遗忘的程度。

(3)中断后再学习的学习率与中断前相同。

(4)学习和遗忘是一个镜像的过程。

(5)员工学习得越快，其遗忘也越快。

6.5.1 遗忘曲线的研究现状

与学习曲线模型相比，在工业背景下，对遗忘模型的研究是比较稀少的。Globerson[217]提到，很少研究遗忘的一个重要原因大概可以归结为现实中很难获得关于遗忘水平的时间函数。现有的遗忘研究可以大致分为两个方向：一部分学者希望通过检验工业背景下的影响因素，从而达到对遗忘现象的理解；而另一部分希望通过开发数学的框架，用精确的数学表达式来评估遗忘在工业背景下的影响。

Bailey[218]通过进行实验研究，检验人的学习和遗忘效应。他们认为遗忘会受中断前所学的量、学习过程中的中断的间隔长度等因素的影响。因此，对于一个给定水平的经验，工人中断时间短的遗忘会比中断时间长的遗忘忘记得更少些。相似的，对于给定的中断长度，经验更丰富的员工比经验较少的员工更不容易忘记。

一部分学者对遗忘模型的研究是不基于实验数据的，如 Jaber 和 Boney[219]，而另一些学者如 Nembhard 和 Uzumer[220]利用实际的实验设置数据来构建遗忘曲线的模型。但是这两者的模型都存在缺陷：首先，模型不考虑学习中断的情况；其次，模型的数据是基于实验数据而不是工业背景。随后学者对学习过程中中断时间的控制，使得中断时间在一个范围内变动，通过了对数百个员工在不同的中断时间下的学习效应的数据分析，得出遗忘与学习是相关的结论[221]。

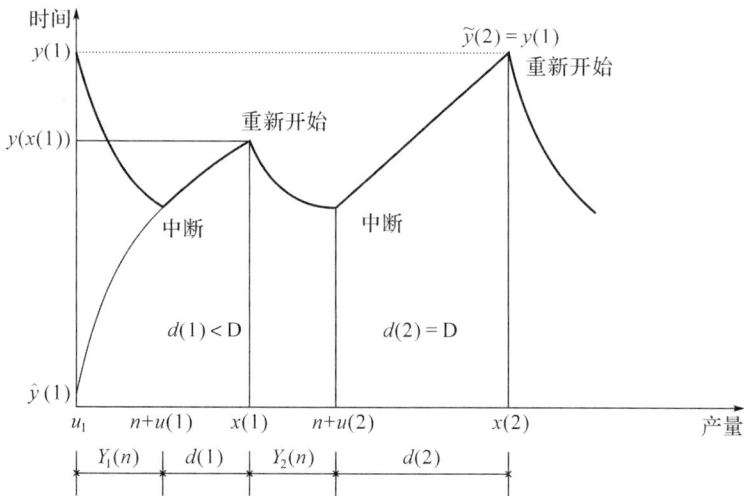

图 6-11　学习—遗忘曲线模型[221]

其中,横坐标表示累积的生产量,纵坐标表示单位产品所需要的工时。从图中可以发现,当学习中断时间超过遗忘时间（D）,即图中 $d(2) = D$ 时,重新开始学习,其学习率为先前的学习率;当学习中断时间没有超过遗忘时间时,即 $d(1) < D$ 时,其遗忘率的计算公式如下:

$$f_i = \frac{b(1-b)\log(u_i + n_i)}{\log(C_i + 1)} \tag{6-42}$$

$$C_i = D\left[\frac{y(1)(u_i + n_i)^{1-b}}{1-b}\right]^{-1} \tag{6-43}$$

其中:

i 表示循环次数;

f_i 表示循环 i 的遗忘率;

b 表示学习率;

u_i 表示循环 i 开始时员工所记得的单元数;

n_i 表示员工在循环 i 生产的单元数;

D 表示遗忘时间;

$y(1)$ 表示中断前加工第一个产品所需要的时间。

6.5.2　基于学习—遗忘曲线的双资源单元构建模型

单元构建问题可以被描述为:在已知设备类型、数量、生产能力以及所要加工的零件类型、数量、工艺路径、设备标准的条件下,将设备及相关的零件进行合理的分组,形成一个个相对独立的加工单元,从而实现单元间物料搬运距离最少、在制品数量最少等目的。

本书以时间成本最低原则建立数学模型,考虑在多个周期内的单元间物料的处理时间、设备载荷偏差以及设备操作人员的加工准备时间之和的最小值为目标函数。

考虑问题的复杂性,数学模型基于以下假设:

(1)单元间物料依批次处理且不同物料的处理时间已知。

(2)每种零件有多条工艺路径且每条工艺路径下不同设备对零件的加工时间已知。

(3)每个物料处理人员可处理的物料和每个设备操作工人可操作的设备确定。

(4)单元划分数确定。

(5)各个周期内的需求可预测。

(6)每个设备操作工人的学习率已知。

(7)员工的遗忘率可通过相应的学习率计算得出。

(8)总遗忘中断时间已知。

1. 参数及下标说明

F_x 表示单元间物料处理时间;

F_y 表示设备载荷偏差;

F_z 表示设备操作人员加工准备时间;

F_d 表示所有设备的零件加工时间;

c 表示单元,$c = 1,2,\cdots,C$,其中 C 表示单元的数目编号;

p 表示零件,$p = 1,2,\cdots,P$,其中 P 表示零件种类编号;

m 表示设备,$m = 1,2,\cdots,M$,其中 M 表示设备类型编号;

t 表示周期,$t = 1,2,\cdots,T$,其中 T 表示周期编号;

B 表示单元间物料处理批量;

W 表示设备加工准备时间稳定时的零件数量;

z 表示学习中断时间;

D 表示遗忘时间;

b 表示学习率;

f 表示遗忘率;

R_p 表示零件 p 的工艺路径;

H_m 表示操作人员操作设备 m 加工零件的数量;

T_p 表示零件 p 单元间物料处理的时间;

T_{mp} 表示设备 m 加工零件 p 所需的时间;

D_{pt} 表示零件 p 在周期 t 的需求量；

D_{p1} 表示零件 p 在第 1 周期的需求量；

T_{mrst} 表示在路径 r 下，设备操作人员 s 在周期 t 操作设备 m 的时间；

Y_{ptf} 表示零件—物料处理人员关联信息，当物料处理人员 f 在周期 t 可以处理零件 p 时，$Y_{ptf}=1$，否则为 0；

Y_{ptm} 表示零件—设备加工时间关联信息，当设备 m 在周期 t 可以加工零件 P，$Y_{ptm}=1$，否则为 0；

Y_{mts} 表示设备—操作人员加工准备时间关联信息，当操作人员 s 在周期 t 可操作设备 m 时，$Y_{mts}=1$，否则为 0；

T_{mt} 表示操作人员在周期 t 所操作的设备 m 所需的首次加工准备时间。

2. 决策变量

$$Y_{mtc}=\begin{cases}1, & \text{设备 } m \text{ 在周期 } t \text{ 分配到单元 } c\\0, & \text{否则}\end{cases};$$

$$Y_{ptc}=\begin{cases}1, & \text{零件 } p \text{ 在周期 } t \text{ 分配到单元 } c\\0, & \text{否则}\end{cases};$$

$$Y_{ptr}=\begin{cases}1, & \text{零件 } p \text{ 在周期 } t \text{ 选择工艺路径 } r\\0, & \text{否则}\end{cases};$$

$$w_{pmrt}=\begin{cases}1, & \text{零件 } p \text{ 在周期 } t \text{、路径 } r \text{ 下可由设备 } m \text{ 加工}\\0, & \text{否则}\end{cases};$$

$$N_{ptf}=\begin{cases}1, & \text{物料处理人员 } f \text{ 在周期 } t \text{ 分配处理零件 } p\\0, & \text{否则}\end{cases};$$

$$N_{mts}=\begin{cases}1, & \text{设备操作人员 } s \text{ 在周期 } t \text{ 分配处理设备 } m\\0, & \text{否则}\end{cases};$$

$$K_z=\begin{cases}1, & \text{操作人员在三个周期分别操作不同的设备}\\0, & \text{否则}\end{cases};$$

$$L_z=\begin{cases}1, & \text{操作人员在三个周期内均操作相同的设备}\\0, & \text{否则}\end{cases};$$

$$M_z=\begin{cases}1, & \text{操作人员在三个周期内间歇操作某一台设备，使得遗忘事件发生}\\0, & \text{否则}\end{cases};$$

$$N_z=\begin{cases}1, & \text{操作人员在后两个周期内连续操作某一台设备}\\0, & \text{否则}\end{cases};$$

$$X_z=\begin{cases}1, & \text{中断时间 } z < D\\0, & \text{否则}\end{cases};$$

$$Y_z=\begin{cases}1, & \text{中断时间 } z > D\\0, & \text{否则}\end{cases}。$$

3. 数学模型

$$\min Z = F_x + F_y + F_z \tag{6-44}$$

$$F_x = \frac{1}{2}\sum_{t=1}^{T}\sum_{p=1}^{P}\sum_{r=1}^{R_p}Y_{ptr}\sum_{c=1}^{C}\sum_{m=1}^{M}w_{pmrt}N_{ptf}\left|Y_{ptc}-Y_{mtc}\right|T_p \tag{6-45}$$

$$F_y = \sum_{m=1}^{M}\left|\frac{F_d}{M}-\sum_{t=1}^{T}\sum_{p=1}^{P}\sum_{r=1}^{R_p}Y_{ptr}w_{pmrt}Y_{ptm}T_m\right| \tag{6-46}$$

$$F_z = \sum_{t=1}^{T}\sum_{p=1}^{P}\sum_{r=1}^{R_p}Y_{ptr}\sum_{c=1}^{C}\sum_{m=1}^{M}w_{pmrt}Y_{mts}T_{mrs} \tag{6-47}$$

其中：

$$F_d = \sum_{t=1}^{T}\sum_{p=1}^{P}\sum_{r=1}^{R_p}Y_{ptr}\sum_{m=1}^{M}w_{pmrt}Y_{ptm}T_{mp} \tag{6-48}$$

$$T_{mrst} = K_z T_1 + L_z T_2 + M_z T_3 + N_z T_4 \tag{6-49}$$

$$K_z + L_z + M_z + N_z = 1 \tag{6-50}$$

$$T_1 = \sum_{t=1}^{3}\left(\sum_{H_m=1}^{W}T_{mt}H_m^{\lg b/\lg 2}+\sum_{H_m=W+1}^{\frac{D_{pt}}{B}}T_{mt}100^{\lg b/\lg 2}\right) \tag{6-51}$$

$$T_2 = \sum_{H_m=1}^{W}T_{m1}H_m^{\lg b/\lg 2}+\sum_{H_m=W+1}^{\frac{D_{p1}}{B}}T_{m1}100^{\lg b/\lg 2}+\sum_{t=2}^{3}\sum_{H_m=1}^{\frac{D_{t1}}{B}}T_{mt}100^{\lg b/\lg 2} \tag{6-52}$$

$$T_3 = \sum_{H_m=1}^{W}T_{mt}H_m^{\lg b/\lg 2}+\sum_{H_m=W+1}^{\frac{D_{pt}}{B}}T_{mt}100^{\lg b/\lg 2}+X_z\sum_{H_m=1}^{W}T_{pt}H_m^{\lg(b-f)/\lg 2}$$
$$+Y_z\sum_{H_m=1}^{W}T_{mt}H_m^{\lg b/\lg 2} \tag{6-53}$$

$$T_4 = \sum_{H_m=1}^{W}T_{m1}H_m^{\lg b/\lg 2}+\sum_{t=1}^{2}\sum_{H_m}^{\frac{D_{pt}}{B}}T_{mt}100^{\lg b/\lg 2}+\sum_{H_m=1}^{W}T_{m3}H_m^{\lg b/\lg 2}$$
$$+\sum_{H_m=W+1}^{\frac{D_{p3}}{B}}T_{m3}100^{\lg b/\lg 2} \tag{6-54}$$

$$f = \frac{b(1-b)\log(D_{p1})}{\log(C+1)} \tag{6-55}$$

$$C = D\left[\frac{T_{pt}(D_{p1})^{1-b}}{1-b}\right]^{-1} \tag{6-56}$$

约束条件：

$$1 \leqslant \sum_{p=1}^{P}Y_{ptc} < P, \qquad \forall c \,\forall t \tag{6-57}$$

$$1 \leqslant \sum_{m=1}^{M} Y_{mtc} < M, \qquad \forall c \forall t \tag{6-58}$$

$$\sum_{c=1}^{C} Y_{mtc} = 1, \qquad \forall m \forall t \tag{6-59}$$

$$\sum_{r=1}^{R_p} Y_{ptr} = 1, \qquad \forall p \forall t \tag{6-60}$$

$$\sum_{m=1}^{M} X_{mts} = 1, \qquad \forall s \forall t \tag{6-61}$$

$$\sum_{p=1}^{P} N_{ptf} = 1, \qquad \forall f \forall t \tag{6-62}$$

$$N_{ptr} \leqslant Y_{ptf}, \qquad \forall f \forall p \forall t \tag{6-63}$$

$$N_{mts} \leqslant Y_{mts}, \qquad \forall f \forall p \forall t \tag{6-64}$$

$$\sum_{c=1}^{C} \sum_{p=1}^{P} \sum_{r=1}^{R_p} Y_{ptr} w_{pmrt} \left[\sum_{H_m=1}^{Z} T_{mt} H_{pt}^{\lg b/\lg 2} + \sum_{H_m=Z+1}^{\frac{D_{pt}}{B}} T_{mt} 100^{\lg b/\lg 2} \right] \leqslant T_z, \qquad \forall m \forall t \tag{6-65}$$

其中：T_Z 表示设备的最大加工时间。

以上九个约束中，式(6-57)表示任意周期任意零件不全部被分配至同一个单元，同时保证每个单元至少包含一种零件。式(6-58)表示任意周期任意设备不全部被分配至同一个单元，同时保证每个单元至少被分配一台设备。式(6-59)表示任意周期任何设备只能分配到一个单元中。式(6-60)表示任意周期任意零件只能选择一条加工路径。式(6-61)表示任意周期任意一个设备操作人员只能操作一台设备。式(6-62)表示在任意周期任意一个物料处理人员只能处理一种物料。式(6-63)保证若物料操作人员被分配到处理零件 p，那么他一定可以处理零件 p。式(6-64)保证若设备操作人员 s 分配至操作设备 m，那么他一定可以操作设备 m。式(6-65)表示任意设备负荷时间不超过设备最大加工能力。

在上述的数学模型中，需要对于遗忘率、学习中断方式和遗忘时间作几点补充说明。

首先，本书的单元构建模型，是考虑三个周期内目标函数的最优解，也就是说，对于每个设备操作工人来说，需要在三个周期内对分配到的设备进行操作，如操作人员三个周期分别操作设备 M1，M4，M1，那么，操作人员在第三个周期操作 M1 设备的中断时间即为操作人员在第二个周期内操作 M4 所使用的时间。

其次，关于总遗忘时间，目前大多数的研究中，都是在模型建立前根据经验设定的,没有相关的数学表达式进行计算求得,因此,在本书中,遗忘时间也是根据经验设定的。

最后,关于遗忘率的计算,本书采用 Jaber 和 Kher[221] 提出的数学模型,当中断时间超过遗忘时间时,重新开始学习;当中断时间未超过遗忘时间时,遗忘率的计算公式如(6-42)、(6-43)所示。

本书模型以三个周期为一个循环,即只考虑一个循环内的遗忘率,因此,可以假定循环开始时员工所记得的单元数 u_i 的值为 0,而对于 n_i,根据本书中断方式的设定,其值为中断发生的上一周期内操作人对该产品的加工数。

因此,对于本模型,其遗忘率(未超过中断时间部分)的计算公式可以进一步简化为:

$$f = \frac{b(1-b)\log(n)}{\log(C+1)} \qquad (6-66)$$

$$C = D\left(\frac{y(1)n^{1-b}}{1-b}\right)^{-1} \qquad (6-67)$$

对于本书中断方式的设定,只有当操作人员在第一周期和第三个周期操作同一台设备时,遗忘才会发生。

6.5.3 基于遗传算法的数值算例求解

为了更直观地阐述单元构建的过程,同时验证模型的有效性,本章引入数值算例,并运用遗传算法对其进行求解。在表 6-11、6-12、6-13 中,M 表示设备,P 表示零件,S 表示设备操作人员,F 表示物料处理人员。表 6-11、6-12、6-13 为相应的关联信息,空白处表示不关联。

表 6-11 设备—零件加工关联信息

零件类型	路径信息	设备—零件加工关联信息(不包含准备时间)(设备型号)					
		M1	M2	M3	M4	M5	M6
P1	1	35		29	37		
	2		28			26	
	3	30					
P2	1		43		38		
	2			45		50	
	3			42			44

续表

零件类型	路径信息	设备—零件加工关联信息(不包含准备时间)(设备型号)					
		M1	M2	M3	M4	M5	M6
P3	1	34		34	38		
	2		31			36	38
	3		29		34	33	
P4	1	42		43	39		
	2				35		37
	3		32	41			33
P5	1					42	
	2	33	29			36	32
	3			28		40	
P6	1	34		36			
	2	44			46		
	3		39		47		45

注:表格中的数据表示零件需要在设备上加工的时间,如(P1-1,M1)=35,表示零件 1 的路径 1 在设备 M1 上的加工时间为 35 小时。

表 6-12　零件—物料处理人员关联信息

零件类型	需求量(个)		零件—物料处理人员关联信息(物料处理人员)					
			F1	F2	F3	F4	F5	F6
P1	T1	1800				46		51
	T2	1500		40				
	T3	2100						
P2	T1	2100	30		52	40		
	T2	2400						
	T3	1800						
P3	T1	2400		45		40	44	
	T2	2700						
	T3	2100						

续表

零件类型	需求量（个）		零件—物料处理人员关联信息（物料处理人员）					
			F1	F2	F3	F4	F5	F6
P4	T1	1500			40			38
	T2	1800						
	T3	1200						
P5	T1	1200					39	49
	T2	1500						
	T3	1500						
P6	T1	1800	48				38	
	T2	2100						
	T3	2100						

注：表格中的数据表示物料处理人员处理零件的时间，如（P1—T2，F2）＝40，表示零件1在第二个时期需要F2处理的时间为40小时。

表6-13　多工艺路径下设备—零件—操作人员关联信息

多工艺路径下设备—零件—操作人员关联信息（加工准备时间）（设备型号）

零件类型	路径信息	设备型号																
		M1			M2			M3			M4			M5			M6		
		S2	S3	S6	S1	S3	S5	S1	S2	S4	S2	S4	S5	S3	S5	S6	S1	S4	S6
P1	1	8	9	8				14	12	9	13	10	11						
		96	93	99				97	94	92	95	91	93						
	2				12	12	8												
					89	92	90												
	3	12	10	13													11	9	13
		97	93	96													85	90	93
P2	1				14	11	8				13	9	10						
					89	87	92				98	95	90						
	2							7	9	8				12	10	7			
								94	96	95				85	90	99			
	3							12	15	13									
								98	97	92									

续表

多工艺路径下设备—零件—操作人员关联信息（加工准备时间）（设备型号）

零件类型	路径信息	设备型号																	
		M1			M2			M3			M4			M5			M6		
		S2	S3	S6	S1	S3	S5	S1	S2	S4	S2	S4	S5	S3	S5	S6	S1	S4	S6
P3	1	18	15	14							16	12	11				9	12	10
		87	92	96							93	86	92				86	89	94
	2				11	13	12							9	9	14	8	13	9
					96	89	91							85	91	93	97	96	99
	3				15	12	11							14	10	11			
					86	98	94							93	85	98			
P4	1	9	8	12				14	15	15	13	9	15						
		84	95	97				99	92	96	93	97	95						
	2										12	8	11				14	9	10
											94	97	91				86	96	97
	3				10	9	11	12	10	13							11	15	13
					89	96	94	87	98	94							93	96	89
P5	1													8	12	9			
														90	86	95			
	2	11	15	13	15	12	14							10	14	11			
		95	97	99	84	94	96							92	95	99			
	3							18	15	16							13	10	12
								89	96	97							98	87	96
P6	1	9	10	9															
		91	97	93															
	2	12	7	9										10	10	8			
		87	95	94										99	98	89			
	3				13	14	10							15	9	12	11	12	10
					97	86	93							96	90	89	93	99	94

　　注：表格中的每条路径的上一行数据为准备时间（小时），下一行为工人的学习率（%）。如上一行中的 8 表示工人 S2 在设备 M1 上处理 P1 的准备时间为 8 小时，下一行中的 96 表示工人 S2 在设备 M1 上处理 P1 的学习率为 96%。

其中,表 6-11 给出 6 台设备、6 种零件的有效加工时间关联信息,表格中的数据表示设备加工零件所需的时间,空白处表示设备在相应路径下不能加工相应的零件。表 6-12 给出了 6 名单元间物料处理人员和 6 种零件关联信息、零件各个周期的需求量以及处理时间,以 F1 为例,表 6-12 的信息可以描述为在任意一个周期,他可以对零件 P2 和 P6 的单元间物料进行处理,假定每次处理的产品个数为 10 个,并且每次的物料处理时间相同。表 6-13 给出了 6 台设备、6 种零件、6 名设备操作人员的加工准备时间的关联信息以及相应操作人员的学习率(表中每条路径的上一行数据为设备操作准备时间,下一行为学习率,以百分比表示,例如对于零件 P6 在第一条路径下,S1 操作的数据为 9 和 91,其中 9 表示操作人员的设备操作准备时间,91 为操作人员 S1 的学习率),以 M1 为例,表 6-13 的信息可以描述为:设备操作人员 S2,S3 和 S6 可以对 M1 进行操作。

本书采用遗传算法对模型进行求解分析,具体步骤如下:

1. 染色体编码

编码方式采用整数编码,考虑在多个周期下的人员、设备的单元构建问题。上述的数值算例中为 3 个周期内,6 种零件、6 台设备、6 个设备操作人员、6 个物料处理人员的相关信息。因此编码的染色体采用二维染色体。每一条染色体包含的信息包括周期信息、设备分配信息、零件分配信息、零件路径选择信息、人员分配信息 5 个部分,其中人员分配信息包括设备操作信息和物料处理人员信息。染色体的结构设计如图 6-12 所示。

周期	机床分配信息 (6位整数编码)				零件分配信息 (6位整数编码)				路径选择信息 (6位整数编码)				人员分配信息 (12位整数编码)					
T1	M1	M2	…	M6	P1	P2	…	P6	R_{P1}	R_{P2}	…	R_{P6}	S1	S2	…		F1	F2	…
T2	M1	M2	…	M6	P1	P2	…	P6	R_{P1}	R_{P2}	…	R_{P6}	S1	S2	…		F1	F2	…
T3	M1	M2	…	M6	P1	P2	…	P6	R_{P1}	R_{P2}	…	R_{P6}	S1	S2	…		F1	F2	…

图 6-12　染色体结构设计

如图 6-12 所示,设备分配信息、零件分配信息、零件路径选择信息、设备操作人员信息、物料处理人员信息各占 6 个基因位,包括周期 1 位,每条染色体的列数为 31 位。

染色体编码含义:

每条染色体分为 5 个部分,即周期信息、设备分配信息、零件分配信息、路径选择信息、人员分配信息。

第一部分为周期信息,为染色体的第一列,取值 1,2,3,分别表示周期 1,周期 2,周期 3。

第二部分为设备分配信息，为染色体的 2 到 7 列，因为对于上述数值算例，其规模较小，因此定义单元的划分数为 3。因此第二部分的每个基因位的取值为[1,3]的随机数，但是必须保证每个单元内至少有一台设备。如 M2 取 1，即表示设备 2 被分配到 1 单元。

第三部分为零件分配信息，其值的含义与第二部分信息相同，即 P1 位取 2，表示零件 1 分配到 2 单元，同时也需要保证每个单元内至少加工一个零件。

第四部分为路径选择信息，其值根据表 6-13 中零件所包含的所有路径进行随机选择。若 R_{p1} 取值 3，表示零件 p_1 选择第三条加工路径。

第五部分为人员分配信息，包括设备操作人员(S)相关信息和物料处理人员(F)相关信息。设备操作人员的取值为[1,6]，若该部分第一位基因位取值为 5，则表示第一名设备操作人员 S1 选择操作第五台设备 M5。取值时必须保证每个操作人员只能在其可操作的设备中操作一台设备。同理，对于物料处理人员信息，其取值也为[1,6]，若 F1 取 3，表示 1 号物料处理人员处理零件 P3 的物料，且必须满足每个物料处理人员在其可处理的零件类型中选择一个进行处理。需要说明的是，设备操作人员分配信息部分和物料处理人员信息部分不能出现取值相同的情况，即不能出现一台设备上有多个人操作的情况。

2. 产生初始种群

设置种群规模为 100，按照编码方式随机选 100 条染色体，组成初始种群 pop1，根据编码特点，pop1 为一个 3×37×100 的三维染色体。

3. 适应度计算

适应度又称为评估函数，它作为评估个体或解的优劣，是遗传算法中描述个体性能的主要指标，染色体个体的适应度值越高，表示该个体越优良，被保留下来的概率越大。一般而言，适应度函数是由目标函数转变而来的，由于本书的目标函数为求最小值，则根据遗传算法的特点，将适应度函数设置为目标函数的倒数，即：

$$F(x) = 1/A(x) \tag{6-68}$$

需要指出的是，对于设备操作人员的基因位，其值包含两方面的内容。如 S1 取值 3，一方面，它表示设备操作人员 S1 操作设备 M3，其设备操作时间是指加工准备时间，这部分时间要考虑人的学习与遗忘特性。另一方面，S1 取 3，表 6-13 中的设备也会对相应的零件进行加工，该部分的加工时间即设备的有效加工时间，对应具体路径下的加工零件是一个固定值，不考虑学习和遗忘。对于物料处理人员基因位，认为物料的处理为简单的工作，不产生学习和遗忘，其每次的物料处理时间也为固定值。

另外，关于遗忘率的计算，本书采用 Jaber 的数学模型，当中断时间未超过

总遗忘时间,遗忘率采用公式:

$$f = \frac{b(1-b)\log(n)}{\log(C+1)} \qquad (6\text{-}69)$$

其中:

$$C = D\left(\frac{T_{pt}(n)^{1-b}}{1-b}\right)^{-1} \qquad (6\text{-}70)$$

从上述的公式可以看出,遗忘率与学习率 b、总遗忘时间 D 以及中断之前的加工数量 n 有关。在数值算例中,学习率和总遗忘时间是给定的,因此,我们主要考虑 n 值的取值方式,具体操作过程如下。

以三个周期作为一个完整的过程,对于设备操作人员加工信息位部分,如图 6-13 所示。

图 6-13　设备操作人员三个周期内的分配信息

例如,对于操作人员 S1,他在三个周期分别操作设备 M2,M1,M2,因此操作 M1 进行加工的时间就可以视为操作人员操作 M2 的中断时间,产生了遗忘。而对于操作人员 S2,由于三个周期分别操作不同的设备,因此就不存在遗忘的影响。

4. 选择

本书采用精英保留策略和轮盘赌相结合的方式选择进入交配池的父代个体。计算父代种群所有个体的适应度值,保留适应度最优的前 10% 的个体直接进入下一代,而剩余的 90% 的个体通过对父代个体进行轮盘赌选择进入交配池交配,生产下一代个体。

轮盘赌选择的一般步骤:

Step 1:计算个体适应度值。计算上一代种群所有个体的适应度值 s_i。

Step 2:计算种群中所有染色体的适应度值和。

$$F = \sum_{i=1}^{N} s_i \qquad (6\text{-}71)$$

Step 3：计算某个个体被选择的概率。如某个体 i 的适应度为 s_i，则该个体被选择的概率为

$$p_i = \frac{s_i}{F} \tag{6-72}$$

Step 4：计算累积概率 q_i。

$$q_i = \sum_{i=1}^{N} P_i \tag{6-73}$$

Step 5：产生 N 个 $[0,1]$ 的随机数，N 为所需选择的个体的个数，当该随机数在累加概率的某个范围时，则表示该范围的染色体被选择。

5. 交叉

本节的染色体为二维染色体，每条染色体包括三个周期，即三行。因此，染色体的交叉采取列交叉方式。同时，染色体分为设备分配信息、零件分配信息、路径选择信息、设备操作人员信息和物料处理人员五部分的信息。在每一个部分内，设置一个交叉点，按照单点交叉的方式，对每个部分交叉点后面的基因位进行整列交叉。如对于 6 位的设备分配信息部分，以下为本书染色体的交叉示意图，如图 6-14 及 6-15 所示。

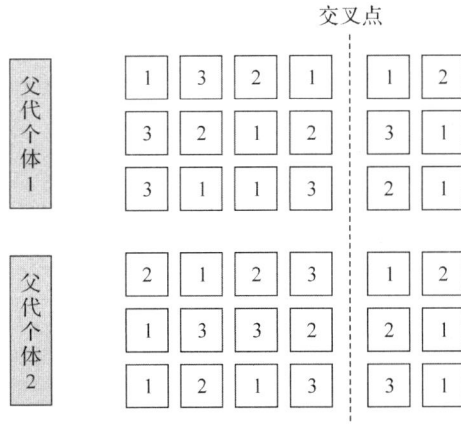

图 6-14　父代个体

需要指出的是，对于人员分配信息位，在前面的编码方式里提到，人员分配信息位的基因值不允许重复，若交叉点随机产生，若交叉点产生于人员分配信息部分，则会产生非法解，如图 6-16 所示（取染色体第一周期信息）。

根据染色体单点交叉原则，父代 1 和父代 2 的染色体进行交换，分别产生子个体 1 和子个体 2，如图 6-17 所示。

交叉操作完成后，产生子个体 1 和子个体 2，以子个体 1 为例，设备操作人

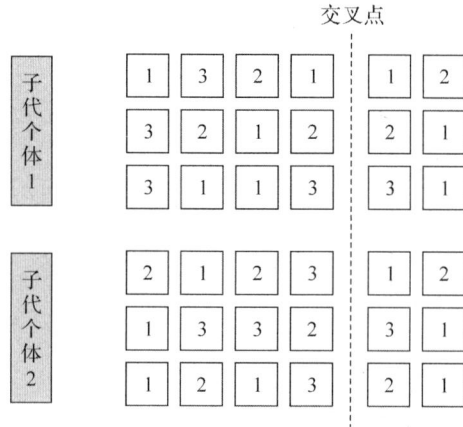

图 6-15　交叉后的子代个体

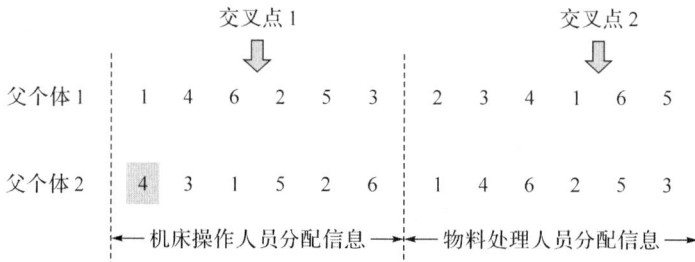

图 6-16　人员分配信息交叉

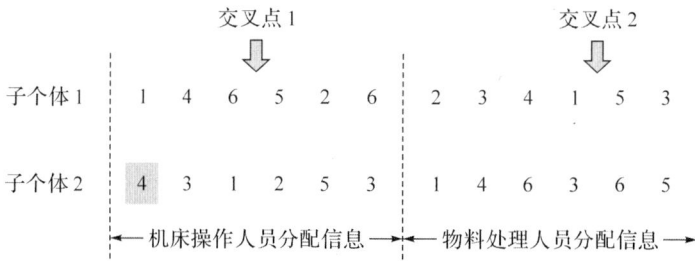

图 6-17　交叉操作后的子代个体

员信息位的第三位和第六位都取 6,这意味着设备操作人员 S3 和 S6 被同时分配到操作设备 M6;物料处理人员分配信息位的第二位和第六位都取 3,意味着物料处理人员 S2 和 S6 同时被分配处理零件 P3 的物料,而这些在实际操作中是不允许的,因此子个体 1 为非法解,同理,子个体 2 也为非法解。

　　为了避免人员信息位的交叉产生非法解,人员信息位的基因不进行交叉操作,而对于设备分配信息位、零件分配信息位、路径选择信息位,在各自的部分内随机各产生一个交叉点,每个部分的交叉按照单点交叉的方式,对交叉点后面的基因位进行交叉。

对于本书中的模型,设备分配信息位、零件分配信息位、路径选择信息位每部分的基因位为 6 位,每条染色体每个部分随机产生一个交叉点,交叉点的产生方式具体如下:

产生一个与种群大小一样的随机数组 D,因为本书定义的初始种群的染色体个数为 100,即数组 D 的长度为 100,数组 D 用于存放进入杂交池的父代个体。

然后每选择一个父代 D,随机产生一次数值为 $[1,7]$ 内随机整数数组 M,P 和 RP,这些数组分别产生染色体设备位、零件位和路径选择位的交叉点的位置。

设定初始值 $a=1$,进入杂交池 $D(a)$ 的交叉点位置通过以下步骤取得,其具体操作如下:

(1)数组 $M(1)+1$ 的值作为设备分配信息部分的交叉点位置。

(2)数组 $P(1)+7$ 的值作为零件分配信息部分的交叉点位置。

(3)数组 $RP(1)+13$ 的值作为路径选择信息部分的交叉点位置。

因此进行 100 次操作,便能产生进入杂交池的 100 个个体,对杂交池的父代个体进行两两不重复的交叉操作,产生子个体。为避免重复操作,$D(a)$ 与 $D(a+1)$ 进行交叉,每个循环结束,a 的值增加 2。

6. 变异

为避免人员信息位交叉而产生非法子代,本书的染色体采取部分交叉方式,即人员信息位不参与交叉,因此,人员信息位在交叉操作过程中未得到进化,因此,对人员信息位采取较高的变异率,以达到进化该部分信息的效果。而对于设备分配信息部分、零件分配信息部分、路径选择信息部分采取较小的变异率。具体操作如下:

(1)对于设备、零件、路径三部分的信息位,变异率取值为 0.01。由于定义的单元数为 3,且数值算例中每个零件均有 3 条加工路径,因此,这三部分的基因位变异后的值为 $[1,3]$ 的随机取值,且与原信息位的值不同。

(2)人员分配信息位(包括设备操作人员和物料处理人员),其变异率取值为 0.1。以设备操作人员位为例,由于每个设备只能由一个设备操作人员操作,因此某一位基因位的突变必然会导致两个操作人员同时操作一台设备,这是不允许的,为了解决这个问题,采取"关联"变异的方式,即如果 S1 原来操作的设备 M2 变异成 M5,那么原来操作 M5 的操作人员 S3 则变为操作设备 M2。

其具体操作过程如图 6-18 所示。

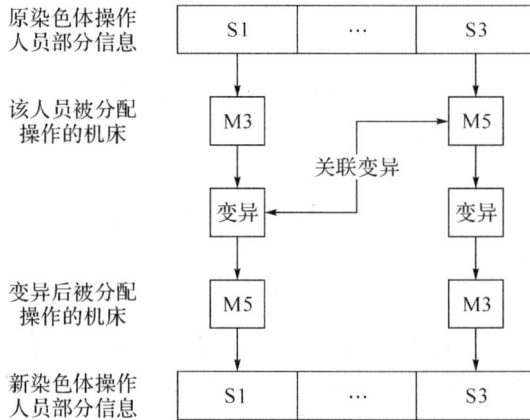

图 6-18 人员分配信息的关联变异

但是按照上述的操作,还是会产生一个问题,引发变异后 S3 可能并不能操作 M5,那么就会产生一个非法解,为了解决这个问题,引入一个惩罚函数 $f(x)$ $= A$,A 为无穷大的正数。对关联变异后操作人员能否对设备进行操作,产生一个决策变量 μ:

$$\mu = \begin{cases} 0, & \text{关联变异后的操作人员可以操作相应的设备} \\ 1, & \text{否则} \end{cases}$$

则适应度函数变为:

$$F(x) = 1/A(x) - \mu f(x) \tag{6-74}$$

因此,若操作人员不能操作设备,相应的适应度函数将取值负无穷,可将其舍去。引入惩罚函数的变异操作过程如图 6-19 所示。

7. 终止条件

本书采用设置最高迭代次数的方法对算法进行终止。种群规模设置为 100,迭代次数为 1000 次。在 Matlab 2008 运行至 300 代以后开始收敛至最优解,运行至 1000 代的最优个体为:

1_1_2_1_3_2_3_1_3_2_1_2_3_1_2_1_3_3_3_3_4_5_6_2_1_5_1_2_3_6_4
2_2_2_3_1_1_3_3_1_2_2_3_1_1_2_3_2_3_3_4_1_3_6_2_5_4_3_2_5_1_6
3_1_3_2_3_2_1_3_2_3_1_3_2_2_3_1_3_2_3_4_2_1_5_6_5_2_4_3_6_1

目标函数的收敛如图 6-20 所示。

对最优解的染色体编码进行解码,得到相应的单元划分方案如表 6-14 所示。

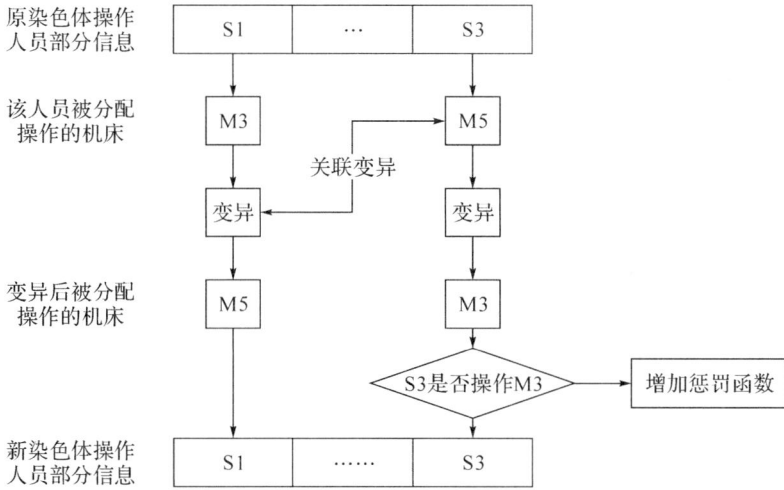

图 6-19　引入惩罚函数的人员信息关联变异

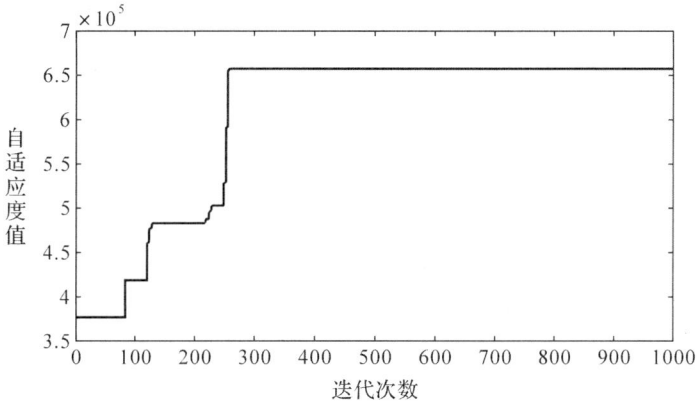

图 6-20　目标函数收敛图

表 6-14　最优解下的单元划分方案

零件类型	需求量（个）	路径选择	设备分组及人员分配						
			S6	S2	S1	S3	S5	S4	
			M1	M4	M3	M5	M2	M6	
P1	1800	1	35	37					F2
P3	2100	1	34	38					F4
P2	2400	2			45	50			F3
P5	1500	3			28	40			F1

最优解下的单元划分方案（第一周期）

续表

最优解下的单元划分方案(第一周期)									
零件类型	需求量 (个)	路径 选择	设备分组及人员分配						
			S6	S2	S1	S3	S5	S4	
			M1	M4	M3	M5	M2	M6	
P4	1200	3					32	33	F6
P6	1800	3					39	45	F5

最优解下的单元划分方案(第二周期)									
零件类型	需求量 (个)	路径 选择	设备分组及人员分配						
			S5	S4	S3	S1	S2	S6	
			M2	M6	M3	M4	M1	M5	
P4	1800	2	42	39					F1
P5	1500	3	33	29					F4
P1	1500	1			43	38			F5
P2	2400	2			42	44			F3
P3	2700	3					31	36	F2
P6	2100	3					47	45	F6
P1	2100	2	43	38					F5
P6	2100	3	39	47					F1
P3	2100	1			29	34			F4
P5	1500	2			36	32			F6
P2	1800	3					43	38	F2
P4	1200	3					42	43	F3

表 6-14 给出了最优解下第一个周期的单元划分方案和人员分配信息,从表中可以看出,零件和设备均被分至各自的单元内,不存在另外元素。

6.6 本章小结

本章在详细剖析人的学习性能对单元构建影响的基础上,研究了双资源约束下的单元构建问题,并建立了相应的数学模型,针对问题的复杂性提出了改进分散搜索法进行模型的求解。最后通过实例分析和目标函数的灵敏度分析表明当目标函数中各权重系统发生变化时,其最终的结果也会有所不同,企业可以根据其关注的重点,在设备物流和人员目标之间进行权衡,也可以针对人员目标,在质量时间成本与工资成本之间进行权衡。在分析了基于学习曲线的双资源单元构建问题后,引入学习—遗忘机制,对双资源单元构建问题进行进一步的分析和探讨。

第7章　准动态双资源约束的单元设计问题研究

生产系统是一个相当复杂的系统,单元构建中除了需要同时考虑设备资源和人力资源外,还必须考虑单元内设备布局以及单元定位对系统物流的影响,员工的工作任务分配、设备单元的构建以及单元布局之间具有很强的联系性和一定的矛盾,如文献[124~128]在单元构建中都不同程度地引入了单元布局问题。但目前的研究主要限于单元布局对设备单元构建的影响,而没有深入剖析单元布局对员工工作任务分配的影响,由于设备单元构建和员工工作任务分配之间的交互作用,单元布局的变化势必引起员工工作任务分配和工人劳动强度的变化。因此,本章在深入分析单元布局对设备单元构建和员工工作任务分配影响的基础上,基于准动态单元构建方法的基本原理,综合考虑设备单元划分、员工工作任务分配以及单元布局这三方面对单元制造系统的影响,研究准动态双资源约束下的单元构建问题,建立相应的数学模型,并通过改进多目标遗传算法进行求解,为企业单元构建决策提供科学依据。

7.1　单元布局对单元构建的影响分析

在研究单元构建问题时,除了需要同时考虑设备单元的划分与员工工作任务的分配外,还必须考虑单元布局对整个构建方案的影响。一种布局方案可能会减少物料的搬运距离和设备操作时间,但在某种程度上却增加了工人的工作强度或者是降低了工人操作设备的等级,影响生产质量;相反,另外一种布局方案可能符合了员工的工作要求,但却增加了物料在单元内和单元间的搬运和设备操作时间。因此在单元制造过程中必须同时分析设备单元的构建、布局以及员工工作任务分配,以获取整个系统的最优效果。

7.1.1　单元内设备布局对单元构建的影响分析

零件在设备上的操作是基于一定操作顺序的,如果将每种零件所需的设备尽量按照其零件操作顺序的前后放置,就能减少物料在单元内的搬运距离;但是在单元内一个员工可能会操作多台设备,如果根据零件操作顺序进行放置,可能使两台由同一员工操作的设备距离较远,从而增加了员工在设备间来回走动的距离,增加了劳动强度;反之,则增加了零件的搬运距离。

　　假设零件 P1 有两条路径可以选择进行生产,其生产的顺序及所需的设备及时间如表 7-1 所示(表中 M 表示设备),工人与设备的操作关系如表 7-2 所示(表中 H 表示员工)。如果不考虑单元内设备布局对物料搬运、设备操作时间和员工工作安排的影响,综合考虑人员任务分配、设备操作时间,则会选择将 M1,M2,M4 和 M5 归为一个单元,且让 H2 操作 M4 和 M5,H1 操作 M1 和 M2,总的操作时间为 900 小时;很明显因为没有考虑单元内设备布局,无须考虑物料在单元内的搬运问题,该构建方案是最优的;但如果考虑单元内布局的情况下,按照图 7-1 进行布置(即按照零件操作的顺序进行布置),就会出现同一个工人操作的设备不处于相邻位置而增加了工人在设备间来回走动的时间;为了减少员工来回走动的距离,要求同一个人操作的设备必须相邻,即按照图 7-2 布置,此时就会增加物料在单元内不同设备间的搬运距离以及交叉物流。很明显以上两种布局方案并不能同时满足物料和人员目标,因此需要综合考虑单元内物料搬运、员工工作任务分配以及设备操作时间,此时就会选择第二条路径对 P1 进行操作,选择 M1,M3,M4 和 M5 归为一个单元进行操作,且让 H2 操作 M4 和 M5,H1 操作 M1 和 M3,并按照图 7-3 进行设备布置,虽然操作时间有了少许的增加(增加了 50),但能获得较少的物料搬运距离和员工在不同设备间来回走动的距离。

表 7-1　零件 P1 与设备间的关联矩阵

	P1	
	路径 1	路径 2
M1	3(0.6)	4(0.6)
M2	1(0.5)	
M3		3(0.5)
M4	2(0.3)	2(0.3)
M5	5(0.4)	1(0.5)
需求量(个)	500	500

注:表中 1,2,3,4 表示产品操作的顺序,()内数据表示一件所需操作时间,单位为 min。

表 7-2　员工—设备操作关联

	H1	H2	H3
M1	1		1
M2	1		

续表

	H1	H2	H3
M3			1
M4		1	
M5		1	

注:(M1,H1)=1 表示 H1 可以操作 M1,空白则表示员工不能操作某种设备。

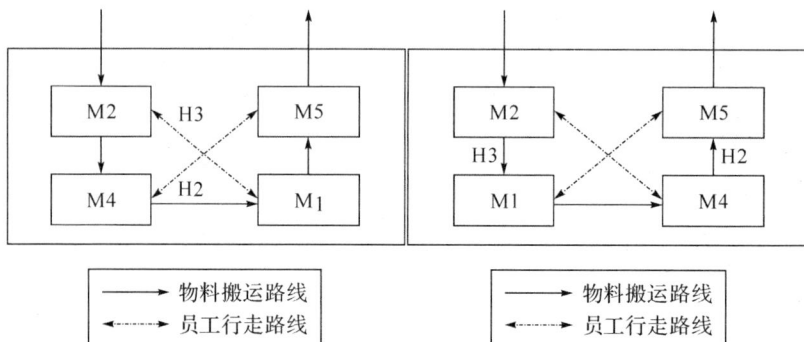

图 7-1　按照产品操作顺序布置设备　　图 7-2　按照员工操作要求布置设备
　　　　　　（路径 1）　　　　　　　　　　　　（路径 1）

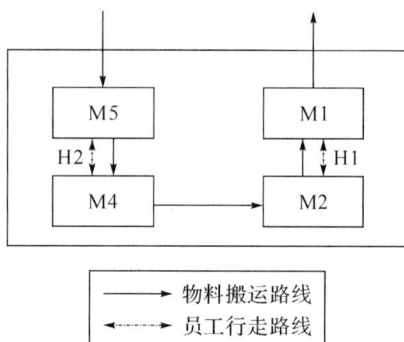

图 7-3　选择操作路径 2 时的单元构建和布局

从以上分析可知,单元内设备布局因素对零件操作路径的选择、设备操作时间以及员工工作的安排都存在着一定的影响,因此在单元构建时,必须同时考虑单元内设备布局、设备单元构建和员工工作分配这三个因素。

7.1.2　单元定位对单元构建的影响分析

在单元构建中,不可避免地存在物料在单元间的移动,在不考虑单元布局的情况下,所有物料在单元间的移动都采用统一的距离进行估算,但是在整个单元制造系统中,存在若干个单元,由于单元间距离的差异直接影响物料在单

元间的移动距离,因此需要综合考虑各种零件在各单元间的移动情况进行设备
单元划分、操作人员工作分配和单元的定位,从而获得人员目标和设备物流目
标的最优化。

　　假设有 8 种零件 L1～L8,需要在 12 台设备上进行操作,在不考虑单元定
位对设备单元构建和员工工作安排的情况下,可以获得如表 7-3 所示的结果,
此时零件在单元间的移动次数为 5 次,而每个单元均由一个工人进行操作,物
料搬运和员工目标均达到了最为满意的结果。

表 7-3　设备单元构建及人员工作任务分配方案(不考虑单元定位对构建的影响)

		L1	L2	L3	L4	L5	L6	L7	L8	
C1	M1	1	1							H1
	M2	2	2							
	M3		3							
C2	M4			1						H2
	M5		4	2	1					
	M6			3	2					
C3	M7					1				H3
	M8				3	2	1			
	M9					3	2			
C4	M10							2	1	H4
	M11						3	1	2	
	M12	3		4				3	3	

　　如果在此设备单元划分和人员工作分配的基础上进行单元定位,如图 7-4
所示,很显然,不同零件的单元间移动距离是不一致的,由于第二个单元(C2)
和第四个单元(C4)距离较远,使得 L3 不得不绕道而行,大大增加了单元间的
移动距离。

　　为了减少单元间的移动距离,将原来 C4 中的 M12 设备放置到 C1 中,具
体设备单元的划分以及人员的安排如表 7-4 所示,单元定位及零件在单元间的
移动如图 7-5 所示,可以发现单元间的移动次数要比原来增加了一次,但是从
整个单元间物料移动的距离来看,图 7-5 所示结果要优于图 7-4 所示结果。同
时,员工工作任务安排也发生了改变,由原来的 4 人增加到现在的 5 人,增加了
劳动力成本,此时管理者就需要在增加的劳动力成本和减少的零件搬运成本之
间进行权衡。

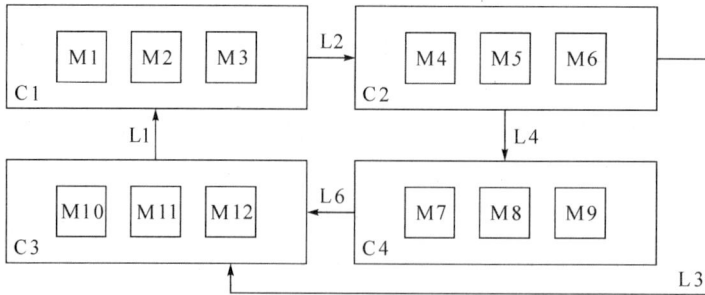

图 7-4　单元定位及零件在单元间的移动

表 7-4　设备单元构建及人员工作任务分配方案(考虑单元定位对构建的影响)

		L1	L2	L3	L4	L5	L6	L7	L8	
C1	M1	1	1							H1
	M2	2	2							
	M3		3							H5
	M12	3		4				3	3	
C2	M4			1						H2
	M5		4	2	1					
	M6			3	2					
C3	M7					1				H3
	M8			3		2	1			
	M9					3	2			
C4	M10							2	1	H4
	M11						3	1	2	

　　从以上分析可以看出,单元定位同样对设备单元构建存在影响,进而影响员工工作任务的分配以及劳动力成本,因此在单元构建问题中必须同时考虑设备单元划分、员工工作任务分配以及单元布局这三个方面,从而获得最优单元构建方案。

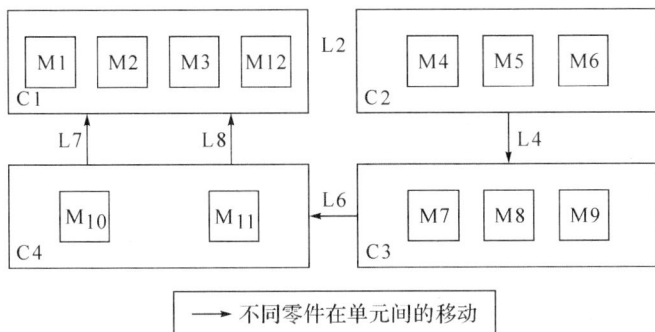

图 7-5　调整后的单元构建、单元定位和零件在单元间的移动

7.2　准动态双资源约束下的单元构建问题模型

准动态双资源约束下的单元构建问题是指在考虑制造系统原始条件(包括原有人员工作分配、设备单元划分、单元布局)的基础上,根据本周期的生产实际需求以及相关参数,确定本周期的设备单元划分、人员工作分配和单元布局等,以获得最优的单元制造系统,通过建立准动态双资源约束下的单元构建问题模型进行分析求解。

根据准动态单元构建的方法,本章提出的单元构建问题模型是基于上一周期设备单元划分和布局的本周期的单元构建,因此在模型中需要考虑设备的重构成本,包括单元间和单元内的重构;同时不同员工操作不同设备的等级随着员工在设备上操作零件数量的增多而提高,因此在准动态环境下需要结合上一周期员工的具体操作情况来确定员工对不同设备的操作等级。

根据第五章和第六章对制造系统中人的因素的分析,在模型中需考虑人员与设备之间的交互作用,同时依据员工的技能等级以及学习能力来分析员工的工作效率和操作质量。

根据 7.1 的分析可知,单元布局对物料在单元内和单元间的移动都存在一定的影响,因此需要考虑由单元布局带来的单元内和单元间的物料移动距离。

基于以上分析,准动态双资源约束下的单元构建数学模型包括两部分目标:一是与设备及物流相关,包括物料搬运距离、重构次数以及设备总的操作时间;二是与操作人员有关,包括员工操作时间、质量损失以及工人的工资成本。

7.2.1 模型的基本假设及参数变量的设置

1. 模型的基本假设

本模型将综合考虑人员的工作分配、设备单元的构建和单元布局,为了更好地描述准动态双资源约束下的单元构建问题模型,本研究模型作以下基本假设:

(1)上一时期设备单元的划分及单元内布置,人员安排都是已知的。

(2)每种零件都有多条生产路径,并且每条生产路径所需设备是已知的,每种零件只能选择其中一条路径进行生产。

(3)每种零件的需求批量是已知的,且以批次为单位进行搬运。

(4)每种设备的台数是已知的,且每台设备的工作时间已知。

(5)划分单元数是已知的,并且每个单元受到尺寸的限制。

(6)需要建立的单元数是已知的。

(7)工人操作设备的技能水平是随着操作次数的增加而增加,其操作设备的时间和质量服从学习曲线理论,同时当员工在设备上操作零件到一定数量时,工人操作设备的时间达到标准时间。

(8)不考虑设备的故障。

2. 参数及变量的设置

(1)参数

p 表示零件,$p=1,\cdots,P$,其中 P 表示零件种类数;

i,j 表示设备,$i,j=1,\cdots,M$,其中 M 为设备的种类数;

n_j 表示第 j 种设备的总台数;

d_j 表示第 j 种设备的第 d 台机器;

r 表示路径,$r=1,\cdots,R_p$,其中 R_p 为零件 p 的路径数;

op 表示操作,$op=1,\cdots,OP_p$,其中 OP_p 为零件 p 的操作数;

k,k' 表示单元,$k,k'=1,\cdots,K$,其中 K 为划分的单元数;

h 表示工人,$h=1,2,\cdots,H$,其中 H 表示工人人数;

Sab 表示单元内机器所处的位置,其中 a 表示设备在单元中所处的行,b 表示设备在单元中所处的列;

$N1$ 表示单元内最多可以放置的行数;

$N2$ 表示单元内最多可以放置的列数;

$N3$ 表示系统中最多可以放置的单元行数;

$N4$ 表示系统中最多可以放置的单元列数;

$Ga2b2$ 表示单元所处的位置,其中 $a2$ 表示单元在整个生产系统中所处的行,$b2$ 表示单元在整个生产系统中所处的列;

$Q(y_{hjp})$ 表示工人的等级工资函数；

$f(y_{hjp})$ 表示员工 h 在设备 j 上操作零件 p 时造成的产品质量损失函数；

Q_{hjp} 表示员工 h 在设备 j 上操作零件 p 到标准时间时所需操作的产品数量；

$ff(y_{hjp1}, x_{hjp1}, \sum_{d=1}^{n_j} x_{hjd1})$ 表示在本周员工 h 在设备 j 上操作零件 p 的等级与第一时期的等级、操作设备 j 的批次或是接受培训的函数关系；

U 表示单元内允许拥有的最多机器数；

L 表示单元内允许拥有的最少机器数；

G 表示每个员工最多能操作的机器数；

LH 表示操作机器的最高等级；

$$A_j = \begin{cases} 1, & 设备 j 可以与别的设备一起被同一个人操作 \\ G, & 设备 j 不能与别的设备一起被同一个人操作 \end{cases};$$

D_{intra} 表示单元内相邻机器的移动距离；

D_{inter} 表示相邻单元间的移动距离；

$W_{jpr(op)}=1$ 表示零件 p 的路径 r 的操作 op 需要使用设备 j；

$T_{jpr(op)}$ 表示零件 p 的路径 r 的操作 op 在设备 j 上所需要操作的时间；

T_{hjp} 表示员工 h 第一次在设备 j 上操作零件 p 时所需的时间；

l_{hjp} 表示员工 h 在设备 j 上操作零件 p 的学习系数；

D_p 表示零件 p 的年需求批量；

CC 表示单元内的重构成本；

$CC1$ 表示单元间的重构成本；

CH 表示工人的基本工资；

W_j 表示第 j 种设备的操作能力；

W 表示一个无穷大的数。

已知上一周期实际的单元划分以及人员安排：

$X_{jdjk(Sa1b1)}$ 表示在上一周期设备 j 的第 d 台机器在单元 k 中的第 $a1$ 行和第 $b1$ 列；

$X_{k(Ga3b3)}$ 表示在上一个周期，第 k 个单元位于系统中的第 $a3$ 行和第 $b3$ 列；

$Y_{hjp1}=1$ 表示在上一周期员工 h 在设备 j 上操作零件 p 的等级；

$X_{hjdj1}=1$ 表示在上一周期员工 h 操作设备 j 的第 d 台；

U_{hjp1} 表示在上一周期末员工 h 在设备 j 上操作零件 p 的累积批量。

（2）变量

$X_{jdjk}=1$ 表示单元 k 拥有设备 j 的第 d 台，否则为 0；

$X_{jdjk(Sab)}$ 表示设备 j 的第 d 台机器位于单元 k 的第 a 行和第 b 列，否则为 0；

$X_{k(Ga2b2)}$ 表示单元 k 位于系统中的第 $a2$ 行和第 $b2$ 列；

$X_{pr}=1$ 表示零件 p 选择路径 r 进行操作，否则为 0；

$X_{jdjpr(op)k}=1$ 表示零件 p 的路径 r 的操作 op 在单元 k 中的设备 j 的第 d 台上操作，否则为 0；

$X_{hk}=1$ 表示在本周期员工 h 在单元 k 中进行工作；

$X_{hjdj}=1$ 表示在本周期员工 h 操作设备 j 的第 d 台；

$Y_{hjp}=1$ 表示在本周期员工 h 在设备 j 上操作零件 p 的等级；

$Y_{Yhjp}=1$ 表示在本周期员工 h 能够在设备 j 上操作零件 p，反之则为 0。

7.2.2 数学模型

目标函数：

$$\min Z_1 = C_1 \tag{7-1}$$

$$\min Z_2 = C_2 \tag{7-2}$$

$$\min Z_3 = C_3 \tag{7-3}$$

$$\min Z_4 = C_4 \tag{7-4}$$

$$\min Z_5 = C_5 \tag{7-5}$$

$$\min Z_6 = C_6 \tag{7-6}$$

其中：

$$
\begin{aligned}
C_1 = & \sum_{p=1}^{P}\sum_{r=1}^{R_p}\sum_{op=1}^{OP_p-1}\sum_{k=1}^{K}\sum_{i=1}^{M}\sum_{j=1}^{M}\sum_{d_i=1}^{n_i}\sum_{d_j=1}^{n_j}\sum_{a=1}^{N1-1}\sum_{b=1}^{N2-1}\sum_{a'=a}^{N1}\sum_{b'=b}^{N2} X_{idipr(op)k} \\
& \times X_{jdjpr(op+1)k} \times X_{idik(Sab)} \times X_{jdjk(Sa'b')} \times (|a-a'|+|b-b'|) \times D_p \\
& \times D_{intra}
\end{aligned}
\tag{7-7}
$$

$$
\begin{aligned}
C_2 = & \sum_{p=1}^{P}\sum_{r=1}^{R_p}\sum_{op=1}^{OP_p-1}\sum_{k=1}^{K-1}\sum_{k'=k}^{K}\sum_{j=1}^{M}\sum_{d_i=1}^{n_i}\sum_{d_j=1}^{n_j}\sum_{a2=1}^{N3-1}\sum_{b2=1}^{N4-1}\sum_{a2'=a2}^{N3}\sum_{b2'=b2}^{N4} X_{idipr(op)k} \\
& \times X_{jdjpr(op+1)k'} \times X_{k(Ga2b2)} \times X_{k'(Ga2'b2')} \times (|a2-a2'|+|b2-b2'|) \\
& \times D_p \times D_{inter}
\end{aligned}
\tag{7-8}
$$

$$
\begin{aligned}
C_3 = & \sum_{j=1}^{M}\sum_{d_j=1}^{n_j}\sum_{k=1}^{K}\sum_{a=1}^{N1}\sum_{b=1}^{N2} X_{jdjk(Sab)} \times X_{jdjk(Sa1b1)} \times (|a-a1|+|b-b1|) \\
& \times CC + \sum_{j=1}^{M}\sum_{d_j=1}^{n_j}\sum_{k=1}^{K-1}\sum_{k'=k}^{K}\sum_{a2=1}^{N3-1}\sum_{b2=1}^{N4-1}\sum_{a3=a2}^{N3}\sum_{b3=b2}^{N4} X_{jdjk} \times X_{jdjk'(Sa1b1)} \times \\
& X_{k(Ga2b2)} \times X_{k'(Ga3b3)} \times (|a2-a3|+|b2-b3|) \times CC1
\end{aligned}
\tag{7-9}
$$

$$
C_4 = \sum_{p=1}^{P}\sum_{r=1}^{R_p}\sum_{op=1}^{OP_p}\sum_{h=1}^{H}\sum_{j=1}^{M}\sum_{d_j=1}^{n_j} X_{hjdj} \times W_{jpr(op)} \times X_{pr}
$$

$$\times \Big(\sum_{s=U_{hjp1}}^{Q_{hjp}} T_{hjp} \times s^{-l_{hjp}} + \sum_{s=Q_{hjp}+1}^{D_p} T_{hjp} \times Q_{hjp}^{-l_{hjp}} \Big) \tag{7-10}$$

$$C_5 = \sum_{p=1}^{P} \sum_{r=1}^{R_p} \sum_{op=1}^{OP_p} \sum_{j=1}^{M} \sum_{d_j=1}^{n_j} X_{pr} \times W_{jpr(op)} \times X_{hjdj} \times f(Y_{hjp}) \times D_p \tag{7-11}$$

$$Y_{hjp} = \min\{ LH, ff(Y_{hjp1}, \sum_{d_j=1}^{n_j} X_{hjdj1}) \}, \qquad \forall \, h,j,p \tag{7-12}$$

$$C_6 = \sum_{k=1}^{K} \sum_{h=1}^{H} \Big(CH + \sum_{p=1}^{P} \sum_{j=1}^{M} \sum_{d_j=1}^{n_j} X_{hjdj} \times Q(Y_{hjp}) \Big) \tag{7-13}$$

约束条件：

$$\sum_{j=1}^{M} \sum_{d_j=1}^{n_j} X_{jdjk} \leqslant U, \qquad \forall \, k \tag{7-14}$$

$$\sum_{j=1}^{M} \sum_{d_j=1}^{n_j} X_{jdjk} \geqslant L, \qquad \forall \, k \tag{7-15}$$

$$\sum_{r=1}^{R_p} X_{pr} = 1, \qquad \forall \, p \tag{7-16}$$

$$\sum_{j=1}^{M} \sum_{d_j=1}^{n_j} \sum_{k=1}^{K} X_{jdjpr(op)k} \leqslant W \times X_{pr}, \qquad \forall \, p,r,op \tag{7-17}$$

$$\sum_{j=1}^{M} \sum_{d_j=1}^{n_j} X_{jdjk(Sab)} \leqslant 1, \qquad \forall \, k,a,b \tag{7-18}$$

$$\sum_{a=1}^{N1} \sum_{b=1}^{N2} X_{jdjk(Sab)} = X_{jdjk}, \qquad \forall \, j,d_j,k \tag{7-19}$$

$$\sum_{a2=1}^{N3} \sum_{b2=1}^{N4} X_{k(Ga2b2)} = 1, \qquad \forall \, k \tag{7-20}$$

$$\sum_{k=1}^{K} X_{k(Ga2b2)} \leqslant 1, \qquad \forall \, a2,b2 \tag{7-21}$$

$$\sum_{j=1}^{M} \sum_{d_j=1}^{n_j} A_j X_{hjdj} \leqslant G, \qquad \forall \, h \tag{7-22}$$

$$X_{hjdj} \times X_{hk} = X_{jdjk}, \qquad \forall \, h,k,j,d_j \tag{7-23}$$

$$\sum_{j=1}^{M} \sum_{d_j=1}^{n_j} \sum_{i=1}^{M} \sum_{d_i=1}^{n_i} \sum_{a=1}^{N1-1} \sum_{b=1}^{N2-1} \sum_{a'=a}^{N1} \sum_{b'=b}^{N2} X_{hjdj} \times X_{jdjk(Sab)} \times X_{hidi} \times X_{idik(Sa'b')}$$
$$\times (|a-a'| + |b-b'|) \leqslant 1, \qquad \forall \, h,k \tag{7-24}$$

$$\sum_{k=1}^{K} \sum_{d_j=1}^{n_j} X_{jdjpr(op)k} = X_{pr} \times W_{jpr(op)}, \qquad \forall \, p,j,r,op \tag{7-25}$$

$$\sum_{i=1}^{P}\sum_{r=1}^{R_p}\sum_{op=1}^{OP_p}T_{jpr(op)}\times X_{jdjpr(op)k}\leqslant W_j, \qquad \forall j,d_j,k \tag{7-26}$$

$$X_{hjdj}\times\sum_{k=1}^{K}\sum_{r=1}^{R_p}\sum_{op=1}^{OP_p}X_{jdjpr(op)k}\leqslant W\times Y_{hjp}, \qquad \forall h,p,j,d_j \tag{7-27}$$

$$\sum_{k=1}^{K}X_{hk}\leqslant 1, \qquad \forall h \tag{7-28}$$

$$\sum_{j=1}^{M}\sum_{d_j=1}^{n_j}X_{hjdj}\leqslant W\times\sum_{k=1}^{K}X_{hk}, \qquad \forall h \tag{7-29}$$

$$\sum_{k=1}^{K}X_{jpr(op)k}=X_{pr}\times W_{jpr(op)}, \qquad \forall i,p,r,op \tag{7-30}$$

$$X_{jdjk},X_{jdjk(Sab)},X_{k(Ga2b2)},X_{pr},X_{jdjpr(op)k},X_{hk},X_{hjdj},YY_{hjp}=1\ or\ 0,$$
$$\forall h,j,dj,op,k,p,Sab,Ga2b2 \tag{7-31}$$

$$Y_{hjp}\geqslant 0, \qquad \forall h,j,p\ 且为整数 \tag{7-32}$$

在上述目标中共包括六项内容,其中第一项表示单元内的移动距离,如式(7-1)和(7-7)所示;第二项表示单元间的移动距离,如式(7-2)和(7-8)所示;第三项表示设备的重构成本,包括设备在单元内的重构和单元间的重构,如式(7-3)和(7-9)所示;第四项表示工人总的操作时间,如式(7-4)和(7-10)所示;第五项表示质量损失量,其具体数值与工人的技能水平相关,如式(7-5)、(7-11)和(7-12)所示;第六项表示工人的工资成本,如式(7-6)和(7-13)所示。可以看出,在这六项内容中,前三项和设备物流目标有关,后三项和员工的绩效有关。

在约束条件中,式(7-14)和(7-15)分别表示单元内放置的设备数不能超过其上限和下限;式(7-16)表示每种零件必须选择一条路径进行操作;式(7-17)表示如果零件选择了某条路径操作,则该路径上的所有过程都必须完成;式(7-18)表示单元内的任何位置最多放置一台设备;式(7-19)表示一台设备只能放置在一个单元的一个位置上;式(7-20)表示一个单元只能放置在系统的一个单元位置上;式(7-21)表示系统中的任何位置只能放置一个单元;式(7-22)表示工人操作的人数不能超过其上限,且当某些设备只能一对一操作时,工人不能同时操作多台设备;式(7-23)表示同一个人操作的设备必须位于一个单元;式(7-24)表示同一个人操作的设备必须位于单元的相邻位置;式(7-25)表示任何零件的某一操作都只能在一台设备上进行;式(7-26)表示设备的能力限制;式(7-27)表示工人在某台设备上操作的零件必须是他能够操作的,即资格限制;式(7-28)表示每个工人最多只能安排到一个单元进行操作;式(7-29)表示只有工人进行设备操作才将其分配到单元,否则不分配工人的工作单元;式(7-30)~(7-32)表示变量之间的关系及变量的取值范围。

7.3　多目标优化问题的 Pareto 解

7.2 节中提到的是一个多目标规划的数学模型,与单目标优化问题不同,多目标优化问题中其各目标之间通常相互制约,难以实现对其中一个目标的绝对优化,一个子目标性能的改善可能会引起另一个子目标性能的降低,因此多目标优化问题的解并不是唯一的,而是一个最优解的集合,集合中的元素称为 Pareto 最优解。Pareto 最优解的概念是由法国经济学家帕雷托(Vilfredo Pareto)首次提出的。所谓的 Pareto 最优解,是指一个解可能在其中某个目标上是最好的,但并非在所有目标上都是最优,而在其他目标上也不是最差的,也可以将之称为非劣解集或非支配解集,而其相对应的解集可以称为支配解集。Pareto 最优解集内的元素就所有目标而言是彼此不可比较的。它们的地位是等同的。为了更好地理解 Pareto 最优解,给出以下定义[222]。

(1)Pareto 支配。解 x^1 支配解 $x^2(x^1 > x^2)$ 当且仅当:

$$fi(x^1) \leqslant fi(x^2), i = 1, 2, \cdots, m$$
$$fi(x^1) < fi(x^2), \exists \ i \in \{1, 2, \cdots, m\};$$

其中:m 表示目标的个数。

(2)Pareto 最优。如果 x^1 是 Pareto 最优的当且仅当 $\rightarrow \exists \ x^2 > x^1$。

(3)Pareto 最优集。所有 Pareto 最优解的集合 $Ps = \{x^1 \mid \rightarrow \exists \ x^2 > x^1\}$,又称为非劣解集。

(4)Pareto 最优前端。所有 Pareto 最优解对应的目标函数值所形成的区域 P_F:

$$P_F = \{f(x) = f(x_1), f(x_2), \cdots, f(x_m) \mid x \in Ps\}。$$

7.4　基于改进多目标遗传算法的模型求解

针对 7.2 中所建数学模型的复杂性,本节采用改进多目标遗传算法进行问题的求解,在算法中根据不同变量进行染色体编码,同时算法采用惩罚技术和自适应策略。

1. 染色体编码及其初始化

模型中包括 X_{jdjk},$X_{jdjk(Sab)}$,$X_{k(Ga2b2)}$,X_{pr},$X_{jdjpr(op)k}$,X_{hk},X_{hjdj},Y_{hjp},YY_{hjp} 九类变量。由于必须满足约束(7-23),即同一个人操作的设备必须位于同一个单元,因此变量 X_{jdjk} 可以采用与第四章相同的方法,在此只考虑变量 X_{hk} 和 X_{hjdj},由他们共同来决定变量 X_{jdjk};$X_{k(Ga2b2)}$ 表示单元的具体位置,在实际处理

时我们可以预先设定单元所在的位置,如设单元一位于生产系统中的第一行第一列,也就是 $a2=1,b2=1$,同样道理可以设单元二在生产系统中位于第一行第二列,也就是 $a2=1,b2=2$,以此类推,从而可以省去变量的 $X_{k(Ga2b2)}$ 求解和编码;变量 Y_{hjp} 表示员工操作设备的等级情况,其主要是由上一周期初的等级以及上一周期已经操作的零件数来决定的,可以在本周期初就获得,因此也不需要编码;根据 Y_{hjp} 和 YY_{hjp} 之间的关联性可知,当 $Y_{hjp} \geqslant 1$ 时,$YY_{hjp}=1$,否则 $YY_{hjp}=0$,因此也不需要对 YY_{hjp} 进行编码。

根据以上分析可知实际需要编码的仅为 $X_{jdjk(Sab)}$,X_{pr},$X_{jdjpr(op)k}$,X_{hk},X_{hjdj} 这五类变量。由于 X_{hk} 和 X_{hjdj} 已经确定了设备所属的单元,因此可以将变量 $X_{jdjk(Sab)}$ 和 $X_{jdjpr(op)k}$ 也简化为 $X_{jdj(Sab)}$ 和 $X_{jdjpr(op)}$。

对以上五类变量分别进行编码,共分为三部分。第一部分为 X_{pr},X_{hk},X_{hjdj} 变量的编码,采用一维编码方法,如图7-6所示,图中 $P_1=2$ 表示第一种零件采用第二条路径进行操作,$M_{11}=3$ 表示第一种设备的第一台由第三个人操作,$H_1=1$ 表示第一个人在第一个单元操作。

第二部分为变量 $X_{jdjpr(op)}$ 的编码,采用 $(\sum_{p=1}^{P} p \times R_p) \times \max\{OP_p, p=1, 2,\cdots,P\}$ 矩阵编码法,用 $X_{pr(op)}$ 表示,其含义为零件在路径中所有操作需要的设备,如第一行表示第一种产品的第一条路径各个操作工序所需的设备分别为 M_{21},M_{52},$\cdots$,M_{61};其中数字的前一位表示设备的种类,后面一位表示该种设备的第几台,而 0 表示没有该种操作。

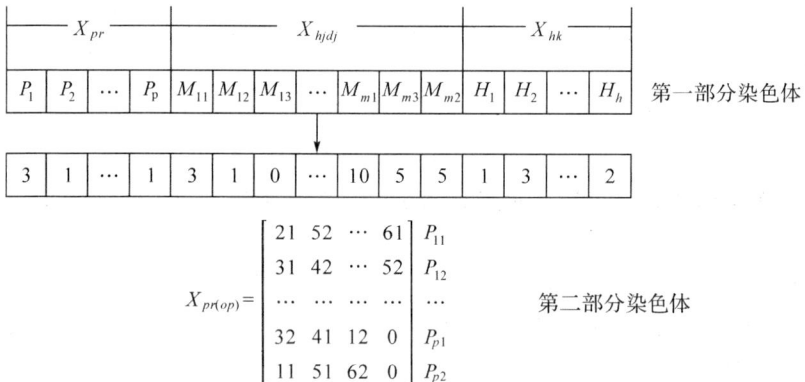

图 7-6　染色体编码示例 1

第三部分为变量 $X_{jdj(Sab)}$ 的编码,首先通过以上编码以及初始化,可以得到设备具体所属的单元,如 M_{12} 由第一个人操作,而第一个人位于第三个单元,所以 M_{12} 也位于第三个单元。对于设备具体在单元里放置于哪个位置,在进行编码时仍然采用随机的方法确定,如图7-7所示,$M_{11}=(1,1,1)$ 表示第一种设备的第一台位于第一个单元的第一行第一列；$M_{12} = (3,2,1)$ 表示第一种设备的第二台位于第三个单元的第二行第一列。同时通过惩罚的方法，来保证约束 (7-24)，即表示同一个人操作的设备必须位于单元的相邻位置。

$$M_{jdj} = \begin{bmatrix} (1,1,1) & (3,2,1) & \cdots \\ \cdots & \cdots & \cdots \\ (1,1,3) & (2,1,3) & (3,2,2) \end{bmatrix} \text{第三部分染色体}$$

图 7-7　染色体编码示例 2

根据上述关于 $X_{jdjk(Sab)}$，X_{pr}，$X_{jdjpr(op)k}$，X_{hk}，X_{hjdj} 这五类变量的编码可以满足模型中除了式 (7-14)、(7-15)、(7-21)、(7-24) 和式 (7-26) 以外的所有约束条件。

2. 目标函数的调整

为了满足约束条件 (7-14)、(7-15)、(7-21)、(7-24) 以及 (7-26)，本书同样采用惩罚技术，将以上这些约束条件通过惩罚因子的方法加入相应的目标函数中。此时包含七个目标函数，如式 (7-33)～(7-39) 所示。其中 w_1，w_2，w_3，w_4，w_5 分别表示相应的惩罚因子，其中 w_1 表示当同一员工操作设备不位于相邻位置的惩罚系数，w_2，w_3 表示单元规模的惩罚系数，w_4 表示工人工作量超标的惩罚系数，w_5 表示设备超工作能力的惩罚系数。

$$\min Z_1 = C_1'$$

$$
\begin{aligned}
C_1' = &\sum_{p=1}^{P}\sum_{r=1}^{R_p}\sum_{op=1}^{OP_p-1}\sum_{k=1}^{K}\sum_{i=1}^{M}\sum_{j=1}^{M}\sum_{d_i=1}^{n_i}\sum_{d_j=1}^{n_j}\sum_{a=1}^{N1-1}\sum_{b=1}^{N2-1}\sum_{a'=a}^{N1}\sum_{b'=b}^{N2}(X_{idipr(op)k}\\
&\times X_{jdjpr(op+1)k}\, X_{idik(Sab)}\, X_{jdjk(Sa'b')}\,(|a-a'|+|b-b'|)\\
&\times D_p \times D_{intra}) + w_1 \times \max(0,(|a-a'|+|b-b'|-1))
\end{aligned}
$$

$$(7-33)$$

$$\min Z_2 = C_2'$$

$$
\begin{aligned}
C_2' = &\sum_{p=1}^{P}\sum_{r=1}^{R_p}\sum_{op=1}^{OP_p-1}\sum_{k=1}^{K-1}\sum_{k'=k}^{K}\sum_{i=1}^{M}\sum_{j=1}^{M}\sum_{d_i=1}^{n_i}\sum_{d_j=1}^{n_j}\sum_{a2=1}^{N3-1}\sum_{b2=1}^{N4-1}\sum_{a2'=a2}^{N3}\sum_{b2'=b2}^{N4}(X_{idipr(op)k}\\
&\times X_{jdjpr(op+1)k'}\, X_{k(Ga2b2)}\, X_{k'(Ga2'b2')}\,(|a2-a2'|\\
&+|b2-b2'|)\times D_p \times D_{inter}) + \sum_{k=1}^{K}(w_2 \times \max(0,\sum_{j=1}^{M}\sum_{d_j=1}^{n_j}x_{jdjk}\\
&-U)) + \sum_{k=1}^{K}(w_3 \times \max(0,L-\sum_{j=1}^{M}\sum_{d_j=1}^{n_j}x_{jdjk}))
\end{aligned}
$$

$$(7-34)$$

$$\min Z_3 = C_3'$$

$$C_3{'} = \sum_{j=1}^{M}\sum_{d_j=1}^{n_j}\sum_{k=1}^{K}\sum_{a=1}^{N1}\sum_{b1=1}^{N2}X_{jdjk(Sab)}\times X_{jdjk(Sa1b1)}\times(\,|a-a1|+|b-b1|\,)$$

$$\times CC + \sum_{j=1}^{M}\sum_{d_j=1}^{n_j}\sum_{k=1}^{K-1}\sum_{k'=k}^{K}\sum_{a2=1}^{N3-1}\sum_{b2=1}^{N4-1}\sum_{a3=a2}^{N3}\sum_{b3=b2}^{N4}X_{jdjk}\times X_{jdjk'(Sa1b1)}$$

$$\times X_{k(Ga2b2)}\times X_{k'(Ga3b3)}\times(\,|a2-a3|+|b2-b3|\,)\times CC1 \tag{7-35}$$

$$\min Z_4 = C_4{'}$$

$$C_4{'} = \sum_{p=1}^{P}\sum_{r=1}^{R_p}\sum_{op=1}^{OP_p}\sum_{h=1}^{H}\sum_{j=1}^{M}\sum_{d_j=1}^{n_j}X_{hjdj}\times W_{jpr(op)}\times X_{pr}\times$$

$$\left(\sum_{s=U_{hjp1}}^{Q_{hjp}}T_{hjp}\times s^{-l_{hjp}} + \sum_{s=Q_{hjp}+1}^{D_p}T_{hjp}\times Q_{hjp}{}^{-l_{hjp}}\right) \tag{7-36}$$

$$\min Z_5 = C_5{'}$$

$$C_5{'} = \sum_{p=1}^{P}\sum_{r=1}^{R_p}\sum_{op=1}^{OP_p}\sum_{j=1}^{M}\sum_{d_j=1}^{n_j}X_{pr}\times W_{jpr(op)}\times X_{hjdj}\times f(Y_{hjp})\times D_p \tag{7-37}$$

$$\min Z_6 = C_6{'}$$

$$C_6{'} = \sum_{k=1}^{K}\sum_{h=1}^{H}\left(CH + \sum_{p=1}^{P}\sum_{j=1}^{M}\sum_{d_j=1}^{n_j}X_{hjdj}\times Q(Y_{hjp})\right) + \sum_{h=1}^{H}(w_4\times\max(0,$$

$$\sum_{j=1}^{M}\sum_{d=1}^{n_j}X_{hjd} - G)) \tag{7-38}$$

$$\min Z_7 = C_7{'}$$

$$C_7{'} = \sum_{k=1}^{K}\sum_{j=1}^{M}\sum_{d_j=1}^{n_j}(w_5\times\max(0,\sum_{i=1}^{P}\sum_{r=1}^{R_p}\sum_{op=1}^{OP_p}T_{jpr(op)}\times X_{djpr(op)k} - W_j)) \tag{7-39}$$

3. $X_{jdj(Sab)}$ 变量染色体种群的确定

由于变量 X_{hk} 和 X_{hjdj} 共同决定具体设备归属的单元,因此变量 $X_{jdj(Sab)}$ 只需要考虑每台设备在确定单元后的单元内位置即可,但是在这其中可能产生许多可行解,假设有五种设备各有两台,根据设备所属的单元,可以随机确定 10 种 $X_{jdj(Sab)}$ 变量染色体,因此在历代种群中,可以对每一个个体的 $X_{jdj(Sab)}$ 染色体也采用遗传算法的方法进行选择,最终确定与每个个体相配对的 $X_{jdj(Sab)}$ 编码染色体。假设在运用遗传算法时的初始种群数为 $N1$,则选择最优染色体的操作流程如下:

(1)$t=0$,在已经确定设备所属单元的基础上,随机确定 $X_{jdjk(Sab)}$ 变量的 N1

个集合 $P(t)$。

（2）根据式（7-35）计算每条染色体得到的目标值 C'_3，并根据式子 $Y_3 = W - C'_3$ 得到适应度值。

（3）$t1 = 1$，根据轮盘赌的方法选择进行换位变异的操作父代。

（4）进行换位变异操作，由于设备具体所在的单元是由变量 X_{hk} 和 X_{hjdj} 共同决定的，因此在进行变异操作时，首先选择一个固定的单元，然后再在这个单元内选择两台设备，进行位置的交换操作，得到新的染色体，具体过程如图 7-8 所示。此时染色体的个数为 $t1$。

（5）$t1 = t1 + 1$，重复（3）和（4）的过程，直到存在 $N1$ 个染色体。

（6）计算各个染色体的适应度值，选择父代和子代染色体中 $N1$ 个最优的解作为下一代种群，记为 $P(t)$。

（7）$t = t + 1$，如果 $t \leqslant$ 最大迭代次数 $t_{\max}$，重复（3）～（6）的过程，否则进入（8）。

（8）在 $P(t_{\max})$ 中选择适应度值最优的作为与其他染色体配对的 $X_{jdj(Sab)}$ 变量染色体。

$$M_{jdj} = \begin{bmatrix} (1,1,1) & (3,2,1) & & \cdots \\ \cdots & \cdots & \nwarrow\!\!\searrow & \cdots \\ (1,1,3) & (2,1,3) & & (3,2,2) \end{bmatrix} \rightarrow$$

$$M_{jdj} = \begin{bmatrix} (1,1,1) & (3,2,2) & \cdots \\ \cdots & \cdots & \cdots \\ (1,1,3) & (2,1,3) & (3,2,1) \end{bmatrix}$$

图 7-8　换位变异示例

4. 非支配解集的确定

初始种群中得到的个体，应用式（7-33）～（7-39）所示的目标函数计算其目标值，并将所有的解根据支配解的概念分为支配解集（SZ）和非支配解集（SF）。

5. 种群个体的进化操作

支配解集中的种群个体需要进行染色体的选择、交叉和变异，由于算法中染色体分为三大部分，因此本章对三部分染色体分别进行交叉和变异。

对第一部分染色体，在交叉运算中，个体运用轮盘赌法选择需要进行交叉的父代和母代，然后采用单点交叉的方法对不同部分的染色体分别进行交叉。而对于第二部分和第三部分染色体，为了保证子代染色体的可行性，仅采用变异操作。

在变异运算中，由于第一部分染色体包含三部分内容，在变异的过程中，根据所选择的变异位置，进行不同的变异操作。具体操作如下：

Step 1:随机选择染色体。

Step 2:在 $\left[1, P + \sum_{j=1}^{M} n_j + H\right]$ 之间随机选择一个变异点。

Step 3:变异操作。

If $u <= P$

零件操作的路径进行变异;

Elseif $P + 1 <= u <= P + \sum_{j=1}^{M} n_j$

设备操作的人员进行变异

Else

$$P + \sum_{j=1}^{M} n_j + 1 <= u <= P + \sum_{j=1}^{M} n_j + H$$

操作人员的单元变异操作

End

Step 4:变异运算终止。

对第二部分染色体进行交叉操作容易产生非可行解,因此仅进行变异操作,其具体步骤为:

Step 1:随机选择父代和母代染色体。

Step 2:随机生成一个$\left[0, \sum_{p=1}^{P} R_p\right]$的数 column1,作为行号。

Step 3:随机生成一个$[0, \max\{OP_p\}]$的数 row1,作为列号。

Step 4:将父代和母代第二部分染色体的[column1,row1]位置上的数字进行互换。

Step 5:变异运算终止。

具体过程可见图 7-9 所示实例。

对于第三部分染色体的变异则参照第三步 $X_{jdj(Sab)}$ 染色体种群确定的方法进行。

为了能够更好地对算法进行收敛处理,本节采用自适应的交叉和变异。交叉算子和遗传算子会随着个体适应度值自动改变。交叉概率 P_c 和变异概率 P_m 按照以下公式自适应调整:

$$P_c = \begin{cases} P_{c1} - \dfrac{(P_{c1} - P_{c2})(f' - f_{avg})}{f_{max} - f_{avg}}, f' \geqslant f_{avg} \\ P_{c1}, f' \leqslant f_{avg} \end{cases}$$

$$P_m = \begin{cases} P_{m1} - \dfrac{(P_{m1} - P_{m2})(f_{max} - f)}{f_{max} - f_{avg}}, f \geqslant f_{avg} \\ P_{m1}, f \leqslant f_{avg} \end{cases} \tag{7-40}$$

$$X_{pr(op)} = \begin{bmatrix} 21 & 52 & \cdots & 61 \\ \mathbf{31} & 42 & \cdots & 52 \\ \cdots & \cdots & \cdots & \cdots \\ 32 & 41 & 12 & 0 \\ 11 & 51 & 62 & 0 \end{bmatrix} \begin{matrix} P_{11} \\ P_{12} \\ \cdots \\ P_{p1} \\ P_{p2} \end{matrix} \qquad X_{pr(op)} = \begin{bmatrix} 21 & 52 & \cdots & 61 \\ \mathbf{32} & 42 & \cdots & 52 \\ \cdots & \cdots & \cdots & \cdots \\ 32 & 41 & 12 & 0 \\ 11 & 51 & 62 & 0 \end{bmatrix} \begin{matrix} P_{11} \\ P_{12} \\ \cdots \\ P_{p1} \\ P_{p2} \end{matrix}$$

父代　　　　　　　　　　　母代

$$X_{pr(op)} = \begin{bmatrix} 21 & 52 & \cdots & 61 \\ \mathbf{31} & 42 & \cdots & 52 \\ \cdots & \cdots & \cdots & \cdots \\ 32 & 41 & 12 & 0 \\ 11 & 51 & 62 & 0 \end{bmatrix} \begin{matrix} P_{11} \\ P_{12} \\ \cdots \\ P_{p1} \\ P_{p2} \end{matrix} \qquad X_{pr(op)} = \begin{bmatrix} 21 & 52 & \cdots & 61 \\ \mathbf{32} & 42 & \cdots & 52 \\ \cdots & \cdots & \cdots & \cdots \\ 32 & 41 & 12 & 0 \\ 11 & 51 & 62 & 0 \end{bmatrix} \begin{matrix} P_{11} \\ P_{12} \\ \cdots \\ P_{p1} \\ P_{p2} \end{matrix}$$

变异后染色体　　　　　　　变异后染色体

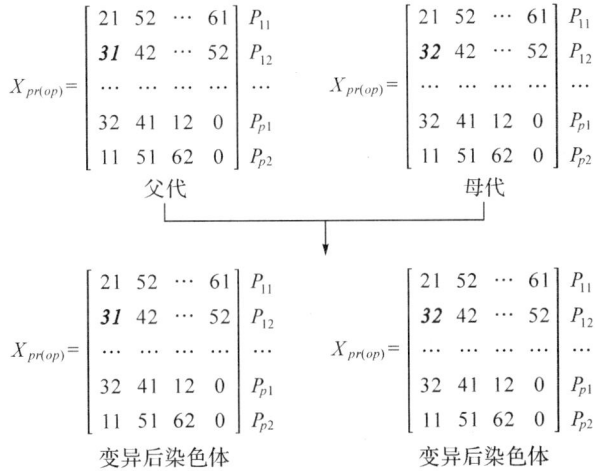

图 7-9　染色体第二部分变异过程实例

其中：f_{max} 是指群体中最大适应度值；f_{avg} 是指每一代群体的平均适应度值；f' 是指要交叉的两个中较大适应度值；f 是指要变异个体的适应度值；$P_{c1} = 0.9$；$P_{c2} = 0.6$；$P_{m1} = 0.01$；$P_{m2} = 0.001$。

6.非支配解集及支配解集的更新

在进行支配解集的进化操作过程中，每得到一个新的后代，都将和非支配解中的个体进行比对，如果该新解不受 SF 中的任何一个解的支配，则将该新解加入 SF 中，并且将 SF 中的新的受支配解加入 SZ 集合中。

7.迭代终止

当迭代次数满足最大要求时，算法终止。

算法的整个流程如图 7-10 所示。

7.5　本章小结

本章在详细剖析员工工作任务分配、设备单元划分以及设备单元布局之间影响的基础上，结合第三章提出的准动态单元构建方法，建立了准动态双资源约束下的单元构建问题数学模型，模型中的目标主要包括单元间及单元内的移动距离、设备的重构成本、人员操作时间、人员工资以及质量损失量等。然后针对这一多目标规划问题模型，提出了改进多目标遗传算法进行问题求解。

确定算法中的相关参数，N，N_1，N_{max}，N_{1max}，t，t_{max}，T，T_{max}

$T = 0$，根据编码设计确定初始种群

计算种群中个体的 7 个目标函数值

根据 Pareto 支配解概念，确定 SZ 和 SF 中的个体

对 SZ 中的解进行选择、交叉和变异

个体为 SF 解

Y

N

个体加入 SF 中

加入至 SZ 中，得到新的 SZ 集合

检验 SF 中其他解的特征，如果出现支配解，将其移入 SZ 中

得到新的 SF 集合

$T = T+1$

$T \leq T_{max}$

Y

N

输出 SF 解集

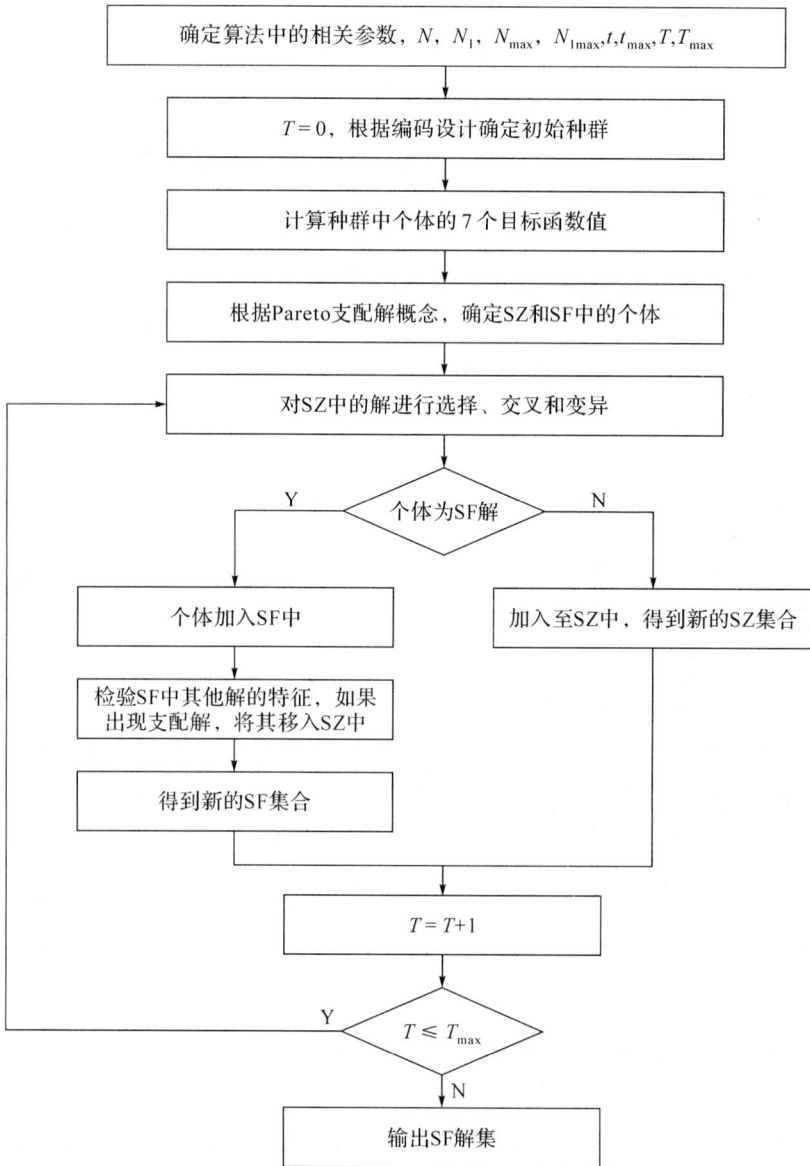

图 7-10　模型算法流程

第8章 案例分析

HZYC 公司是中国铝镍钴最大的生产基地,公司前身为国营磁钢厂,始建于 1980 年 12 月,经过 30 多年的发展,现拥有资产总值 4.5 亿元,年创产值 5.5 亿元,厂房 14 万平方米,职工 1500 余人。公司主要产品包括铸造、烧结铝镍钴永磁;烧结、粘结钕铁硼永磁;钐钴永磁、永磁器件、永磁玩具、永磁电机等。产品广泛用于汽车、仪器仪表、医疗和通信器械、家用电器、电机、电声器材、纺织机械、教学仪器、风力发电、自控开关及国防军工、航天航空等高科技领域。公司被评为国家重点高新技术企业、浙江省"五个一批"重点骨干企业和"中国电子元件百强企业",其组织构架如图 8-1 所示。

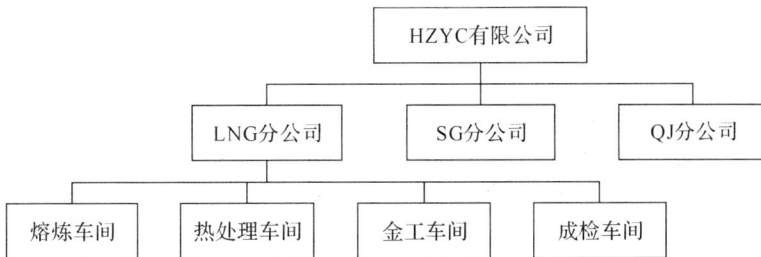

图 8-1 企业组织构架

LNG 分公司是 HZYC 公司最早成立的分公司。自 1980 年成立,从电能表用三类铝镍钴磁体的生产开始,发展到目前年产铸造铝镍钴 1800 吨的生产能力,LNG 分公司是世界上规模最大、产品规格最齐全、技术力量最雄厚的铝镍钴生产基地。铸造铝镍钴拥有先进的熔炼生产线、精密铸造机床、配备完善的精加工中心,采用注塑沙造型、炉前分析、电脑控制等先进工艺技术,确保产品的一致性和优质性。主要产品有电能表用马蹄形磁体、汽车摩托车里程表磁体、音响用磁体、汽车传感器用磁体、电机用磁体及通信、教学、军用磁体等多系列 5000 多种规格。

LNG 分公司是 HZYC 最大最重要的分公司,也是问题最多的分公司。越来越剧烈的市场竞争以及高不可攀的生产和人工成本,使得企业必须对以往的生产模式做出巨大的变革,以适应时代发展的要求。本章将第 5 章中建立的模型应用于 LNG 分公司制造系统中,为该公司的有效运作提供技术支持与指导,同时也以实例的方式论证本文所建理论方法的可行性和实用性。

8.1　应用对象分析

目前 LNG 分公司面临的主要问题是不能按照订单时间的要求按时交货,规定的生产周期为 10 天,而实际生产有时需要 13 甚至 18 天才能完成,造成了严重的延期交货现象。通过对 LNG 公司相关车间的详细分析,发现造成延期交货的主要原因是金工车间生产安排的不合理以及产品质量合格率过低。

LNG 分公司主要包括熔炼车间、热处理车间、金工车间以及成检车间。虽然目前分公司有 5000 多种产品规格,但可以根据产品的磁性分为二类产品、三类产品、五类产品以及八类产品,虽然这些类别的产品的工艺要求有所差别,但是其主要流程还是相似的,以生产一批 5 万个某类产品为例,其流程及生产周期如图 8-2 所示。

| 试浇 | → | 熔炼 | → | 热处理 | → | 金工 | → | 校验 | → | 仓库 |

| 生产周期 | 2天 | | 1天 | | 2天 | | 4天 | | 0.5天 | |

图 8-2　主要生产流程

试浇是指对现行的配料方案进行试行浇注,经过熔炼和热处理分析该方案是否可行,如果试浇的配料方案可行,也就是磁性指标能够达标,则进行后续的大量生产。

熔炼主要包括配料、熔炼和分拣过程,配料和分拣主要以人工操作为主,而熔炼炉是熔炼的主要工具。

热处理主要是对分拣结束的磁钢在低温炉和高温炉里进行加热以及磁性定向。

金工主要是对热处理完的磁钢进行金加工,包括倒角、粗磨、精磨等工序。设备包括立式磨床、卧式磨床、无心磨床、外端面磨床、双端面磨床、钻床、铣床、清洗设备等。

检验工序主要是对最终产品进行外观和磁性检验。

从图 8-2 可以看出,从真正熔炼开始,总的生产周期约为 7.5 天,而 50% 以上的时间耗在金工车间。同时由于熔炼、热处理以及产品检验操作的设备比较单一和简单,大部分为纯手工操作,而金工车间由于产品种类复杂,生产工艺又具有一定的交叉性,因此在车间的大部分产品需要经过较长的等待时间才能进行操作,造成时间上的极大浪费。

从质量方面来看,金工车间决定着产品外形及尺寸,是产品合格与否的关键。产品的加工止于金工车间,其价值增值也止于金工车间。由于设备加工的特殊性,金工车间的工艺大多为一次性加工,不存在往复加工的情况,如果产品的尺寸或外形加工不合格,这时企业需要从熔炼开始重新进行产品的再生产,延长了生产时间。因此,如果能够有效控制金工车间的成品率,那么将大大提高产品整体的成品率,同时也能在一定程度上解决产品延期交货的现状。

通过以上分析,我们决定选择 LNG 分公司的金工车间进行生产模式的转变,以金工车间(一)作为转变生产组织模式的研究对象,综合考虑其产品特征、设备状况以及人力资源情况,将原有的机群式生产方式转换为单元制造模式,帮助企业解决生产周期过长、人员忙闲不一、质量不合格率过高等生产瓶颈问题。

8.2 现状及问题分析

企业目前采用机群式布置的方式组织生产,车间除了清洗设备外,还包括立式磨床、卧式磨床、无心磨床、外端面磨床、双端面磨床、钻床、铣床 7 种设备,共 18 台。分别记为 M1~M7,其中 M1 有 4 台,M2 和 M5 各有 3 台,M3,M4,M6 和 M7 各有两台。此外,在车间的右下角放置了一台大型清洗机,其余部分作为半成品的临时堆放处,如图 8-3 所示。

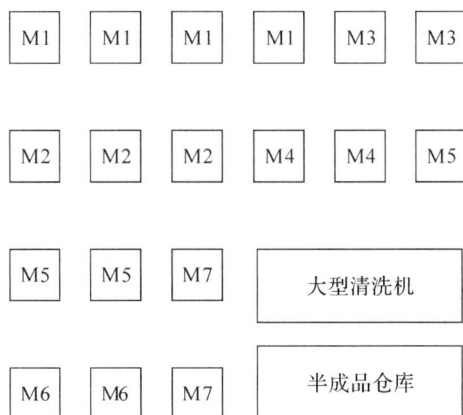

图 8-3　企业现行机群式布置

通过对金工车间进行详细跟班分析,发现主要存在的问题及原因如下:

第一,现场环境混乱,车间现场含有大量停滞在制品、闲置机床、大量边角废料、员工个人生活用品等放置无规律,无物品放置区域标识,工具摆放无固定地点,车间现场杂乱无章,影响作业环境及员工士气。

第二,工人流动性比较大,在招工难的背景下,熟练工人的流动性在加大,同时工人之间、工人与领导之间及车间与车间之间缺乏有效沟通,信息不流畅。

第三,质量控制不利。公司现行的工资制度为计件工资,因此工人所关心的往往是本人所完成的数量而不是质量,同时由于缺少必要的监管机制,职责不清,大量的不合格品流向下道工序,在浪费人力成本的同时产生了大量的报废品。

第四,缺少技术水平高的多技能员工。由于部分产品对金加工质量的高要求,导致其只能由几个技能水平高的老师傅进行操作,从而增加了产品生产的等待时间。

第五,车间采用机群式布置,对于同一机群,为了使得任务均衡,车间主任将一批产品等量分配给工人,工人依次获得加工任务,自仓库领取半成品进行加工,加工完毕以后再由操作工人将产品送入半成品仓库待下一工序的工人领取加以加工……如此循环,造成金工车间物流量加大。

第六,清洗设备的操作时间是瓶颈。清洗设备比较大,一次能够清洗的量也比较多,就产能而言,是满足要求的,但是清洗设备在正式运作之前需要预加热,而该设备的运作时间通常为 9:00~17:00,这就导致许多产品由于不能在该时间段完成粗或精加工而出现大量的等待时间。从图 8-4 可以发现等待清洗和等待被操作的时间较长,特别是等待清洗的时间比较长,真正操作时间往往只需要两天。

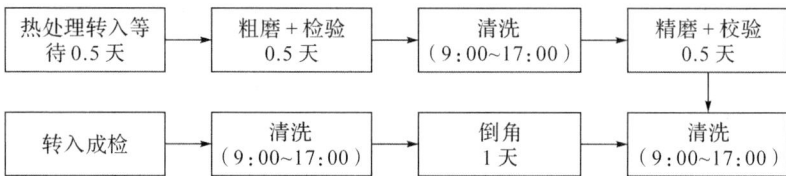

图 8-4　金工车间操作流程

通过与企业管理层的深入分析与探讨,为了有效改善金工车间物流状况,提升产品质量,缩短加工时间,减少在制品数量,提升生产效率,控制延滞时间,决定将其转换为单元制造模式。

针对以往按照机群式布置的现状,结合现有的场地面积情况以及划分单元的数量,拟将以往的机群式设备划分为 4 个单元,而将大型清洗机搁置,给每个单元配置一台小型的清洗机(见图 8-5),从而可以得出各个设备初始归属情况: 3 台 M1 和 3 台 M2 归属于单元 1,2 台 M3 及各一台 M4 和 M5 归属于单元 2,M5,M6 和 M7 各 2 台均归属于单元 3,其他设备则不属于任何单元。

图 8-5　划分为 4 个单元的初始布局

8.3　产品和设备分析

8.3.1　产品归类分析

根据企业的销售计划,每年销售的产品有 100 多种,但是有些产品每年的销量非常少,生产批次也少,对生产安排的影响微乎其微,因此我们将占总产量 80％以上的 38 种产品作为主要分析对象。

金工车间生产的是多品种、中批量的产品,根据磁性要求可以划分为二类、三类、五类、八类磁钢产品;根据形状的不同,可以分为圆片形、圆柱形、长方体形以及马蹄形 4 种形状,产品形状如图 8-6 所示。我们主要根据产品的磁性类别和形状将 38 类产品分为 10 大类产品。

圆片形磁钢　　　圆柱形磁钢　　　长方体形磁钢　　　马蹄形磁钢

图 8-6　各类磁钢形状

1. 二类产品

二类产品的形状主要包括圆片形和圆柱形,我们将二类圆片形产品定义为 P1,圆柱形产品定义为 P2。产品形状的不同其所涉及的设备和加工时间也不尽相同,如二类圆片形产品主要在 M1,M4 和 M5 或者 M4,M5 和 M7 设备上加工,而圆柱形产品则在 M2,M5 和 M7 设备或者 M2,M4 和 M7 设备上加工。

2. 三类产品

三类产品的形状也可以分为圆片形和圆柱形,我们将三类圆片形产品定义为 P3,圆柱形产品定义为 P4。三类产品由于其磁性要求与二类有所不同,因此 P3 产品生产所涉及的设备主要包括 M1,M2 和 M7 或者 M1,M2 和 M3,P4 产品则只能采用一种加工路线,主要在 M1,M3 和 M4 设备上加工。

3. 五类产品

五类产品根据其形状的不同,可以分为长方体形、马蹄形和圆柱形,分别标识为 P5,P6 和 P7,其中圆柱形产品可以采用两条不同的生产路径生产。P5 产品在 M1,M5 和 M6 设备上生产;P6 产品涉及的设备包括 M2,M5 和 M7;而 P7 可以在 M1,M2 和 M3 设备上生产,也可以在 M1,M2 和 M5 设备上生产。

4. 八类产品

八类产品的形状也主要包括长方体形、圆柱形和马蹄形三种,分别标识为 P8,P9 和 P10。其中 P8 产品主要在 M3,M4 和 M5 设备上生产;P9 产品可以运用 M2,M6 和 M7 设备,也可以运用 M2,M4 和 M6 设备生产;P10 产品只能在设备 M2,M4 和 M5 上生产。

各类产品的生产加工工艺过程具体如表 8-1 所示,其中的 1,2,3 表示产品在设备上操作的顺序,括号内的数字表示需要操作的时间,单位为分钟。

8.3.2　设备分析

从 8.2 的分析中可以看出,清洗设备加工时间是瓶颈,而每个产品加工都需要该设备。通过和企业人员的进一步沟通,认为将原来的大清洗机改为小的清洗机,从而在每个生产单元中均放置一个小清洗设备,这样可以大大减少原有的等待时间。

表 8-1　产品—设备关系

	M1	M2	M3	M4	M5	M6	M7	需求量
P1-1	1(9)			2(18)	3(12)			700
P1-2				1(8)	3(12)		2(20)	700
P2-1		1(10)			2(21)		3(13)	450

	M1	M2	M3	M4	M5	M6	M7	需求量
P2－2		1(10)		2(19)			3(17)	450
P3－1	1(10)	2(13)					3(15)	700
P3－2	1(10)	2(14)			3(8)			700
P4	2(9)		1(17)	3(16)				600
P5	1(16)				2(11)	3(24)		700
P6		1(16)			2(20)		3(15)	300
P7－1	2(7)	3(17)	1(18)					400
P7－2	2(7)	3(12)			1(25)			400
P8			3(25)	2(16)	1(14)			600
P9－1		3(12)				2(26)	1(11)	650
P9－2		3(12)		1(16)		2(26)		650
P10		2(22)		3(13)	1(7)			600

8.4　员工学习能力分析

目前金工车间的 18 台设备由 16 个人操作。通过对金工车间人员为期 12 周的工作抽样统计发现,操作人员的流动率为 30%,16 个操作人员在 12 周的平均作业率仅为 20%,也就是说工人大部分时间处于空闲状态。同时由于目前企业员工流动率比较高,很难获得不同员工加工不同设备的学习率,因此通过数据分析获得的是员工操作具体设备的广义学习率。同时工人的空闲时间随着其生产累计批量的不断增加而增加,这说明工人的工作效率在不断提高。这些现象说明在该车间需要考虑人的学习性能,从而更合理地安排员工的工作内容。

根据广义学习曲线理论而言,不同的员工对于相同设备的学习能力大致是相同的,通过对企业员工设备操作的时间研究得到不同设备操作的学习能力以及达到标准时间所需操作的个数。这里以外端圆磨为例,进行学习曲线率的相关计算。表 8-2 记录了 12 周的每周操作量和操作时间。

表 8-2　人员操作时间测试

周　　次	产量（批）	累计批量	工作时间（小时）	累计工作时间（小时）	平均时间（小时）
1	80	80	920	920	11.50
2	82	162	867	1840	11.36
3	84	246	850	2690	10.93
4	84	330	838	2774	8.41
5	85	415	823	3597	8.67
6	86	501	819	3683	7.35
7	87	588	819	4502	7.66
8	87	675	810	4589	6.80
9	87	762	801	5390	7.07
10	87	849	796	5477	6.45
11	88	937	798	6275	6.70
12	88	1025	793	6363	6.21

学习曲线反映累计产量的变化对单件产品的操作时间的影响，表达式为下面的微分方程式：

$$\frac{\mathrm{d}y}{y} = -b\frac{\mathrm{d}x}{x} \tag{8-1}$$

上式中 y 为每单位产品平均直接人工小时，x 为累计生产产量，b 为学习率指数（$0 < b < 1$）。方程右边的负号则表明单位成本的变化与累计产量的变化方向相反。

对式（8-1）两边积分得：

$$\ln y = -b \times \ln x + C \tag{8-2}$$

C 为常数，令 $C = \ln a$，则有：

$$\ln y = \ln x^{-b} + \ln a \tag{8-3}$$

即为：

$$\ln y = \ln a x^{-b} \tag{8-4}$$

由式（9-4）我们可以得到：

$$y = a x^{-b} \tag{8-5}$$

对表 8-2 中数据做回归分析，可以得到 $b = 0.152$，学习率 $= 90\%$，$a = 15$。采用同样的方法我们可以得到不同设备的学习能力，如表 8-3 所示。

表 8-3 各操作人员学习率

	初始操作时间(分钟)	学习率	学习系数	标准时间(分钟)(达到标准时间所需操作的批次)
无心磨床	9	85%	0.2345	2(610)
外端圆磨床	15	90%	0.152	6(839)
立式磨床	22	90%	0.152	8(777)
钻床	10	93%	0.1047	5(750)
双端面磨床	9	92%	0.1203	3(1145)
平式磨床	15	93%	0.1047	7(1445)
铣床	8	95%	0.0704	5(793)

根据企业人力资源对工人的技能考核结果,可以得到不同员工的设备操作等级,如表 8-4 所示,其中技术等级的高低根据员工操作产品的质量和时间而定,操作越熟练,产生的废品越少,等级越高。其中:空白表示操作者还没有操作过该设备;1,2,3,4,5 分别表示操作者的操作等级,如(H2,M1)=4 表示员工 H2 操作设备 M1 的等级为 4。

表 8-4 人员—设备操作一览

	M1	M2	M3	M4	M5	M6	M7
H1	4	3				2	
H2	4					3	2
H3				2			4
H4	1					3	
H5		3					
H6	2		2			1	
H7		1	3	3			
H8	4		3	3			
H9		2	3		4		3
H10		2			3		
H11	2					2	

续表

	M1	M2	M3	M4	M5	M6	M7
H12		3			3		2
H13			1	2			
H14				2			
H15			3		3		1
H16	1	2				3	4

目前的工作任务安排为 H1 和 H2 各操作两台 M1；H5，H10 和 H12 各操作一台 M2；H6 和 H8 各操作一台 M3；H13 和 H14 各操作一台 M4；H7，H9 和 H15 各操作一台 M5；H4 和 H11 各操作一台 M6；H3 和 H16 各操作一台 M7。

8.5 单元制造系统的构建

根据以上分析获得的基本信息，运用本书第五章建立的数学模型以及提出的改进多目标遗传算法，得到 5 组非支配解，具体如表 8-5 所示。选择其中第一组非劣解进行分析，得到如图 8-7 和表 8-6 所示的设备单元、产品族的划分以及工人工作内容的分配。从中可知：两台 M1 和各一台 M2，M3 及 M4 划分在第一个单元，两台 M1 和各一台 M2，M5 及 M6 分配在第二个单元，第三单元包括设备 M2，M5，M6 和 M7 各一台，第四单元包括设备 M3，M4，M5 和 M7 各一台。而产品 P3，P4 和 P7 为一个产品族；P5，P10 为一个产品族；P2，P6 和 P9 为一个产品族；P1 和 P8 为一个产品族。人员分配结果为：在单元一中，H1 操作两台 M1 和一台 M2，H8 操作 M3 和 M4；在第二单元中，H2 操作两台 M1 和 M6，H10 操作 M2 和 M5；在第三单元中，H12 操作 M2 和 M5，H16 操作 M6 和 M7；在第四单元中，H9 操作 M5 和 M7，H7 操作 M3 和 M4；而 H3，H4，H5，H6，H11，H13，H14 和 H15 这 8 人没有安排任何任务，可以安排别的工作，比如负责清洗机的操作等。

表 8-5　非支配解集的各目标函数值

序　号	目标值					
	C1 单元内移动距离(米)	C2 单元间移动距离(米)	C3 重构成本(元)	C4 工人操作时间(小时)	C5 质量损失(批次)	C6 工人工资成本(元)
1	19300	15600	55000	1174	313	296060
2	21000	18000	50000	1095	350	292860
3	18462	14290	65000	1146	326	289660
4	17658	21000	70000	1208	305	299260
5	19300	15600	60000	1068	356	292860

根据图 8-7 和表 8-5 得到的分配方案，可以看出单元内的移动距离 C1 为 19300 米；单元间的移动总距离 C2 为 15600 米；设备重构成本 C3 为 55000 元；设备操作的总时间为 4661 小时；工人操作的总时间为 1174 小时；质量损失总量为 313 批次；工人工资成本为 296060 元。

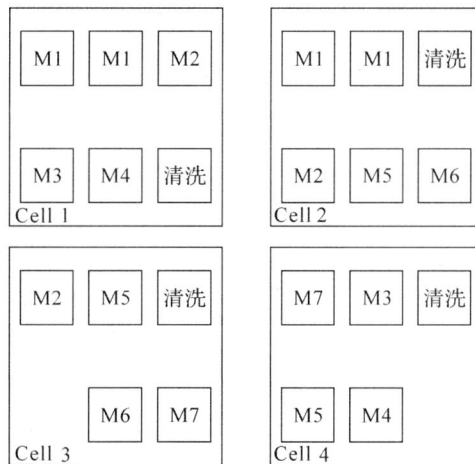

图 8-7　最终单元布局

表 8-6　人员、设备和产品的单元划分结果

	M1(2)	M2	M4	M3	M1(2)	M6	M2	M5	M2	M5	M6	M7	M7	M5	M3	M4	需求量
P3—2	10	14						8									700
P4	9		16	17													600
P7—1	7	17		18													400
P5					16	24		11									700
P10			13				22	7									600
P2—1									10	21		13					450
P6									16	20		15					300
P9—1									12		26	11					650
P1—2													20	12		8	700
P8														14	25	16	600
设备时间（分钟）	15200	16600	17400	17400	11200	16800	17100	17500	13200	15450	16900	17500	14000	16800	15000	15200	
工人工作安排	H1		H8		H2		H10		H12		H16		H9		H7		
工人操作设备等级	4	3	3	3	4	3	2	3	3	3	3	4	3	4	3	3	
工人操作时间（分钟）	10236		10437		6602		9944		9902		10039		6138		7166		

注：表中 M1(2) 表示两台 M1。

8.6　方案评价

金工车间采用单元制造模式进行生产之后,原来杂乱的生产过程和生产现场变得非常清晰,将 10 大类产品分别置于不同的单元进行操作,避免了原来采用机群式布置时的交叉物流以及产品生产过程的混乱,具体效果主要包括以下 4 个方面。

1.产品搬运路径明显减少

由于以往采用的是机群式布置,导致产品在不同设备之间进行操作时,需要长距离的搬运;转变为单元生产方式后,这种现象得到了较大改善。如产品 P5 需要的设备是 M1,M5 和 M6,图 8-8 显示了在机群式布置条件下的物流路线;而采用了单元生产方式后的物流路线如图 8-9 所示。比较图 8-8 和 8-9,可以看出,一批 P5 产品的物流搬运路径由原来的 13 米减少到了 7 米。通过对所有产品生产路径的分析可以得到如表 8-7 所示的结果,所有物料搬运路径从原来的 46250 米减少到了现在 35800 米,搬运距离下降了 22.6%。

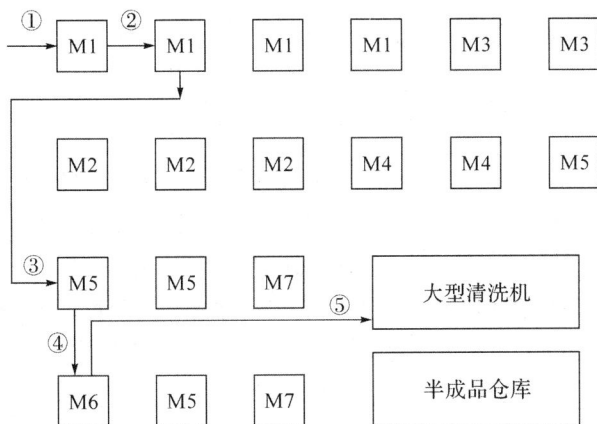

图 8-8　产品 P5 的原有物流路线

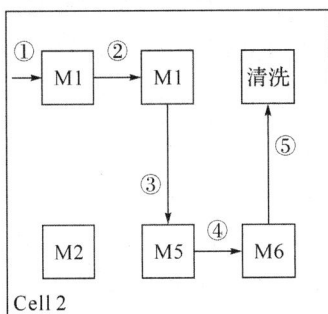

图 8-9　单元生产方式下产品 P5 的物流路线

表 8-7　两种不同方式下所需的物料搬运距离

	机群式布置	单元布置	需求量
P1—2	8	6	700
P2—1	4	5	450
P3—2	7	7	700
P4	6	6	600
P5	13	7	700
P6	11	6	300
P7—1	14	9	400
P8	5	4	600
P9—1	9	7	650
P10	6	6	600
需求量×搬运距离之和（米）	46250	35800	
节省物流路径（米）	10450		

2. 人力资源紧缺的现状得到了缓解

在以往采用机群式布置时，需要 16 个员工操作 18 台机器，但是大部分员工的工作比率仅为 20% 左右，相当空闲。同时一个工人可能需要面对 10 大类产品的操作，操作多台设备容易造成产品的混淆，因此除 M1 外其余设备均是一对一的操作。采用单元生产方式后，一个工人仅需面对 2～3 类产品，解决了由于产品繁多而带来的混淆问题，因而允许一个工人操作多台设备，以增加工人工作的比率。从表 8-6 所得的工作内容分配可知，完成相同的任务仅需 8 个工人，员工数减少了 50%，同时工人的工作比率则由原来的平均 20% 提高到了现在的 66.7%，在合理安排工人工作内容的同时缓解了企业人力资源紧缺的情况。与此同时，企业根据员工的技能等级以及生产量较大地提高了工人的薪酬，进而提高了工人的积极性和降低了工人的流动率。

3. 产品的质量得到了进一步的保证

在采用原有生产方式时，由 16 个员工操作 18 台设备，由于部分员工操作技能水平较低，导致质量损失量为 404 个批次。其根本原因是由于生产所需员工较多，而员工流动性又较大，新员工在没有进行充分培训的情况下就上岗操作，大大降低了产品的质量水平。在采用单元生产方式之后，仅由 8 个员工就能完成以前 16 个员工的工作任务，员工人数减少了 50%，在任务分配时能尽量安排熟练工操作相应的设备,同时对新进员工增加了培训时间,提高了员工所需的技能水平,进而大大提高了操作质量,从原来的 404 个批次降低到了现在的 313 个批次,质量提高了 22.5%。

4.制造单元效率得到了提升

Molleman 和 Slomp[185]经过实证研究表明:工作小组内员工的技能均匀分布在任何运作条件下都能够获得最低的生产周期和较低的生产时间。在原有生产方式下,整个车间为一个工作小组,小组成员较多,成员技能分布的不平衡就更加明显,其中掌握技能数量的不均衡值为 12.75,操作设备技能等级的不均衡值为 11.25。采用单元生产方式后,每个单元只有 2 人组成一个工作小组,大大提高了员工之间的默契程度,各单元技能不均衡总和大大下降,其中掌握技能数量的不均衡值为 2,操作设备技能等级的不均衡值为 2.5,有效保证了每个制造单元的效率,进而提升了整个制造系统的效率。

8.7　本章小结

本章在跟班分析 HZYC 有限公司 LNG 分公司金工车间存在问题的基础上,通过对员工工作情况的调研、产品生产流程以及使用设备的数据分析,在获得生产实际的第一手资料的情况下,将本书第五章所提的数学模型和算法应用于金工车间,将车间原有的机群式布置改为单元生产布局。通过一段时间的生产运作,结果显示采用单元生产方式之后,物料搬运距离有了明显的减少,而员工的工作效率、生产的质量水平以及制造系统的效率均有大幅度的提升。

第 9 章　总结及展望

9.1　研究总结

本书在对单元构建问题深入剖析的基础上，归纳总结了目前静动态单元构建方法存在的问题，提出了有别于静态和动态单元构建方法的准动态单元构建方法，建立了单元构建方法的统一范式；详细剖析了人的因素对单元构建的重要性；然后将人的因素引入准动态单元构建中，研究了准动态双资源约束下的单元构建问题，并建立了相应的数学模型对问题进行求解分析。本书主要成果为：

第一，准动态单元构建方法的理论研究。根据静动态单元构建方法研究现状及存在的问题，提出了准动态单元构建方法的概念和抽象函数，通过详细分析三类单元构建方法的区别与联系，建立单元构建方法的统一范式。最后通过数学算例的分析，论证了准动态单元构建方法更符合企业实际运作的要求。

第二，人力资源要素对单元构建的影响研究。通过详细剖析人员工作任务分配与设备单元划分之间的交互作用以及人的学习性能对单元构建的影响，建立了双资源约束下的单元构建问题数学模型。所提数学模型以物料搬运成本、设备操作时间、工人操作时间、产品质量损失以及员工工资等为目标。根据模型的复杂性，提出了改进分散搜索算法进行模型求解。通过对模型目标函数权重系数的灵敏度分析，得出企业可以根据其关注的侧重点，进行设备物流和人员目标之间的权衡以及人员目标中的质量时间成本与工资成本之间的权衡。

第三，准动态双资源约束下的单元构建问题研究。基于准动态单元构建的方法，综合分析员工的工作任务被分配、设备单元构建和单元布局对单元制造系统效率的影响，建立了准动态双资源约束下的单元构建问题目标规划模型，并采用改进目标遗传算法进行问题模型求解，最后将该模型和算法应用到实际企业中，为企业制造单元的构建提供依据。

9.2　研究展望

虽然本书对单元构建问题进行了较为全面而深入的研究,但由于时间等因素的制约,将来还可以从以下几方面进行研究:

第一,双资源约束下的单元构建问题主要解决设备单元的划分和员工工作任务的分配,不同员工根据其工作任务分配到具体的制造单元,归属于同一个制造单元的员工就组成了工作团队,根据团队工作理论,工作团队成员的异质性(包括一般异质性和专长异质性)将直接影响制造单元的绩效,因此在后续的研究中可以进一步分析探讨工作团队组建对制造单元效率的影响。

第二,本书主要研究分析了人力资源要素对制造单元构建的影响,但是在企业生产中还有其他的因素,如工具等因素同样会对制造单元生产效果产生一定的影响,因此如何在双资源约束下的单元构建问题中考虑更多因素带来的影响将是今后的研究方向。

参考文献

[1] 张根保,王时龙,徐宗俊.先进制造技术[M].重庆:重庆大学出版社,1996.

[2] 机械加工网[DB]. http://www. cnmaf. cnNews12/16959. html.

[3] Koren Y, Moriwaki T, Pritschow G, et al. Reconfigurable manufacturing systems[C]. Annals of the CIRP, 1999, 48 (2):527-540.

[4] 马士华,陈荣秋.计算机集成制造系统与企业重构——21 世纪制造业的主流趋势[J].科技导报,1995,10:48-50.

[5] 单元制造百度百科[DB]. http://baike. baidu. comview1512345. html.

[6] 孙林岩,汪建.先进制造模式——理论与实践[M].西安:西安交通大学出版社,2003.

[7] 白英彩,唐治文,余巍.计算机集成制造系统——CIMS 概论[M].北京:清华大学出版社,1997.

[8] 吴澄,李伯虎.从计算机集成制造到现代集成制造——兼谈中国 CIMS 系统论的特点[J].计算机集成制造系统——CIMS 概论,1998(5):1-5.

[9] 张培忠.柔性制造系统[M].北京:机械工业出版社,1997.

[10] Thomas Ⅲ L G. The two faces of competition-dynamic resourcefulness and the hypercompetitive shift. Managing in times of disorder-hypercompetitive organizational reponse[M]. Edited by Anne Y. Ilinitch Y, Arie Lewin Y, Richard D' Aveni, SAGE publications, 1998.

[11] Nagel R N. 21st Century manufacturing enterprise strategy [M]. Bethehem: Iacocco institute. Lehigh University, 1991.

[12] 王细洋,杨卫平,王有远.敏捷制造:内涵与关键[J].南昌航空工业学院学报,1999,13(1):1-7.

[13] James P Womack, Daniel T Jones, Daniel Roos. The machine that changed the world[M]. Rapid Transcript,1990.

[14][日]门田安弘.丰田生产方式的新发展[M].史世民等译.西安:西安交通大学出版社,1992.

[15] 王安民,温晓霓.制造企业生产方式的重组与系统优化[J].工业工程,1998,1(2):10-13.

[16] 汪应洛. 新世纪的生产系统——精简、灵捷、柔性生产系统[J]. 中国机械工程, 1995, 6(5):7-9.

[17] 张曙. 以独立制造岛为基础的虚拟制造[J]. 中国机械工程, 1996, 7(5): 21-24.

[18] 吴澄, 李伯虎. 从计算机集成制造到现代集成制造[J]. CIMS-China'98: 1-8.

[19] 张伯鹏. 机械制造机及其自动化[M]. 北京:人民交通出版社, 2003.

[20] 孔凡玉, 张显程, 巩建鸣. 现代工业再制造技术[J]. 工程机械, 2003, 34 (9):33-36.

[21] [日]秋野晶二. 日本企业的国际化与生产体制的变革(下)[M]. 立教经济学研究, 1997.

[22] 王涛, 孟宪忠. 细胞生产方式:制造业的大趋势[J]. 江苏商论, 2006, 34 (6):3-6.

[23] [日]都留康. 生产系统的革新与进化——日本企业当中单元生产方式的浸透[M]. 日本评论社, 2001.

[24] 卢杰泉. S公司的单元生产方式应用研究[D]. 广州:中山大学, 2008.4.

[25] 刘正刚. 单元制造的设施布置设计研究[D]. 镇江:江苏理工大学, 2001.

[26] 赵伟, 刘晓冰, 许登峰. 制造生产模式的演变与敏捷制造[J]. 工业工程, 1999, 2(3):13-17.

[27] 于洋, 查建中, 牟建斌. 单元制造技术及其实施方法[J]. 制造业自动化, 2001, 13(4):4-6.

[28] 陈雄兵. 可重构制造单元构建及其评价研究[D]. 重庆大学硕士论文, 2012.

[29] 马玉敏. 单元化制造系统的构建及评价[D]. 上海:同济大学, 2002.

[30] 窦建平, 戴先中, 孟正大. 基于混合层次分析法的可重构制造系统重构方案选择[J]. 计算机集成制造系统, 2007, 7(13):1360-1366.

[31] 张良伟. 可重构制造系统重构方案的评价[D]. 南京理工大学硕士学位论文, 2009.

[32] 姜晓鹏. 可重构制造系统性能综合评价研究[D]. 西北工业大学博士论文, 2007.

[33] Wu N, Salvendy G. A modified network approach for the design of cellular manufacturing systems[J]. International Journal of Production Research, 1993, 286(31):1409-1421.

[34] Mcauley J. Machine grouping for efficient production[J]. Production Engineer, 1972, 24(52):53-7.

[35] Gupta T，Seifoddini H. Production data based similarity coefficient for machine-component grouping decision in the design of a cellular manufacturing system[J]. International Journal of Production Research，1990，245(28)：1247-1269.

[36] Seifoddini H. Single linkage v/s average linkage clustering in machine cells formation applications[J]. Computers and Industrial Engineering，1989，396 (16)：419-426.

[37] Mosier C T，Yelle J，Walker G. Survey of similarity coefficient based methods as applied to the group technologyconfiguration problem[J]. Omega，1997，25：65-79.

[38] Yin Y，Yasuada K. Similarity coefficient methods applied to the cell formation problem：a taxonomy and review[J]. International Journal of Production Economics，2006，101(2)：329-352.

[39] Ravichandran K S，Chandra K，Saravanan R. The role of fussy and genetic algorithm in part family formation and sequence optimization for flexible manufacturing systems [J]. Advanced Manufacturing Technology，2002(19)：879-888.

[40] Won Y，Kenneth R Currie. An effective p-median model considering production factors in machine cell/part family formation[J]. Journal of Manufacturing Systems，2006，25(1)：58-64.

[41] 吴晓丹，王云峰，朱昭贤，李杰. 单元制造系统理论与研究方法综述[J]. 河北工业大学学报，1999，28(3)：1-5.

[42] King J R. Machine-component grouping in production flow analysis：An approach using rank order clustering algorithm[J]. International Journal of Production Research，1980，18 (2)：213-232.

[43] Chandrasekaran M P，Rajagopalan R. MODROC：Anextension of rank order clustering of group technology [J]. International Journal of Production Research，1986，24 (5)：1221-1233.

[44] Chan H M，Milner D A. Direct clustering algorithm for group formation in cellular manufacture[J]. Journal of Manufacturing Systems，1982，1 (1)：64-76.

[45] Mosier C T. An experiment investigating the application of clustering procedures and similarity coefficients to the GT machine cell formation problem[J]. International Journal of Production Research，1989，27 (10)：1811-1835.

[46] Wei J C，Kern G M. Commonality analysis：A linear cell clustering algorithm for group technology[J]. International Journal of Production Research，1989，27（12）：2053-2062.

[47] Shafer S M，Rogers D F. Similarity and distance measures for cellular manufacturing，Part 1：A survey［J］. International Journal of Production Research，1993，31（5）：1133-1142.

[48] Liao T W，Zhang Z，Mount C R. Similarity measures for retrieval in case-based reasoning systems[J]. Applied Artificial Intelligence，1998，12（4）：267-288.

[49] 金升灿.构建单元制造的灰色聚类法[J].煤矿机械，2005，3：46-47.

[50] 白书清，王爱民，李伯虎.面向应急动员批产的流水式制造单元构建技术[J].计算机集成制造系统，2008，14（1）：64-73.

[51] 王爱民，丁国智，宁汝新.制造单元快速构建技术研究[J].北京理工大学学报，2006，26（10）：850-856.

[52] 祝恒云，叶文华.基于流程时间矩阵的单元化制造系统设计[J].应用科学学报，2008，26（1）：100-107.

[53] David F Rogers，Shailesh S Kulkarni. Optimal bivariate clustering and a genetic algorithm with an application in cellular manufacturing［J］. European Journal of Operational Research，2005，160：423-444.

[54] Vitanov V，Tjahjono B，Marghalany I. A decision support tool to facilitate the design of cellular manufacturing layouts[J]. Computers & Industrial Engineering，2007，52（4）：380-403.

[55] Vitanov V，Tjahjono B，Marghalany I. Heuristic rules-based logic cell formation algorithm[J]. International Journal of Production Research，2008，46（2）：321-344.

[56] Surjit A，Rakesh S，Samsudeen N. Cellular manufacturing：A time-based analysis to the layout problem［J］. International Journal of Production Economics，2008，112（1）：427-438.

[57] Oliveira S，Ribeiro J F F，Seok S C. A comparative study of similarity measures for manufacturing cell formation[J]. Journal of Manufacturing Systems，2008，27（1）：19-25.

[58] Farouq A，Seifoddini H. Machine cell formation for production management in cellular manufacturing systems[J]. International Journal of Production Research，2007，45（4）：913-934.

[59] Miin-Shen Y，Wen-Liang H，Fu-Chou C. Mixed-variable fuzzy

clustering approach to part family and machine cell formation for GT applications[J]. International Journal of Production Economics，2006，（103）：185-198.

[60] Xu H，Wang H P. Part family formation for GT applications based on fuzzy mathematics[J]. International Journal of Production Research，1989，27（9）：1637-1651.

[61] Masnata A，Settineri L. An application of fuzzy clustering to cellular manufacturing[J]. International Journal of Production Research，1997，35（4）：1077-1094.

[62] Liao T W. Classification and coding approaches to part family formation under a fuzzy environment[J]. Fuzzy Sets and Systems，2001，122（3）：425-441.

[63] Lozano S，Dobado D，Larrata J，et al. Modified fuzzy C-means algorithm for cellular manufacturing[J]. Fuzzy Sets and Systems，2002，126（1）：23-32.

[64] 李杰，王云峰，朱昭贤. 基于模糊技术的制造单元构建方法研究[J]. 计算机集成制造系统，2004，10(12)：1561-1567.

[65] Torkul O，Cedimoglou I H，Geyik A K. An application of fuzzy clustering to manufacturing cell design[J]. Journal of Intelligent and Fuzzy Systems，2006，17：173-181.

[66] Yang M S，Hwang P Y，Chen D H. Fuzzy clustering algorithms for mixed feature variables[J]. Fuzzy Sets and System，2004，141（2）：301-317.

[67] Yang M S，Yang J H. Machine-part cell formation in group technology using a modified ART1 method[J]. European Journal of Operational Research，2008，188(1)：140-152.

[68] Naadimuthu G，Gultom P，Lee E S. Fuzzy clustering in cell formation with multiple attributes［J］. Computers and Mathematics with Applications，2010，59(9)：3137-3147.

[69] Hung W L，Yang M S，Lee E S. Cell formation using fuzzy relational clustering algorithm[J]. Mathematical and Computer Modelling，2011，53(9-10)：1776-1787.

[70] Gravel M，Nsakanda A L，Price W. Efficient solutions to the cell-formation problem with multiple routings via a double-loop genetic algorithm[J]. European Journal of Operational Research，1998，109

(2):286-298.

[71] Sofianopoulou S. Manufacturing cells design with alternative process plans and/or replicate machines[J]. International Journal of Production Research, 1999, 37(3):707-720.

[72] 马玉敏,陈炳森,张为民.基于多条工艺路线单元构建的遗传算法[J].现代设计技术,2001,18(01):18-22.

[73] Logendran R, Karim Y. Design of manufacturing cells in the presence of alternative cell locations and material transporters[J]. Journal of the Operational Research Society, 2003, 54:1059-1075.

[74] 王志亮,张友良,汪惠芬.敏捷制造模式下制造单元重构技术研究[J].计算机集成制造系统,2004,10(7):727-733.

[75] Jayaswal S, Adil G K. Efficient algorithm for cell formation with sequence data, machine replications and alternative process routings[J]. International Journal of Production Research, 2004, 42(12):2419-2433.

[76] Kim C O, Baek J G, Baek J K. A two-phase heuristic algorithm for cell formation problems considering alternative part routes and machine sequences[J]. International Journal of Production Research, 2004, 42(18):3911-3927.

[77] Kizil M, Ozbayrak M. A tradeoff analysis between process plan selection and cell formation in cellular manufacturing[J]. International Journal of Advanced Manufacturing Technology, 2004, 23:501-506.

[78] Foulds L R, French A P, Wilson J M. The sustainable cell formation problem: manufacturing cell creation with machine modification costs [J]. Computers and Operations Research, 2006,33:(4)1010-1032.

[79] Diaby M, Nsakanda A L. Large scale capacitated part-routing in the presence of process and routing flexibilities and setup costs[J]. Journal of the Operational Research Society 2006,57:1100-1112.

[80] 王建维.制造单元构建关键技术研究[D].大连:大连理工大学,2009.

[81] Paydar M M, Mahdavi I, Valipoor K S, et al. Developing a mathematical model for cell formation in cellular manufacturing systems [J]. International Journal of Operational Research 2011, 11(4):408-24.

[82] Paydar M M, Saidi-Mehrabad M. A hybrid genetic-variable neighborhood search algorithm for the cell formation problem based on grouping efficacy[J]. Computer and Operation Research, 2013, 40(4):980-990.

[83] Wilhelm W, Chou C, Chang D. Integrating design and planning considerations in cell formation[J]. Annals of Operations Research, 1998, 77 (1):97-107.

[84] Chen M. A mathematical programming model for systems reconfiguration in a dynamic cell formation condition[J]. Annals of Operations Research,1998, 77 (1):109-128.

[85] Wicks E M, Reasor R J. Designing cellular manufacturing systems with dynamic part populations[J]. IIE Transactions,1999, 31:11-20.

[86] Mungwatanna A. Design of cellular manufacturing systems for dynamic and uncertain production requirement with presence of routing flexibility [D]. Blacksburg State University Virginia, 2000.

[87] Tavakkoli R, Aryanezhad M, Safaei N, Azaron A. Solving a dynamic cell formation problem using met heuristics[J]. Applied Uathematics Computation, 2005, 170(2):761-780.

[88] Safaei N, Saidi-Mehrabad M, Jabal-Ameli M S. A hybrid simulated annealing for solving an extended model of dynamic cellular manufacturing system [J]. European Journal of Operation Research, 2006.

[89] Deljoo V, Mirzapour S M J, Deljoo F, et al. Using genetic algorithm to solve dynamic cell formation problem[J]. Application Mathematical Modelling, 2009.

[90] Saidi-Mehrabad M, Safaei N. A new model of dynamic cell formation by aneural approach[J]. International Journal of Advanced Manufacturing Technology, 2007, 33:1001-1009.

[91] Tavakkoli-Moghaddam R, Safaei N, Sassani F. A new solution for a dynamic cell formation problem with alternative routing and machine costs using simulated annealing[J]. Journal of the Operational Research Society, 2008(23):916-924.

[92] Defersha F M, Chen M. Machine cell formation using a mathematical model and a genetic-algorithm-based heuristic[J]. International Journal of Production Research, 2006,44 (12):2421-2444.

[93] Defersha F M, Chen M. A linear programming embedded genetic algorithm for an integrated cell formation and lot sizing considering product quality[J]. European Journal of Operational Research, 2008, 187(1):46-69.

[94] 白俊杰,龚毅光,王宁生,等.面向订单制造的可重构制造系统中虚拟制造单元构建技术[J].计算机集成制造系统,2009,15(2):313-321.

[95] 王晓晴.面向单元制造企业的单元构建和调度方法的研究[D].沈阳:东北大学,2009.

[96] Bajestani A M，Rabbani M，Rahimi-Vahed A R，et al. A multiobjective scatter search for a dynamic cell formation problem[J]. Computers and Operations Research，2009 (36):777-794.

[97] Fan J J，Feng D Z，Cao M. Modeling and application for cellular formation under dynamic environment[J]. Proceedings 2010 IEEE 17th International Conference on Industrial Engineering and Engineering Management，2010. 10:542-546.

[98] Vahid M D. New mathematical model for problem of dynamic cell formation based on number and average length of intra and intercellular movements［J］. Applied Mathematical Modeling，2013，37（4）:1884-1896.

[99] Ahkioon S，Bulgak A A，Bektas T. Integrated cellular manufacturing systems design with production planning and dynamic system reconfiguration[J]. European Journal of Operational Research，2009，192(2):414-428.

[100] Aramoon M，Bajestani M，Rabbani A R，et al. A multi-objective scatter search for a dynamic cell formation problem[J]. Computers and Operations Research,2009,36(3):777-794.

[101] Herrán A，Defersha F M，Chen M，et al. An integrated multi-period planning of the production and transportation of multiple petroleum products in a single pipeline system［J］. International Journal of Industrial Engineering Computer，2011，2:19-44.

[102] Cao D，Chen M. A robust cell formation approach for varying product demands[J]. International of Production Research，2005，43(8):1587-1605.

[103] Feyzan A，Zülal G. Modeling of a manufacturing cell design problem with fuzzy multi-objective parametric programming[J]. Mathematical and Computer Modelling，2009，50(3-4):407-420.

[104] Ghezavati V R，Saidi-Mehrabad M. An efficient hybrid self-learning method for stochastic cellular manufacturing problem:A queuing-based analysis［J］. Expert Systems with Applications，2010，38（3）:

1326-1335.

[105] Tavakkoli-Moghaddam R, Aryanezhad M B, Safaei N, et al. A new approach for the cellular manufacturing problem in fuzzy dynamic conditions by a genetic algorithm[J]. Journal of Intelligent and Fuzzy Systems, 2007, 8 (4):363-376.

[106] Safaei N, Saidi-Mehrabad M, Tavakkoli-Moghaddam R, et al. A fuzzy programming approach for a cell formation problem with dynamic and uncertain conditions [J]. Fuzzy Sets and Systems, 2008, 159 (2): 215-236.

[107] Safaei N, Tavakkoli-Moghaddam R. Integrated multi-period cell formation and sub contracting production planning in dynamic cellular manufacturing[J]. International Journal of Production Economics, 2009, 120 (2):301-314.

[108] Papaioannou G, Wilson J M. Fuzzy extensions to integer programming models of cell-formation problems in machine scheduling[J]. Annals of Operations Research, 2008.

[109] Ebeling A C, Lee C Y. Cross training effectiveness and profitability [J]. International Journal of Production Research, 1994, 32 (5): 2843-2859

[110] Suer G A. Optimal operator assignment and cell loading in labor-intensive manufacturing cells [J]. Computers and Industrial Engineering, 1996,31(1-2):155-158.

[111] Askin R G, Huang Y. Employee training and assignment for facility reconfiguration[J]. Proceedings of the sixth IERC, Miami, 1997: 426-431.

[112] Bhaskar K, Srinivasan G. Static and dynamic operator allocation problems in cellular manufacturing systems[J]. International Journal of Production Research, 1997, 35(12):3467-3481.

[113] Campbell G. Cross-utilization of workers whose capabilities differ[J]. Management Science, 1999, 45(5):722-732.

[114] Billionnet A. Integer programming to schedule a hierarchical workforce with variable demands[J]. European Journal of Operations Research, 1999, 114(1):105-114.

[115] Bokhorst J, Slomp J. Long-term allocation of operators to machines in manufacturing cells[J]. Proceedings of the Group Technology/Cellular

Manufacturing World Symposium，San Juan，Puerto Rico，2000：153-158.

[116] Norman B A，Tharmmaphornphilas W，Needy K L，et al. Worker assignment in cellular manufacturing considering technical and human skills[J]. International Journal of Production Research，2002，40（6）：1479-1492.

[117] Jannes S，Boppana V，Nallan C，et al. Design of virtual manufacturing cells：a mathematical programming approach［J］. Robotics and Computer-Integrated Manufacturing，2005，21(3)：273-288.

[118] 孟志雷,叶春明,宁凝.单元制造系统的操作工分配方法[J].工业工程，2009,12(1):84-88.

[119] Solimanpur M，Mahdavi I，Aalaei A，et al. Multi-objective cell formation and production planning in dynamic virtual cellular manufacturing systems[J]. International Conference on Business and Information，2009，7:6-8.

[120] Aryanezhad M B，Deljoo V，Mirzapour S M J. Dynamic cell formation and the worker assignmen problem：a new model[J]. International Journal of Advanced Manufacturing Technology，2009，41:329-342.

[121] Mahdavi I，Aalaei A，Paydar M M，et al. Designing a mathematical model for dynamic cellular manufacturing systems considering production planning and worker assignment［J］. Computers and Mathematics with Applications，2010，60（4）:1014-1025.

[122] Rafiei H，Ghodsi R. A bi-objective mathematical model toward dynamic cell formation considering labor utilization［J］. Applied Mathematical Modelling，2013，37(4):2308-2316.

[123] 吴晓丹,王云峰,朱昭贤,李杰.单元制造系统集成建模研究[J].计算机集成制造系统,2000,6(2):36-41.

[124] Chih-Ping C，Shine-Der L. Joint determination of machine cells and linear intercell layout[J]. Computers and Operations Research，2004，31(10):1603-1619.

[125] Tavakkoli-Moghaddam R，et al. Design of a facility layout problem in cellular manufacturing systems with stochastic demands[J]. Applied Mathematics and Computation 2007，184(2):721-728.

[126] 郑永前,张锦.基于自适应粒子群算法的制造单元集成构建方法[J].计算机集成制造系统,2010,16(8):1666-1672.

[127] Fan J J, Feng D Z. Model construction and application of integration cellular manufacturing system [J]. Advanced Materials Research, 2010, 156-157:547-552.

[128] Faber Z, Carter M W. A new graph theory approach for forming machine cells in cellular production systems[J]. New York, 1986: 301-318.

[129] Kernighan B W, Lin S. An efficient heuristic Procedure for partitioning graphs[J]. Technical Journal, 1970(49):291-307.

[130] Aljaber N, Baek W, Chen C L. A tabu search approach to the cell formation problem[J]. Computers and Industrial Engineering,1997, 32 (1):169-185.

[131] 楼洪梁,杨将新,林亚福,等. 基于图论的可重构制造系统重构策略[J]. 机械工程学报,2006,42(3):23-32.

[132] 吴永明,马剑,程猛.可重组制造系统中加工设备资源的优化配置与重构 [J]. 中国机械工程,2009,20(2):176-181.

[133] 窦建平,戴先中,孟正大,李俊.基于图论的可重构制造系统单零件流水线构形优化[J].计算机集成制造系统,2010,16(1):81-89.

[134] Lozano S, Canca D, Guerrero F, et al. Machine grouping using sequence-based similarity coefficients and neural networks [J]. Robotics and Computer Integrated Manufacturing, 2001, 17 (5): 399-404.

[135] Soleymanpour M, Vrat P, Shankar R. A transiently chaotic neural network approach to the design of cellular manufacturing [J]. International Journal of Production Research, 2002, 40 (10): 2225-2244.

[136] Guerrero F, Lozano S, Smith K A, et al. Manufacturing cell formation using a new self-organizing neural network [J]. Computers and Industrial Engineering, 2002, 42(2-4):377-382.

[137] Park S, Suresh N C. Performance of Fuzzy ART neural network and hierarchical clustering for part-machine grouping based on operation sequences[J]. International Journal of Production Research, 2003,41 (14):3185-3216.

[138] Solimanpur M, Vrat P, Shankar R. Feasibility and robustness of transiently chaotic neural networks applied to the cell formation problem[J]. International Journal of Production Research, 2004b, 42

(6):1065-1082.

[139] Venkumar P, Haq A N. Manufacturing cell formation using modified ART1 networks[J]. International Journal of Advanced Manufacturing Technology, 2005, 26:909-916.

[140] Venkumar P, Haq A N. Complete and fractional cell formation using Kohonen self-organizing map networks in cellular manufacturing system[J]. International Journal of Production Research, 2006, 20 (15):4257-4271.

[141] Won Y, Currie K R. Fuzzy ART/RRR-RSS: a two-phase neural network algorithm for part machine grouping in cellular manufacturing [J]. International Journal of Production Research, 2007, 45 (9): 2073-2104.

[142] Barthelemy A N, Dao T M. Quantized Hopfield networks and tabu search for manufacturing cell formation problems[J]. International Journal Production Economics,2009,121(1):88-98.

[143] Pandian R S, Mahapatra S S. Manufacturing cell formation with production data using neural networks[J]. Computers & Industrial Engineering, 2009, 56(4):1340-1347.

[144] 王东成,何卫平. 神经网络在制造单元构建中的研究与应用[J]. 中国机械工程,2006,17(10):1040-1044.

[145] Venugopal V, Narendran T T. A genetic algorithm approach to the machine component grouping problem with multiple objectives[J]. Computers and Industrial Engineering, 1992, 22(4):469-480.

[146] Islier A A. Group technology by an ant system algorithm [J]. International Journal of Production Research, 2005, 43(1):913-932.

[147] Prabhaharan G, Muruganandam A, Asokan P, et al. Machine cell formation for cellular manufacturing systems using an ant colony system approach[J]. International Journal of Advanced Manufacturing Technology, 2005, 25:1013-1019.

[148] Kao Y, Li Y L. Ant colony recognition systems for part clustering problems[J]. International Journal of Production Research,2008, 46 (15):4237-4258.

[149] Spiliopoulos K, Sofianopoulou S. An efficient ant colony optimization system for the manufacturing cells formation system[J]. International Journal of Advanced Manufacturing Technology, 2008, 36:589-597.

［150］Megala N，Rajendran C. An ant colony algorithm for cell-formation in cellular manufacturing systems［J］. European Journal of Industrial Engineering 2008，2(3):298-335.

［151］Spiliopoulos K，Sofianopoulou S. Designing manufacturing cells: a staged approach and a tabu search algorithm[J]. International Journal of Production Research，2003，41(11):2531-2546.

［152］Won Y，Lee K C. Modified p-median approach for efficient GT cell formation[J]. Computers and Industrial Engineering，2004，46(3): 495-510.

［153］Lei D，Wu Z. Tabu search for multiple-criteria manufacturing cell design ［J］. International Journal of Advanced Manufacturing Technology，2006，28:950-956.

［154］Simon Li. Houman Mehrabadi. Generation of block diagonal forms using hierarchical clustering for cell formation problems[J]. Procedia CIRP 2014:44-49.

［155］Mahdavi I，Aalaei A，Paydar M M，et al. A new mathematical model for integrating all incidence matrices in multi-dimensional cellular manufacturing system[J]. Journal of manufacturing system，2012,31: 214-223.

［156］Bidanda B，Warner R C，Warner P J，et al. Project management and implementation of cellular manufacturing［M］. Handbook of cellular manufacturing systems，1999:413-452.

［157］宋金波,戴大双,王东波,等.基于人员因素的先进制造技术成功实施研究[J].科研管理,2007,28(3):19-25.

［158］Askin R G，Estrada S. A survey of cellular manufacturing practices ［M］. In S. Irani (Ed.)，Handbook of cellular manufacturing systems. New York: Wiley，1999.

［159］Suresh N C，Slomp J. A multi-objective procedure for labour assignments and grouping in capacitated cell formation problems[J]. International Journal of Production Research，2001，39 (18)， 4103-4131.

［160］Askin R G，Huang Y. Forming effective worker teams for cellular manufacturing［J］. International Journal of Production Research， 2001，39(11):2431-2451.

［161］Kolbe K. Pure instinct. New York: Random House，1993.

［162］Fitzpatricka E L，Ronald G．Askin．Forming effective worker teams with multi-functional skill requirements［J］．Computers & Industrial Engineering，2005，48：593-608．

［163］Allen M．The efficient utilization of labor under conditions of fuctuating demand．In J．Muth and G．Thompson（eds），Industrial Scheduling（Englewood Cli．s，NJ：Prentice-Hall），1963．

［164］Nelson R T．Dual-resource constrained series service systems［J］．Operations Research，1968,16：324-341．

［165］Fryer J S．Labor fexibility in multiechelon dual-constraint job-shops［J］．Management Science，1974，20：1073-1080．

［166］Hogg G L，Phillips D T，Maggard M J．Parallel-channel，dual-resource constrained queuing systems with heterogeneous resources［J］．AIIE Transactions，1977，9：352-362．

［167］Park P S，Bobrowski PM．Job release and labor fexibility in a dual resource constrained job shop［J］．Journal of Operations Management，1989，3：230-249．

［168］Zuelch G，Heitz M-J，Schindele H．Simulation of work organization in highly automated production systems［J］．In V．Orpana and A．Lukka（eds），Production Research，1993．

［169］Fry T D，Kher H V，Malhotra M K．Managing worker fexibility and attrition in dual resource constrained job shops［J］．International Journal of Production Research，1995，33：2136-2179．

［170］Molleman E，Slomp J．Functional flexibility and team performance［J］．International Journal of Production Research，1999，37（8）：1837-1858．

［171］玄光男，程润伟著，于歆杰，周根贵译．遗传算法与工程优化/应用数学译丛［M］．北京：清华大学出版社，2004．

［172］张玲，张铖．计算智能神经计算和遗传算法技术［M］．北京：清华大学出版社，2001．

［173］Balakris J，Cheng C H．Dynamic cellular manufacturing under multiperiod planning horizons［J］．Journal of Manufacturing Technology Management，2005，16（5）：516-530．

［174］Fantahun M D，Chen M．Machine cell formation using a mathematical model and a genetic algorithm based heuristic［J］．International Journal of Production Research，2006，44（12）：2421-2444．

［175］杨启文，蒋静坪，张国宏．遗传算法优化速度的改进［J］．软件学报，2001，

02:270-275.

[176] 张文志,吕恬生.基于改进的遗传算法和模糊逻辑控制的移动机器人导航[J].机器人,2003,25(1):1-6.

[177] 杨晓华,陆桂华,杨志峰,等.格雷码加速遗传算法及其理论研究[J].系统工程理论与实践,2003,23(3):100-106.

[178] 李乃成,陈白丽,高岫.一个具有对偶适应度函数的遗传算法[J].西安交通大学学报,2004,38(8):811-814.

[179] Potts C J, Terr I D. The development and evaluation of an improved genetic algorithm based on migration and artific ial selection[J]. IEEE Transactions on Systems, manufacturing Cybernetics, 1994, 24 (1): 73-86.

[180] 谢胜利,唐敏.求解 TSP 问题的一种改进的遗传算法[J].计算机工程与应用,2002,38(8):58-60.

[181] 谢晓锋,张文俊,杨之廉.一种防止浮点遗传算法早熟收敛的父代选择策略[J].控制与决策,2002,17(5):625-634.

[182] Joines J A, Cullbreth C T, King R E. Manufacturing cell design: An integer programming model employing genetic algorithms. North Carolina State University, 1996.

[183] Moon C, Kim C K, Gen M. Genetic algorithm for maximizing the parts flow within cells in manufacturing cell design[J]. Computers and Industrial Engineering, 1999, 36(2):1730-1733.

[184] Mak K L, Wong Y S, Wang X X. An adaptive genetic algorithm for manufacturing cell formation[J]. International Journal of Advanced Manufacturing Technology, 2000, 16:491-497.

[185] Solimanpur M, Vrat P, Shankar R. A multi-objective genetic algorithm approach to the design of cellular manufacturing systems[J]. International Journal of Production Research 2004a, 42 (7): 1419-1441.

[186] Wu X, Chao-Hsien C, Wang Y,et al. A genetic algorithm for cellular manufacturing design and layout[J]. European Journal of Operational Research, 2007, 181(1):156-167.

[187] Chakravarty A K. Line balancing with task learning effects[J]. IIE Transactions, 1998, 20:186-193.

[188] Ulich E, Schupback H, Schilling A, et al. Concepts and procedures for the analysis, evaluation, and design of advanced manufacturing

systems：A case study［J］. International Journal of Industrial Ergonomics，1990(1)，5：47-57.

[189] Cohen Y，Darel M E. Optimizing the number of stations in assembly lines under learning for limited production[J]. Production Planning and Control，1998，9：230-240.

[190] Kher H V，Malhotra M K，Philipoom P R，et al. Modeling simultaneous worker learning and forgetting in dual resource constrained systems[J]. European Journal of Operational Research，1999，115(1)：158-172.

[191] Nembhard D A. Heuristic approach for assigning workers to tasks based on individual learning rates［J］. International Journal of Production Research，2001，39(9)：1955-1968.

[192] 易树平,郭伏.基础工业工程[M].北京:机械工业出版社,2006.

[193] 陆君.成本管理新领域:学习曲线研究（下）[J].价值工程,1998（3）：47-48.

[194] 张平华.中国企业管理创新[M].北京:中国发展出版社,2004.

[195] 曹江辉,王宁生,解放.制造执行系统现状与发展趋势[J].高技术通讯,2003,13(6):100-105.

[196] 白东哲.生产系统现场工作研究[M].北京:机械工业出版社,2004.

[197] Golver F，Laguna M，Marti R. Fundamentals of scatter search and path Relinking[J]. Control and Cybernetics，2000，29(3)：653-684.

[198] Laguna M. In handbook of applied optimization［M］. Oxford University Press，2002.

[199] Gomes D S，Figueira J，Climaco J. Integrating partial optimization with scatter search for solving bi-criteria {0-1}-knapsack problems[J]. European Journal of Operational Research，2007,1773(3):1656-1677.

[200] 刘衍民,赵庆祯,邵增珍.一种自适应多样性保持的多目标粒子群算法[J].济南大学学报,2011,25(3):296-300.

[201] Deb K. Multi-objective optimization using evolutionary algorithms［M］. UK:John Wiley and Sons，2001.

[202] 钟静,赖于树,吴鸿娟.基于遗传算法和模式搜索的混合优化方法[J].重庆三峡学院学报,2011,27(3):70-73.

[203] Waghodekar P H，Sahu S. Machine-component cell formation in group technology MACE[J]. International Journal of Production Research，1984，22:937-948.

[204] Seifoddini H. A note on the similarity coefficient method and the problem of improper machine assignment in group technology applications[J]. International Journal of Production Research, 1989, 27(7):1161-1165.

[205] Kusiak A, Cho M. Similarity coefficient algorithm for solving the group technology problem [J]. International Journal of Production Research, 1992, 30(11):2633-2646.

[206] Boctor F F. A linear formulation of the machine-part cell formation problem[J]. International Journal of Production Research, 1991, 29 (2):343-356.

[207] Mosier C T, Taube L. The facets of group technology and their impact on implementation. OMEGA, 1985,13(5):381-391.

[208] Chan H M, Milner D A. Direct clustering algorithm for group formation in cellular manufacture [J]. Journal of Manufacturing Systems, 1982(1), 1:65-75.

[209] Chandrasekharan M P, Rajagopalan R. MODROC: an extension of rank order clustering for group technology[J]. International Journal of Production Research, 1986a, 24(5):1221-1264.

[210] Srinivasan G, Narendran T T, Mahadevan B. An assignment model for the part-families problem in group technology[J]. International Journal of Production Research, 1990, 28(1):145-152.

[211] Boe W J, Cheng C H. A close neighbour algorithm for designing cellular manufacturing systems[J]. International Journal of Production Research, 1991, 29(10):2097-2116.

[212] Kumar K R, Vannelli A. Strategic subcontracting for efficient disaggregated manufacturing[J]. International Journal of Production Research, 1987, 25(12):1715-1728.

[213] McCormick W T, Schweitzer P J, White T W. Problem decomposition and data reorganization by a clustering technique [J]. Operations Research, 1972, 20:993-1009.

[214] King J R, Nakornchai V. Machine-component group formation in group technology: review and extension[J]. International Journal of Production Research, 1982, 20(2):117-133.

[215] Carlson J G, Rowe R G. How much does forgetting cost[J]. Industrial Engineering 1976,8:40-47.

[216] Globerson S，Levin N，Shtub A. The impact of breaks onforgetting when performing a repetitive task[J]. IIE Transactions，1989，21：376-381.

[217] Bailey C D. Forgetting and the learning curve：a laboratory study[J]. Management Science，1989，35：346-352.

[218] Jaber M Y，Boney M. Production breaks and the learning curve：The forgetting phenomena[J]. Applied Mathematical Modeling，1996，20：523-531.

[219] Nembhard，Uzumer. Experiential learning and forgetting for manual and cognitive tasks[J]. International Journal of Industrial Ergonomics，2005，25：315-326.

[220] Jaber M Y，Kher H V. The dual-phase learning-forgetting model[J] International Journal of Production Economics，2002，76：229-242.

[221] 程楠,龚小胜,梁雨婷.一种改进的非支配排序多目标遗传算法[J].计算机与数字工程,2010,38(4):23-26.

附录 1 Lingo 程序

模型 1 的代码：

```
Data：
C = ;
M = ;
P = ;
L = ;！单元拥有的最少设备；
U = ;！单元拥有的最多设备；
G = ;！单元拥有的最少零件；
Enddata

SETS：
cell/1..C/;
machine/1..M/;
part/1..P/;
pc(part,cell):x;
mc(machine,cell):y;
spp(part,part):s1;！s1 表示零件与零件的相似系数；
smm(machine,machine):s2;！s2 表示设备与设备的相似系数；
spm(part,machine):s3;！s3 表示设备与零件的相似系数；
linkpp(part,part,cell):xx;
linkmm(machine,machine,cell):yy;
linkpm(part,machine,cell):zz;
endsets

! objective function;
max = @sum(cell(k):(@sum(part(i):(@sum(part(ii):xx(i,ii,k) * s1(i,
ii))))))/@sum(cell(k):(@sum(part(i):(@sum(part(ii):xx(i,ii,k))))))
    + @sum(cell(k):(@sum(machine(j):(@sum(machine(jj):yy(j,jj,k) * s2(j,
jj))))))/@sum(cell(k):(@sum(machine(j):(@sum(machine(jj):yy(j,jj,k)))))) + @
sum(cell(k):(@sum(part(i):(@sum(machine(j):zz(i,j,k) * s3(i,j))))))/@sum(cell
```

```
(k):(@sum(part(i):(@sum(machine(j):zz(i,j,k)))))));

! Constraints;
@for(part(i):@sum(cell(k):x(i,k)) = 1);
@for(machine(j):@sum(cell(k):y(j,k)) = 1);
@for(cell(k):@sum(machine(j):y(j,k)) > = L);
@for(cell(k):@sum(machine(j):y(j,k)) < = U);
@for(cell(k):@sum(part(i):x(i,k)) > = G);

! linearization;
@for(part(i):@for(part(ii):@for(cell(k):xx(i,ii,k) - x(i,k) < = 0)));
@for(part(i):@for(part(ii):@for(cell(k):xx(i,ii,k) - x(ii,k) < = 0)));
@for(part(i):@for(part(ii):@for(cell(k):xx(i,ii,k) - x(i,k) - x(ii,k) + 1 > =
0)));
@for(machine(j):@for(machine(jj):@for(cell(k):yy(j,jj,k) - y(j,k) < = 0)));
@for(machine(j):@for(machine(jj):@for(cell(k):yy(j,jj,k) - y(j,k) < = 0)));
@for(machine(j):@for(machine(jj):@for(cell(k):yy(j,jj,k) - y(j,k) - y(jj,k) + 1
> = 0)));
@for(part(i):@for(machine(j):@for(cell(k):zz(i,j,k) - x(i,k) < = 0)));
@for(part(i):@for(machine(j):@for(cell(k):zz(i,j,k) - y(j,k) < = 0)));
@for(part(i):@for(machine(j):@for(cell(k):zz(i,j,k) - x(i,k) - y(j,k) + 1 > =
0)));

! variable constraints;
@for(pc:@bin(x));
@for(mc:@bin(y));
@for(part(i):@for(part(ii):@for(cell(k):@bin(xx(i,ii,k)))));
@for(machine(j):@for(machine(jj):@for(cell(k):@bin(yy(j,jj,k)))));
@for(part(i):@for(machine(j):@for(cell(k):@bin(zz(i,j,k)))));

DATA:
s1 = ;
s2 = ;
s3 = ;
enddata
end
```

模型 2 的代码

```
DATA：
C = ；
M = ；
B = ；
H = ；
Enddata

SETS：
cell/1..C/；
machine/1..M/；
people/1..H/；
mc(machine,cell)：y；
pem(people,machine)：f,t,s3；
pec(people,cell)：w；
endsets
```

max = @sum(people(h)：@sum(machine(j)：f(h,j) * s3(h,j))) − @sum(people(h)：@sum(cell(k)：w(h,k)));

```
! Constraints：
@for(machine(j)：@sum(people(h)：f(h,j)) = 1);
@for(people(h)：@for(machine(j)：f(h,j)< = t(h,j)));
@for(people(h)：@sum(machine(j)：f(h,j))< = B);
@for(machine(j)：@for(people(h)：@sum(cell(k)：w(h,k) * y(j,k))> = f(h,j)));
@for(people(h)：@sum(cell(k)：w(h,k))< = 1);

! variable constraints：
@for(pem：@bin(f));
@for(pec：@bin(w));

DATA：
t = ；
s3 = ；
y = ；
enddata
end
```

附录 2　分散搜索算法程序

```
function[bestGC1,bestW] = bslw4(K,P,M,N1,Ta,X)
tic
K = ;
P = ;
M = ;
N1 = ;
Ta = ;
X = ;
N2 = ;
Pc = ;
Pm = ;
%%%%%%产品和设备的原始关系%%%%%%%%%%%%%%%%%%%
W = zeros(N1,P + M);
W1 = cell(N1,P + M);
p1 = ;
p2 = ;
W2 = zeros(2 * p1 + 2 * p2,P + M);
W3 = cell(2 * p1 + 2 * p2,P + M);
b1 = zeros(p1,P + M);
b1GC = zeros(p1,1);
b2 = zeros(p1,P + M);
b2GC = zeros(p2,1);
bestGC = zeros(N2,1);
bestW = zeros(1,P + M);
for j = 1 : P + M
    d3 = zeros(K,1);
    r = randperm(K);
    W(1,j) = r(1);   %%%%%%染色体%%%%%%%%%%%%%
    d3(r(1),1) = 1;
    W1{1,j} = d3;
end
```

```
        k1 = 2;
        while k1 < = N1
            c = 0;
           for j = 1 : P + M
             d = zeros(K,1);              % 元胞数组用来存放产品和零件具体的单元位
置 % % % % % % % % %
             r = randperm(K);
             W(k1,j) = r(1);
             d(r(1),1) = 1;
             W1{k1,j} = d;
           end
           for i = 1 : k1 − 1         % % % % % % % % % % % % % % % % % 保证生成的是多样
性解 % % % % % % % % % % % % % % %
               a = 0;
               for j = 1 : P + M
                   a = a + (W(k1,j) − W(i,j))^2;
               end
               b = sqrt(a);
               if b < Ta
                   c = 1;
               end
           end                    % % % % % % % % % % % % % % % % 保证生成的是多样性
解 % % % % % % % % % % % % % % %
        g = zeros(K,1);
        g1 = zeros(K,1);
         for k = 1 : K
           for i = 1 : P
             g(k,1) = g(k,1) + W(k1,i);
           end
             if g(k,1) < = 2 && g(k,1) > = 6
               c = 1;
             end
         end
         end
           for k = 1 : K
             for i = 1 : M
           g1(k,1) = g1(k,1) + W(k1,i + P);
         end
             if g1(k,1) < = 2 && g1(k,1) > = 5
```

```
          c = 1;
      end
    end
    if c == 0;
      k1 = k1 + 1;
    end
  end
  t1 = 1;
  while t1 < = N2
  e = 0;
  for i = 1 : M
    for j = 1 : P
      e = e + X(i,j);                %%%%%%%%%%%%%%%%%%%%%非对角矩
阵中 1 元素的总数 %%%%%%%%%%%%%%%%%%%%%
    end
  end
  e1 = zeros(N1,1);
  e2 = zeros(N1,K);
  e3 = zeros(N1,K);
  e4 = zeros(N1,1);
  e0 = zeros(N1,1);
  ev = zeros(N1,1);
  GC = zeros(N1,1);
  for k3 = 1 : N1
    for k = 1 : K
      for i = 1 : M
        d2 = W1{k3,P + i};
        for j = 1 : P
          d1 = W1{k3,j};
          e1(k3,1) = e1(k3,1) + d1(k,1) * d2(k,1) * X(i,j);
    %%%%%%%%%%%%%%%%%%%%%%%%%%%%%%单元块中的 1 的个
数 %%%%%%%%%%%%%%%%%%%%%%%%
        end
      end
    end
    e0(k3,1) = e - e1(k3,1);
  end
  for k1 = 1 : N1
```

```
for k = 1 : K
    for i = 1 : P
        if W(k1,i) == k
            e2(k1,k) = e2(k1,k) + 1;    % % % % % % % % % 计算不同单元产品的个
数 % % % % % % % % % %
        end
    end
    for j = 1 : M
        if W(k1,P + j) == k;
            e3(k1,k) = e3(k1,k) + 1;% % % % % % % % % % 计算不同单元设备的个
数 % % % % % % % % % %
        end
    end
end
for k1 = 1 : N1
    for k = 1 : K
        e4(k1,1) = e4(k1,1) + e2(k1,k) * e3(k1,k);
    end
    ev(k1,1) = e4(k1,1) - e1(k1,1);
    GC(k1,1) = (e - e0(k1,1))/(e + ev(k1,1));
end
bestGC(t1,1) = max(GC);
bestGC1 = max(GC);
for i = 1 : N1
    if GC(i,1) == bestGC(t1,1);
        bestW = W(i,:);
    end
end
GC1 = GC;
% % % 建立初始参考集及更新参考集 % % % % % % % % % % % % %
for i = 1 : p1
    a = max(GC1);
    for j = 1 : N1
    if GC1(j,1) == a;
        b1(i,:) = W(j,:);
        b1GC(i,1) = a;
        GC1(j,1) = 0;
```

```
                    W2(i,:) = W(j,:);
                    W3(i,:) = W1(j,:);
                end
            end
        end
        s = zeros(N1,1);
        for j = 1 : N1;
            if GC1(j,1) == 0
                for k = 1 : p1
                    for i = 1 : P + M
                        s(j,1) = s(j,1) + (W(j,i) - b1(k,i))^2;
                    end
                end
            end
            s(j,1) = sqrt(s(j,1));
        end
        h = s;
        for i = 1 : p2
            a = max(h);
            for j = 1 : N1
                if h(j,1) == a
                    b2(i,:) = W(j,:);
                    b2GC(i,1) = a;
                    h(j,1) = 0;
                    W2(i + p1,:) = W(j,:);
                    W3(i + p1,:) = W1(j,:);
                end
            end
        end
```

end   ％％％％％％％％％％建立初始参考
集％％％％％％％％％％％

```
        sumb1 = sum(b1GC);
```
                                ％％％％％％％％％％％％％％％％遗传算
法％％％％％％％％％％％％％％％％％％

```
        sumb2 = sum(b2GC);
        fb1 = zeros(p1,1);
        fb2 = zeros(p2,1);
        fb1(1,1) = b1GC(1,1)/sumb1;
        fb2(1,1) = b2GC(1,1)/sumb2;
        for i = 2 : p1
```

```
        fb1(i,1) = fb1(i - 1,1) + b1GC(i,1)/sumb1;
end
for i = 2 : p2
        fb2(i,1) = fb2(i - 1,1) + b2GC(i,1)/sumb2;
end
NewW = zeros(N1 - p1 - p2,P + M);
kk1 = 1;
while kk1< = N1 - p1 - p2
  sitaf = rand;
  for n = 1 : p1
    if sitaf< = fb1(n,1)
      selfather = n;
    end
  end
r = rand;
if r<Pc
sitam = rand;
  for n = 1 : p2
    if sitam< = fb2(n,1)
      selmother = n;
    end
  end
    postcut = unidrnd(P + M - 1);

    NewW(kk1,1 : postcut) = b1(selfather,1 : postcut);
    NewW(kk1,postcut + 1 : P + M) = b2(selmother,postcut + 1 : P + M);

  else
    NewW(kk1,:) = b1(selfather,:);

  end
 r1 = rand;
 if r1<Pm

    post = round(rand * (P + M - 1) + 1);
z = randperm(K);
NewW(kk1,post) = z(1);
end
```

```
c1 = 0;
  g2 = zeros(K,1);
  g3 = zeros(K,1);
    for k = 1 : K
      for i = 1 : P
        g2(k,1) = g2(k,1) + NewW(kk1,i);
      end
        if g2(k,1)< = 2 && g2(k,1)> = 6
          c1 = 1;
        end
      end
    for k = 1 : K
      for i = 1 : M
        g3(k,1) = g3(k,1) + NewW(kk1,i + P);
      end
        if g3(k,1)< = 2 && g3(k,1)> = 5
          c1 = 1;
        end
      end
    if c1 = = 0
      kk1 = kk1 + 1;
    end

  end          %%%%%%%%%%%%%%%%%%%%%%%%%%%% 交 叉 和 变
异%%%%%%%%%%%%%%%%%%%%%%%%

  for  i  =  1  :  N1  -  p1  -  p2
  %%%%%%%%%%%%%%%%%%%%%%%%%%%%%%%%%%%%%%%合 并
解%%%%%%%%%%%%%%%%%%%%%%
    W2(i + p1 + p2,:) = NewW(i,:);
    for j = 1 : P + M
    d4 = zeros(K,1);
    d4(W2(i + p1 + p2,j),1) = 1;
    W3{i + p1 + p2,j} = d4;
    end
  end

W = W2;
```

```
W1 = W3;
t1 = t1 + 1;

end
t = toc
figure(1);
plot(bestGC);
```

附录3 遗传算法部分程序

```
Function[bestybsz, best, bestC1, bestC2, bestC3, bestC4, bestC5, bestC6, bestCC1,
bestCC2] = bswl5(K,M,M1,P,R,H,N,m,N1,p2,G,L,U1,U,D,t,w,CJ,y,CQ,CI,CC,CH,CH1,Q,Z,
w1)
    K = ;
    P = ;
    R = ;
    H = ;
    M1 = ;
    M = ;
    N = ;
    N1 = ;
    m = ;
    p2 = ;
    G = ;
    L = ;
    U1 = ;
    D = ;
    w = ;
    t = ;
    CJ = ;
    y = ;
    CQ = ;
    CI = ;
    CC = ;
    CH = ;
    CH1 = ;
    U = ;
    Q = ;
    l = ;
    T = ;
    CO = ;
```

```
Pc = ;
Pm = ;
Z = ;
ry = zeros(N,H);
ybsz = cell(N,6);
shb = zeros(N,M);
shbk = zeros(N,M);
clfp1 = zeros(N,P * R);
    cpk1 = zeros(N,P * R);
k = 1;
while k< = N
    dry = zeros(K,H);
    cl = zeros(P,R);
    clz = zeros(P,1);
    cpk = zeros(P,R);

    clfp = zeros(P,R);
    ybsz1 = cell(P,1);
    dshb = zeros(H,M);
    dshbk = zeros(K,M1);
    dshbk1 = zeros(K,M);
for i = 1 : H
    r = randperm(K);
    ry(k,i) = r(1);              %%%%%%%%%%%% ry 表示人员的单
元%%%%%%%%%%%%%%%%
    dry(r(1),i) = 1;             %%%%%%%%%%%dry 表示人员单元的 0 - 1
矩阵%%%%%%%%%%%%%%
    end
    ybsz{k,1} = dry;
for i = 1 : P
    for j = 1 : R
        r = randperm(10) - 1;
        r1 = randperm(K);
        cl(i,j) = r(1);          %%%%%%%%%%%%%%%cl 表示产品在
不同路径操作的数值%%%%%%%%%%%%%%%%%
        clz(i,1) = clz(i,1) + cl(i,j);
    %%%%%%%%%%%%%%%%%%%%%%%%%%clz 表示在不同路径操作随机
产生的总数值%%%%%%%%%%%%%
```

```
                cpk(i,j) = r1(1);          % % % % % % % % % % % cpk 表示产品路径分
配到的单元 % % % % % % % % % %
                cpk1(k,2 * (i - 1) + j) = r1(1);
            end
        end
        for i = 1 : P
            dcpk = zeros(K,R);
            for j = 1 : R
                clfp(i,j) = cl(i,j)/clz(i,1);
        % % % % % % % % % % % % % % % % clfp 表示同一产品不同路径下操作的百分
比 % % % % % % % % % %
                clfp1(k,2 * (i - 1) + j) = clfp(i,j);
                dcpk(cpk(i,j),j) = 1;
        % % % % % % % % % % % % % % % % % % dcpk 表示不同路径下操作的产品分配
到的单元 0 - 1 矩阵 % % % % % % % % % % % % %
            end
             ybsz1 { i, 1 } = dcpk;
        % % % % % % % % % 元胞数组存放一种产品在不同路径下的操作单元 0 - 1 矩
阵 % % % % % % % % % % % % % %
        end
        ybsz{k,2} = clfp;                         % % % % % % % % % % % %
     % % % % % % % % % % % % 元 胞 数 组 存 放 产 品 在 不 同 路 径 下 操 作 的 百 分 比
值 % % % % % % % % % % % % % % % % % % %
        ybsz{k,3} = ybsz1;
     % % % % % % % % % % % % % % % % % % % % % % % % 元胞数组存放产品操作
路径单元的元胞数组 % % % % % % % % % % % % % % % % % % % %
        for j = 1 : M1
            r = randperm(length(m{j}));
            shb(k,j) = m{j}(r(1));
     % % % % % % % % % % % % % % % % % % % % % shb 表示设备由谁来操
作 % % % % % % % % % %
            shbk(k,j) = ry(k,shb(k,j));
     % % % % % % % % % % % % % % % % % % % % shbk 表示设备放在哪个单
元 % % % % % % % % % % % %
            dshb(r(1),j) = 1;                     % % % % % % % % % % % % dshb 表
示设备操作人员的 0 - 1 矩阵 % % % % % % % % % % % % % %
            dshbk(ry(k,shb(k,j)),j) = 1;     % % % % % % % % % % dshbk 表示设备放
置单元的 0 - 1 矩阵 % % % % % % % % % % % % % % % % % % %
```

```
            dshbk1(ry(k,shb(k,j)),j) = 1;    %%%%%%%用来计算单元内设备数
量%%%%%%%%%%%%%%
        end
        for j = M1 + 1 : M
            r = randperm(length(m{j}));
            shb(k,j) = m{j}(r(1));
            shbk(k,j) = ry(k,shb(k,j));
            dshb(r(1),j) = 1;
            dshbk(ry(k,shb(k,j)),j - M1) = 1;
            dshbk1(ry(k,shb(k,j)),j) = 1;
        end
        ybsz{k,4} = dshb;               %%%%%%%%%%%%%%%表示将设备操
作人员的0-1矩阵放到元胞数组%%%%%%%%%%%%%
        ybsz{k,5} = dshbk;    %%%%%%%%%%%%%%表示将设备放置单元的0-1矩
阵放到元胞数组%%%%%%%%%%%
        ybsz{k,6} = dshbk1;
        k = k + 1;
    end
    %%%%%%%%%%%%%%%%%%%%%%%%%元胞数组1表示的是人员的单
元分配情况%%%%%%%%%%%%
    %%%%%%%%%%%%%%%%%元胞数组 2 表示的是不同路径操作的比
%%%%%%%%%%%%%%%%%%%
    %%%%%%%%%%%%%%%元胞数组 3 表示不同路径操作的单元
%%%%%%%%%%%%%%
    %%%%%%%%%%%%%%%元胞素组 4 表示的是工人操作设备的情况
%%%%%%%%%%%%
    %%%%%%%%%%%%%元胞数组 5 表示设备的单元分配情况
%%%%%%%%%%%%%%%%%%%
    bestfitness = zeros(N1,1);
    generation = 1;
    while generation< = N1
        CC1 = zeros(N,1);
        CC2 = zeros(N,1);
        C1 = zeros(N,1);
        C2 = zeros(N,1);
        C3 = zeros(N,1);
        C4 = zeros(N,1);
        C5 = zeros(N,1);
```

```
    C6 = zeros(N,1);
    fitness = zeros(N,1);
b1 = zeros(H,1);
b2 = zeros(K,1);
k = 1;
while k< = N

dshb = ybsz{k,4};
dshbk = ybsz{k,5};
clfp = ybsz{k,2};

for h = 1 : H
    for j = 1 : M
        if dshb(h,j) = = 1
            b1(h,1) = b1(h,1) + 1;          % % % % 计算一个工人操作的设
备数量 % % % % % % % % % % % % %
        end
    end
    if b1(h,1)>G;
        b1(h,1) = b1(h,1) - G;
    else
        b1(h,1) = 0;
    end
    CC1(k,1) = CC1(k,1) + p2 * b1(h,1);
end

for k1 = 1 : K
    for j = 1 : M
        if dshbk1(k1,j) = = 1
            b2(k1,1) = b2(k1,1) + 1;
            % % % % % % % % % % % 计算单元内设备的数量 % % % % % % % % %
%
        end
    end
    if b2(k1,1)>U1
        b2(k1,1) = b2(k1,1) - U1;
    elseif b2(k1,1)<L
        b2(k1,1) = L - b2(k1,1);
```

```
else
        b2(k1,1) = 0;
    end
    CC2(k,1) = CC2(k,1) + p2 * b2(k1,1);
end
```

%%%%%%%%%%%%%%%%%%%%%%%%%%%%%%%%%%%% 计算适应度值 %%%%%%%%%%%%%%%%%%%%%%%%%%%%%%%%%%%%%

%%%%%%%%%%%%%%%%%%%%%%%%%%%%%%%%%%% 设备的操作 %%%%%%%%%%%%%%%%%%%%%%%%%

```
for i = 1 : P
    for r = 1 : R
        for j = 1 : M1
            C2(k,1) = C2(k,1) + clfp(i,r) * D(i) * t(i,j,r) * CJ;
        end
    end
end
```

%%%%%%%%%%%%%%%%%%%%%%%%%%%%%%%%%%%%% 质量损失成本 %%%%%%%%%%%%%%%%%%%%%%%%%%%%%%%%%%%%%

```
for i = 1 : P
    for r = 1 : R
        for j = 1 : M
            for h = 1 : H
                C6(k,1) = C6(k,1) + clfp(i,r) * D(i) * dshb(h,j) * exp( - y(h,j)) * CQ;
            end
        end
    end
end
```

%%%%%%%%%%%%%%%%%%%%%%%%%%%%%%%%%%%%%%% 移动成本 %%%%%%%%%%%%%%%%%%%%%%%%%%%%%%%%%%%%%

```
for i = 1 : P
    q = ybsz{1,3}{i,1};
    for r = 1 : R
        for j = 1 : M1
            for k1 = 1 : K
                C3(k,1) = C3(k,1) + w(i,j,r) * abs(q(k1,r) * clfp(i,r) - dshbk(k1,j)) * D(i) * CI/2;
            end
```

```
                end
            end
        end
    %%%%%%%%%%%%%%%%%%%%%%%%%%%%%%%%% 单 元 重
构%%%%%%%%%%%%%%%%%%%%%%%%%%%%%%%
    for j = 1∶M1
        for k1 = 1∶K
            C1(k,1) = C1(k,1) + abs(Z(k1,j) - dshbk(k1,j)) * CC/2;
        end
    end
    %%%%%%%%%%%%%%%%%%%%%%%%%%%%%%%%% 工 人 工 资 成
本%%%%%%%%%%%%%%%%%%%%%%%%%%%%%%
    for h = 1∶H
        for j = 1∶M
            C4(k,1) = C4(k,1) + dshb(h,j) * (1 - exp( - y(h,j))) * CH;
        end
            C4(k,1) = C4(k,1) + CH1;
    end
    %%%%%%%%%%%%%%%%%%%%%%%%%%%%%%%%% 操 作 成
本%%%%%%%%%%%%%%%%%%%%%%%%%%%%%%
    for i = 1∶P
        for r = 1∶R
            for h = 1∶H
                for j = 1∶M
                    if U(h,j) > D(i) * clfp(i,r) && D(i) * clfp(i,r) < = Q(h,
j)%%%%%%%%%%%%%%%%%%%U(h,j)表示工人已经操作第 j 台设备的数
量%%%%%%%%%%%%%%%%%%%%%%%,Q(h,j)为操作到标准时间的数
量%%%%%%%%%%%%%
                        for l1 = 1∶D(i)
    C5(k,1) = C5(k,1) + dshb(h,j) * w1(i,j,r) * (T(h,j) * l1^( - l(h,j))) *
CO;%%%%%%%%%%%%%%%%%%%%%%%%%%%%%%l(h,j)学习系
数%%%%%%%%%%%%%%%%%%%%%%%%
                        end
                    elseif U(h,j) > D(i) * clfp(i,r) && D(i) * clfp(i,r) > Q(h,
j)%%%%%%%%%%%%%%%%%%%T(h,j)表示第一次操作某台设备所需的时
间%%%%%%%%%%%%%%%%%%%%%%
                        for l1 = 1∶Q(h,j)
    C5(k,1) = C5(k,1) + dshb(h,j) * w1(i,j,r) * (T(h,j) * l1^( - l(h,
```

```
j))) * CO;
                    end
            C5(k,1) = C5(k,1) + (D(i) - Q(h,j)) * T(h,j) * Q(h,j)^( - l(h,j)) *
CO;
                elseif U(h,j)>Q(h,j)
                    C5(k,1) = C5(k,1) + D(i) * T(h,j) * Q(h,j)^( - l(h,j)) * CO;
                end
            end
        end
    end
end
fitness(k,1) = 1000000000 - (w1 * C1(k,1) + w2 * C2(k,1) + w3 * C3(k,1) + w4 * C4
(k,1) + w5 * C5(k,1) + w62 * C6(k,1) + w7 * CC1(k,1) + w8 * CC2(k,1));
k = k + 1;
end
bestfitness(generation,1) = max(fitness);
newybsz = cell(N,6);
newry = zeros(N,H);
newshb = zeros(N,M);
newcpk1 = zeros(N,P * R);
newclfp1 = zeros(N,P * R);
select = fitness;
for k = 1 : 5
    select1 = max(select);
for i = 1 : N
    if select(i,1) = = select1
        newybsz{k,1} = ybsz{i,1};
        newybsz{k,2} = ybsz{i,2};
        newybsz{k,3} = ybsz{i,3};
        newybsz{k,4} = ybsz{i,4};
        newybsz{k,5} = ybsz{i,5};
        newybsz{k,6} = ybsz{i,6};
        newry(k,:) = ry(i,:);
        newshb(k,:) = shb(i,:);
        newcpk1(k,:) = cpk1(i,:);
        newclfp1(k,:) = clfp1(i,:);
        select(i,1) = 0;
        break
```

```
        end
    end
end
sumf = sum(fitness);
p1 = zeros(N);
p1(1) = fitness(1,1)/sumf;
for i = 2 : N
    p1(i) = p1(i - 1) + fitness(i,1)/sumf;
end
k2 = 6;
while k2< = N
sitaf = rand;
u = randperm(N);
selfather = u(1);
selmother = u(N);
for i = 1 : N
    if sitaf< = p1(i)
        selfather = i;
    end
end
sitam = rand;
for i = 1 : N
    if sitam< = p1(i)
        selmother = i;
    end
end
end                %%%%%%%%%%%%%%%%%%%%%%%%选择父代和母代染色
体%%%%%%%%%%%%%%%%%%%%%%%%
r = rand;
if r< = Pc

Postcut1 = unidrnd(H - 1);
Postcut2 = unidrnd(P * R - 1);
Postcut3 = unidrnd(P * R - 1);
Postcut4 = unidrnd(M - 1);
newry(k2,1 : Postcut1) = ry(selfather,1 : Postcut1);
newry(k2,Postcut1 + 1 : H) = ry(selmother,Postcut1 + 1 : H);
newcpk1(k2,1 : Postcut2) = cpk1(selfather,1 : Postcut2);
newcpk1(k2,Postcut2 + 1 : P * R) = cpk1(selmother,Postcut2 + 1 : P * R);
```

```
newclfp1(k2,1 : Postcut3) = clfp1(selfather,1 : Postcut3);
newclfp1(k2,Postcut3 + 1 : P * R) = clfp1(selmother,Postcut3 + 1 : P * R);
newshb(k2,1 : Postcut4) = shb(selfather,1 : Postcut4);
newshb(k2,Postcut4 + 1 : M) = shb(selmother,Postcut4 + 1 : M);
else
    newry(k2,:) = ry(selfather,:);
    newcpk1(k2,:) = cpk1(selfather,:);
    newclfp1(k2,:) = clfp1(selfather,:);
    newshb(k2,:) = shb(selfather,:);
end
r = rand;
if r< = Pm
    Postmut1 = round(rand * (H - 1) + 1);
    Postmut2 = round(rand * (P * R - 1) + 1);
    Postmut3 = round(rand * (P * R - 1) + 1);
    Postmut4 = round(rand * (M - 1) + 1);
    dry1 = randperm(K);
    dcpk1 = randperm(K);
    dcp1 = randperm(10) - 1;
    djq1 = randperm(length(m{Postmut4}));
    newry(k2,Postmut1) = dry1(1);
    newcpk1(k2,Postmut2) = dcpk1(1);
    newclfp1(k2,Postmut3) = dcp1(1);
    newshb(k2,Postmut4) = m{Postmut4}(djq1(1));
end
dry2 = zeros(K,H);
for i = 1 : H
    dry2(newry(k2,i),i) = 1;
end
newybsz{k2,1} = dry2;
clfp3 = zeros(P,R);
cpk3 = zeros(P,R);
clfp5 = zeros(P);
clfp4 = zeros(P,R);
for i = 1 : P
    for j = 1 : R
        clfp3(i,j) = newclfp1(k2,2 * (i - 1) + j);
        cpk3(i,j) = newcpk1(k2,2 * (i - 1) + j);
```

```
            clfp5(i) = clfp5(i) + clfp3(i,j);
        end
end
for i = 1 : P
    for j = 1 : R
            clfp4(i,j) = clfp3(i,j)/clfp5(i);
        end
end
newybsz{k2,2} = clfp4;
newybsz1 = cell(P,1);
for i = 1 : P
    dcpk3 = zeros(K,R);
    for j = 1 : R
            dcpk3(cpk3(i,j),j) = 1;
        end
    newybsz1{i,1} = dcpk3;
end
newybsz{k2,3} = newybsz1;
dshb3 = zeros(H,M);
for j = 1 : M
    dshb3(newshb(k2,j),j) = 1;
end
newybsz{k2,4} = dshb3;
dshbk3 = zeros(K,M1);
dshbk4 = zeros(K,M);
for j = 1 : M1
    dshbk3(newry(k2,newshb(k2,j)),j) = 1;
    dshbk4(newry(k2,newshb(k2,j)),j) = 1;
end
for j = M1 + 1 : M
    dshbk3(newry(k2,newshb(k2,j)),j - M1) = 1;
    dshbk4(newry(k2,newshb(k2,j)),j) = 1;
end
newybsz{k2,5} = dshbk3;
newybsz{k2,6} = dshbk4;
k2 = k2 + 1;
end
ybsz = newybsz;
```

```
ry = newry;
shb = newshb;
cpk1 = newcpk1;
clfp1 = newclfp1;
generation = generation + 1;
end
bestybsz = cell(1,5);
best = max(fitness);
bestC1 = 0;
bestC2 = 0;
bestC3 = 0;
bestC4 = 0;
bestC5 = 0;
bestC6 = 0;
bestCC1 = 0;
bestCC2 = 0;
for i = 1 : N
    if fitness(i,1) = = best
        bestybsz{1,1} = ybsz{i,1};
        bestybsz{1,2} = ybsz{i,2};
        bestybsz{1,3} = ybsz{i,3};
        bestybsz{1,4} = ybsz{i,4};
        bestybsz{1,5} = ybsz{i,5};
        bestC1 = C1(i,1);
        bestC2 = C2(i,1);
        bestC3 = C3(i,1);
        bestC4 = C4(i,1);
        bestC5 = C5(i,1);
        bestC6 = C6(i,1);
        bestCC1 = CC1(i,1);
        bestCC2 = CC2(i,1);
        break
    end
end

figure(1);
plot (bestfitness);
```

索　引